현미 밥상

세상에서 가장 건강한 선물
현미 밥상

최혜숙 지음

만호

Prologue

건강한 삶을 위한 건강한 습관,
오늘부터 하나씩 바꿔보세요

우리는 누구나 건강한 삶을 꿈꿉니다. 저 역시 지난 15년간 '사람들의 건강에 조금이라도 도움을 줄 수 있는 사람이 되자'는 꿈을 품고 살아 왔습니다. 이것이 감히 제가 현미 밥상을 주제로 책을 쓰게 된 이유입니다.

사실 제가 태어난 1970년대에는 가공식품이라는 것이 별로 없었습니다. 그때는 밥상에 오르는 음식이 자연에서 난 신선한 식재료가 대부분이었습니다. 그런데 지금 우리의 식탁을 한번 살펴보세요. 오히려 천연 식품을 찾아보기 힘들 정도로 가공식품 일색이고 이런 식품들은 처음 들어본 온갖 첨가물로 범벅이 되어 있다고 해도 과언이 아닐 것입니다. 바로 이런 것들로 인해 우리의 밥상이, 우리의 몸이 병들어가고 있습니다.

또 하나, 치명적인 문제는 우리의 가정이 음식뿐 아니라 식문화를 전파하는 기능을 담당해야 하는데 더 이상 이러한 기능을 제대로 하지 못한다는 것입니다. 따라서 우리 아이들에게 물려준 잘못된 식습관이 차츰차츰 우리 아이들을 병들게 하고 있습니다.

우리의 식습관을 살펴보면 집밥은 거의 먹지 않고 대충 한 끼 때우는 음식으로 끼니를 해결하는 경우가 허다합니다. 패스트푸드는 물론이고 최고급 레스토랑의 식재료마저 온갖 식품첨가물이 들어 있는 경우가 많다고 하니 무엇을 믿고 먹어야 할지 난감하기만 합니다. 많은 가공식품에 들어 있는 보존제, 조미료, 산미료, 산화방지제, 합성감미료 등의 하루 섭취 허용량은 주로 ADI(Acceptable Daily Intake)로 표기하는데 이것은 하루 동안 섭취 가능한 허용량을 kg(체중)당 mg으로 표시한 것입니다. 즉 우리가 매일매일 섭취하는 음식을 모두 합친다면 그 양은 실로 짐작할 수도 없을 만큼 방대할 것입니다. 그러니 그런 식품첨가물들이 쌓이고 쌓인다면, 지금은 그 폐해가 드러나지 않을지라도 이후에 어떤 결과로 나타날지 상상만 해도 아찔합니다.

우리가 먹는 음식은 우리의 몸을 만드는 데 중요한 역할을 합니다. 그리고 그 음식 속 각종 영양 성분이 몸 안에서 활발하게 대사하게 하고 우리 몸을 활성화시키는 것이 바로 운동입니다. 아무리 몸에 좋은 것을 먹어도 운동을 하지 않는다면 몸속에 나쁜 물질로 쌓이기 마련이지요. 마지막으로 식품과 운동 못지않게 중요한 것이 '긍정적인 생각'입니다. 바른 먹을거리, 적당한 운동 그리고 편안한 마음이 조화를 이룰 때 피부도 맑아지고, 몸도 가벼워지고, 표정도 밝아진다는 것을 꼭 기억하길 바랍니다.

그런데 너무 욕심만 앞서서 한꺼번에 바꾸려고 하다가 실패하지 말고 일상생활에서 손쉽게 바꿀 수 있는 것부터 하나씩 바꿔보세요. 그것이 쌓이고 쌓이면 나도 모르는 사이에 건강한 몸이 되어 있을 테니까요.

가장 먼저, 오늘부터 백미밥을 현미밥으로 바꿔보는 것은 어떨까요? 현미밥을 먹는 습관은 건강을 지키기 위한 가장 손쉽고 효과적인 방법이기 때문입니다. 현미에는 우리 몸에 꼭 필요한 영양소가 균형 있게 들어 있어 현미를 먹으면 몸의 컨디션이 좋아지고, 지속적으로 섭취하면 체질까지 개선됩니다. 고혈압, 고지혈증, 당뇨병 등의 생활습관병을 비롯해 다양한 질병에 효과가 있고 백미보다 5배나 많은 식물섬유소를 가지고 있어 변비에도 도움이 됩니다. 또 현미를 먹으면 음식을 꼭꼭 씹는 건강한 식습관이 자연스럽게 생깁니다. 정제된 쌀로 만든 백미밥과 정제된 밀로 만든 흰 빵은 많이 씹을 필요가 없어 타액이 적게 필요하고 체내 효소의 활동이 활발하지 않지요. 하지만 현미처럼 많이 씹는 음식은 충분한 타액을 생성시켜 소화 효율을 높이고 포만중추를 자극하여 먹는 양을 줄이는 작용을 한답니다. 그러니 당연히 다이어트에도 도움이 되겠죠?

저의 20~30대는 대부분 이런저런 다양한 경험을 축적하기 위해 노력하는 기간이었습니다. 유명 호텔의 제과부, 패밀리 레스토랑의 주방, 제약회사의 연구소, 대기업의 메뉴 개발 테스트키친, 쿠킹 아카데미에 이르기까지 그야말로 한길만 보고 살아 왔습니다. 지금은 독일 주방기기 업체에서 쿠킹 컨설턴트와 수석 셰프로 일하면서 '음식이 가진 힘'에 대한 저만의 확고한 믿음과 소신이 생겼고 이 책을 통해 저의 생각과 정보를 여러분과 나누고 싶습니다.

그동안 제철 음식의 중요함을 일깨워주고 메주 쑤는 것부터 장류, 김치 담그는 것까지 저의 생활의 일부로 자리 잡을 있도록 해주신 어머니께 감사의 마음을 전합니다. 지금까지 해온 것처럼 현미밥과의 만남을 앞으로 살아가는 동안에도 귀중한 재산으로 여기며 살겠습니다. 감사합니다.

2011년 봄
최혜숙

Contents

Prologue _ 4

Intro
최쌤의 건강 밥상 이야기

꼭 실천해야 할 건강한 식습관 이야기 _ 14
제대로 알고 먹어야 할 현미 밥상 이야기 _ 20
현미에 대해 자주 하는 질문들 _ 29
꼭 알아야 할 건강 음료 이야기 _ 32
우리 몸을 튼튼하게 만드는 제철 곡물 이야기 _ 36
우리 몸을 살리는 전통 천연 조미료 이야기 _ 42
우리 몸을 살리는 유기농 채소 이야기 _ 50
꼭 알아야 할 건강 조리법 & 도구 이야기 _ 54
친환경 현미와 농산물을 구매할 수 있는 곳 _ 61
알아두면 유용한 계량법 & 환산법 _ 64

Part 1
우리 가족 건강을 지키는 현미밥 요리

현미밥 _ 68
현미 통밤밥 _ 70
양배추 미역현미밥 _ 71
마 버섯영양밥 _ 72
현미 나물밥 _ 73
찹쌀현미 표고영양밥 _ 74
현미 참나물 완두콩밥 _ 75
현미 죽순 영양밥 _ 76
현미 보리밥 _ 77
현미 견과류 풋콩밥 _ 78
현미 연근 우엉밥 _ 79
현미 인삼 영양밥 _ 80
현미 당근밥 _ 82
현미 매생이밥 _ 83
현미 솔잎 영양밥 _ 84
현미 톳 옥수수밥 _ 85
현미 팥죽 _ 86
현미 연근 찹쌀죽 _ 87
현미 파프리카죽 _ 88
현미 더덕죽 _ 90
현미 미역줄기죽 _ 92
단호박 두유 현미수프 _ 93
양송이 콜리플라워수프 _ 94
현미 치자 약밥 _ 96
현미 버섯초밥 _ 97
현미 치라시 스시 _ 98
현미 연근초밥 _ 100
현미 리소토 _ 102
현미 버섯 리소토 _ 104
채소 두부덮밥 _ 105
무말랭이 현미 버섯밥 _ 106
현미 열무 두부밥 _ 108
현미 우엉덮밥 _ 109
현미 마파돔 _ 110

현미 병아리콩 라타투이 _ 112
현미 새싹채소 김치김밥 _ 114
현미유바 채소김밥 _ 115
쑥갓 현미 두부 볶음밥 _ 116
현미 주먹밥구이 _ 117
현미 두부덮밥 _ 118
두부 화이트소스 현미도리아 _ 120
된장 표고버섯 현미밥 _ 122
현미 도미밥 _ 123
현미 비빔밥 _ 124
현미 율무밥 _ 126
현미 무청시래기밥 _ 127

Part 2
현미밥과 함께 즐기는
건강 반찬

김치
부추김치 _ 131
깻잎김치 _ 132
오이소박이 _ 133
쪽파 오이겉절이 _ 134
얼갈이 열무 물김치 _ 135
상추 배추겉절이 _ 136
고구마줄기 김치 _ 138
유기농채소절임 _ 140
깻잎장아찌 _ 141
통마늘장아찌 _ 142
마늘피클 _ 143

볶음·구이·전
마늘종볶음 _ 145
고구마줄기볶음 _ 146
들기름 김치볶음 _ 147
우엉잡채 _ 148
숙주잡채 _ 149
오징어불고기 _ 150
돼지갈비구이 _ 151
된장삼치구이 _ 152
카레 고등어구이 _ 153
고추장 황태구이 _ 154
부추연근전 _ 155
표고버섯전 _ 156

조림·찜
알감자조림 _ 159
꽈리고추 마른새우조림 _ 160
콩조림 _ 161
아몬드 우엉조림 _ 162
쇠고기장조림 _ 164
두부조림 _ 165
오징어 연근조림 _ 166
흑돼지 묵은지찜 _ 167
전복 약선 갈비찜 _ 168
총각무찜 _ 169
깻잎찜 _ 170
고등어 김치찜 _ 171

무침
오징어채무침 _ 173
김무침 _ 174
발사믹 미역양파 _ 175
얼갈이배추 쑥갓무침 _ 176
쑥갓 잣무침 _ 177
부추 멸치젓무침 _ 178
가지나물무침 _ 179
대하 잣무침 _ 180
삼색 더덕생채 _ 181
해산물 수삼냉채 _ 182
도토리묵무침 _ 183
돼지고기 겨자냉채 _ 184

Part 3
현미밥과 찰떡궁합인
국물 요리

국
미역국 _ 189
북엇국 _ 190
콩나물 시금칫국 _ 191
김칫국 _ 192
사골 우거짓국 _ 193

배추 된장국 _ 194
시금치 된장국 _ 195
감잣국 _ 196
파 달걀국 _ 197
부추 재첩국 _ 198
아욱국 _ 199
일본식 어묵국 _ 200
오이 미역냉국 _ 201
콩나물 냉국 _ 202
뭇국 _ 203

찌개

된장찌개 _ 205
김치찌개 _ 206
고추장찌개 _ 207
청국장찌개 _ 208
순두부찌개 _ 209
부대찌개 _ 210
동태찌개 _ 211
꽃게찌개 _ 212
오징어 섞어찌개 _ 214
콩비지찌개 _ 215
명란젓찌개 _ 216
모둠버섯찌개 _ 217
불고기 뚝배기 _ 218
홍합찌개 _ 220
해산물찌개 _ 221

전골·탕

설렁탕 _ 223
대구지리 _ 224
갈비탕 _ 226
도가니탕 _ 228
꼬리곰탕 _ 229
삼계탕 _ 230
닭볶음탕 _ 231
닭개장 _ 232
누룽지탕 _ 234
돼지감자탕 _ 236
홍합탕 _ 237
남원 추어탕 _ 238
불낙전골 _ 239
두부전골 _ 240
김치 곱창전골 _ 242

Part 4
건강하고 맛깔스러운
현미 초대 요리

special page
센스만점 초대 상차리기
특별한 날, 특별한 상차림 _ 246

아보카도 호두와 현미 샐러드 _ 250
우엉현미 군만두 _ 251
현미 잡곡 시리얼 스테이크 _ 252

가지조림 현미덮밥 _ 253
보리된장 현미떡 _ 254
현미 라이스 샐러드 _ 255
베지 현미버거 _ 256
옐로 단호박 커리라이스 _ 257
현미 고구마 몽블랑 _ 258
흑미현미밥 밀푀유 _ 259
현미 오코노미야키 _ 260
현미 연어케이크 _ 261
현미 애플 어니언소시지 _ 262
병아리콩 브라운 라이스볼 _ 263
땅콩깨소스 현미꼬치 _ 264
현미 간장떡볶이 _ 265
모차렐라치즈 해물떡볶이 _ 266
현미떡국 _ 267
현미 떡구절판 _ 268

Part 5
소중한 우리 아이를 위한
현미 간식

유자청 깨소스 현미떡 _ 272
현미 오버나이트 잡곡와플 _ 273
볶은 현미 두부케이크 _ 274
현미 견과류바 _ 275
현미찹쌀 깨쿠키 _ 276
현미밥 아이스크림 _ 278
현미 찐빵 _ 279

현미 양파빵 _ 280
현미 포카치아 _ 281
현미죽 브레드 _ 282
마 현미빵 _ 283

Part 6
쉽고 간단하게 준비하는
현미 도시락

현미호두 유자청 주먹밥 _ 286
오렌지소스 현미 크로켓 _ 286
현미 단호박버거 _ 288
현미스틱 스프링롤 _ 289
우엉 현미버거 _ 290
현미 단호박죽 _ 292
현미 감자 포타주 _ 293
현미 우유죽 _ 294
현미 채소수프 _ 295
현미 콩수프 _ 296
현미밥 대파 부침개 _ 297
톳을 넣은 유부초밥 _ 298
로즈메리 현미밥과
발사믹 미역양파 _ 298
현미 연근볼 _ 300
졸인 가지를 곁들인 흑현미밥 _ 300

Part 7
솥에 넣기만 하면 뚝딱!
초스피드 압력솥 요리

동시에 만드는 된밥과 진밥 _ 304
현미오곡밥 _ 305
병아리콩 현미밥과 명란달걀찜 _ 306
흑임자 현미 무화과밥 _ 307
해산물 현미 파에야 _ 308
연잎밥과 생강차 _ 309
발사믹 오렌지소스 삼겹살 _ 310
부추잡채와 꽃빵 _ 312
강된장과 채소찜 _ 313
토마토소스 생선찜 _ 314
봉골레 파스타 _ 315
먹물 카르보나라 _ 316
아라비아타 _ 317
단호박 프로슈토 파스타 _ 318
야끼우동 _ 319
수삼 동파육 _ 320
북어찜 _ 321
현미가루 갈비찜 _ 322
비타민 채소찜 _ 323

Bonus Part
만들어두면 유용한
천연 소스·양념 40

천연 드레싱 15
발사믹 유자청 드레싱 / 키위 드레싱 /
사과 드레싱 / 녹차 드레싱 /
매실식초 드레싱 _ 327
레몬즙 드레싱 / 생강즙 드레싱 /
요구르트 드레싱 / 크림치즈 드레싱 /
오렌지 미소 드레싱 _ 329
고춧가루 간장 드레싱 / 오리엔탈 드레싱 /
고추장 드레싱 / 중국식 땅콩 드레싱 /
마요네즈 견과류 드레싱 _ 331

천연 소스 15
깨 된장소스 / 현미 깨소스 / 매실소스 /
바비큐소스 / 현미 화이트소스 _ 333
두부 마요네즈 / 굴소스 / 토마토소스 /
허브 갈릭소스 / 머스터드소스 _ 335
미소소스 / 데리야키소스 / 칠리소스 /
잣소스 / 오렌지 레드와인 간장소스 _ 337

천연 양념 5
약고추장 / 건어물 무침용 고추장 /
볶은 된장 / 구이용 양념장 /
불고기 양념장 _ 339

천연 조미료 5
멸치가루 / 새우가루 / 표고버섯가루 /
다시마가루 / 미강(현미가루) _ 341

index _ 342

최샘의 건강밥상이야기

'빠르게'를 외치는 현대생활 속에서
음식 문화도 많이 변질되었지만 나눔과 정성을 담고 있는,
소중한 우리 식문화를 찾기 위해 기본으로 돌아가보면
어떨까요? 음식의 맛과 편리함도 중요하지만
가족 건강을 위해 정성껏 차린 건강 밥상과
이 밥상에 옹기종기 둘러앉아 즐겁게 식사하는 일,
이것이 기본 중의 기본이 아닐까요?
그럼, 저와 함께 우리 집 밥상부터 바꿔볼까요?

꼭 실천해야 할 건강한 식습관 이야기

● 균형을 이루어야 할 기본요소 3

건강한 삶을 위해서는 식사, 운동, 수면의 세 가지 요소가 균형을 이뤄야 합니다. 먼저 건강한 식생활을 위해서는 기본적으로 탄수화물, 피와 근육을 만드는 단백질, 스태미나의 보고인 지방 등을 음식에서 섭취해야 하며 몸에 들어온 음식물을 소모하기 위해서는 몸을 최대한 많이 움직여야 해요. 몸에 들어온 영양 성분은 우리 신체가 활동하거나 체내 세포가 움직이는 데 반드시 필요한 에너지원으로 각 기관에 도움을 줘요. 우리가 잠을 자는 동안에도 에너지는 소비하지만 몸을 잘 움직이지 않으면 신진대사가 둔해지고, 여분의 지방을 모아 축적하게 됩니다. 이는 쉽게 말해, 탄수화물을 섭취했어도 몸을 쓰지 않고 모아 두기만 하면 체내에 축적되어 지방으로 쌓이게 된다는 것이에요. 또 하나, 건강한 삶을 위해서 수면 또한 매우 중요한 요소입니다. 끊임없이 활동만 하고 쉬지 않는다면 우리 신체 리듬이 깨지게 되고, 충분한 휴식을 취해야만 신체적으로 자연스러운 리듬이 생겨 활동하기 쉬운 환경을 만들기 때문이에요.

● 맛있는 음식이 되기 위한 필요조건

우리가 음식이 맛있다고 생각하는 것은 먼저 맛에 만족한다는 것이에요. 우리가 느끼는 맛은 단맛, 짠맛, 매운맛, 쓴맛, 감칠맛 등이 있지만 한 가지 맛만 맛있다고 느끼는 것이 아니라 각각의 맛들이 오케스트라처럼 조화를 이룰 때 정말 맛있다고 느낀답니다. 음악도 빠른 곡도 있고, 느린 곡도 있듯이 각각의 맛들이 뜨거우냐, 차가우냐에 따라 그 맛이 각기 달라져요. 그런데 영양적으로는 만족스러워도

최쌤의 건강한 귀띔

아침밥은 거르지 마세요

현대인들은 바쁘다는 이유로 아침밥을 거르는 경우가 많은데 아침밥을 먹어야만 뇌의 활동이 활발해지고, 아침에 섭취한 영양 성분이 그날 하루 활동할 수 있는 양식이 되므로 아침밥은 거르지 말고 반드시 먹어야 합니다. 이런 균형 잡힌 생활습관이야말로 건강한 생활의 기반이 되는 것입니다.

눈으로 봤을 때 식욕이 안 생기는 음식은 결코 좋은 음식이라고 할 수 없어요. 시각적으로도 만족을 느끼고, 먹었을 때 맛있게 느끼고 씹으면서 좋은 향을 느끼고, 음식물이 씹히는 소리마저도 만족스러워야 합니다. 거기에 좋은 사람들과 즐거운 대화를 나누면서 식사를 한다면 맛있는 음식이 되기 위한 모든 조건을 갖췄다고 할 수 있어요. 더 욕심을 부리자면 식사하는 곳을 편안한 분위기로 꾸미고 감미로운 음악이 흐르고 적당히 기분 좋은 조명 아래 근사한 테이블웨어까지 갖춘다면 그야말로 오감이 만족스러운 맛있는 식사가 될 것입니다.

● 영양가도, 가격도 만족스러운 제철 재료

동물들은 자연환경과 사이클에 맞춰 살아가기에 계절에 따라 기초대사량과 컨디션 등에 조절하며 적응해요. 채소와 과일, 어류 또한 자연의 섭리에 맞춰 성장하기에 그 재료의 성장기야말로 영양가가 가장 높은 시기입니다. 지난해에는 세계적인 이상기후로 인해 먹을거리의 맛은 물론 생산량 또한 예측이 불가능할 만큼 혼란스러웠어요. 우리나라의 경우, 경작지가 부족하여 1년 내내 농사를 짓기 위해 하우스 재배가 일반화되었는데, 노지(하우스가 아닌 땅에서 자라는 농작물)나 비가림(상반부만 가려져 있는 형태로 제주의 비가림 귤이 대표적) 등 자연환경에서 자라는 농작물을 선택할 것을 권해요. 아무래도 햇빛을 충분히 받고 건강하게 자라기 힘든 기후 조건을 이겨내고 자라난 농작물이니 영양적으로도 맛과 향이 살아 있지 않을까 생각되기 때문이에요. 하우스 재배가 보편화되고 있는 시점에서 제철을 잃어버린 식재료들이 시장은 물론 대형마트 식품매장에 넘쳐나고 있어요. 우리 가족을 위해, 자라나는 아이들을 위해 대자연의 영양이 듬뿍 담긴 제철 식재료를 통해 영양의 보고를 만나보세요.

봄 2월 4일경(입춘)~5월 5일경(입하)
2월의 입춘부터 조금 빠르게 봄의 제철 재료를 이용해 식사를 준비해야 3월부터 봄에 적응된 몸으로 변합니다. 2월은 아직은 춥기 때문에 추운 날에는 겨울 메뉴를 먹어도 되지만 봄은 겨우내 쉬었던 나무의 싹이 얼굴을 내미는 아름다운 계절이에요. 우리 몸도 추운 겨울 동안 가득 저장되어 있는 온갖 노폐물이 잘 빠져나올 수 있도록 제철 식재료를 이용해 자연을 섭취하는 것이 필요해요. 몸에 좋은 것을 먹고 나쁜 것을 몸 밖으로 내보내야겠습니다.

여름 5월 5일경(입하)~8월 8일경(입추)

예전보다 여름이 더욱 더워지고 길어지고 있어 봄을 건너뛰고 곧바로 여름이 오는 것을 경험했을 거예요. 따라서 더위가 본격적으로 오기 전에 몸의 열기를 밖으로 배출할 수 있는 음식을 미리미리 먹어야 해요. 옥수수, 수박 등 여름이 제철인 식품을 충분히 섭취하는 것이 좋아요. 하지만 음성이 강한 식품을 지나치게 섭취하면 내장기관이 차가워질 수 있으므로 위장을 보호하고, 몸의 열을 일정하게 보호하는 작용을 하는 식재료를 사용해야 해요. 여름철 식재료를 잘 선택하면 심장과 소장을 강화하며, 온몸의 피를 깨끗하게 만들어 신체 면역력을 높여주는 시즌이 될 수 있어요.

가을 8월 8일경(입추)~11월 8일경(입동)

자연의 섭리로 모든 식물이 에너지를 안으로 모아 결실을 맺는 시기로 신체도 겉보다 안으로 기를 모으는 계절이에요. 식재료도 결실의 에너지를 받아들이는 것이 중요해요. 가을철 식재료는 힘이 강해, 심플한 조리법으로 만들어도 맛이 풍부해요. 간단한 조리법으로 음식의 맛을 살려주는 것이 포인트이며 가을에 추수한 햅현미를 섭취해 기를 보충합니다. 8월은 아직까지는 더운 시기이지만 가을의 식생활로 바꾸어야 환절기 감기나 건조함, 알러지 등을 이겨낼 수 있어요. 식재료를 가열하는 음식을 늘리면 몸도 열이 올라 따뜻해져요.

겨울 11월 8일경(입동)~2월 4일경(입춘)

겨울은 동물이나 식물까지도 모든 에너지를 속으로 안고 휴식을 취해요. 인체도 에너지를 밖으로 내보내지 않고 비축하게 되어 다른 계절과 동일하게 섭취해도 지방이 늘어날 수 있어요. 일반적으로 12월부터 3월까지를 겨울이라고 하지만 조금 앞선 시기부터 겨울을 맞을 준비를 하는 것이 필요합니다. 몸을 편하게 릴랙스하고 따뜻하게 해줄 수 있는 식재료와 요리법을 활용해보세요. 기온이 낮아지면 천일염과 기름의 양을 조금 늘려 겨울을 대비하는 것도 좋아요. 하지만 신진대사가 둔해지는 겨울에 자칫 폭식을 하게 되면 봄에 몸이 힘들어질 수 있으니 주의하세요.

월별 제철 식재료

1월	우엉, 연근, 당근, 굴, 패주, 문어, 해삼, 대구, 명태, 빨간 도미, 옥돔, 아귀, 개조개, 가자미, 청어
2월	쑥갓, 시금치, 고비, 봄동, 참취, 순무, 양파, 달래, 청각, 다시마, 파래, 굴, 전복, 꼬막, 홍어, 홍합, 귤, 레몬
3월	봄동, 돌미나리, 달래, 냉이, 씀바귀, 고들빼기, 쑥, 원추리, 고사리, 물미역, 톳, 굴, 바지락, 대합, 모시조개, 피조개, 도미, 꼬막, 임연수어, 금귤
4월	양상추, 머위, 죽순, 취, 쑥, 상추, 봄동, 두릅, 아스파라거스, 도미, 조기, 뱅어포, 병어, 키조개, 김, 갈치, 고등어, 꽃게, 주꾸미, 딸기, 양배추, 고구마 줄기, 완두, 파, 미나리, 참취, 더덕, 도라지, 상추, 양파, 마늘, 마늘종, 멍게, 참치, 홍어, 넙치, 오징어, 잔새우, 멸치, 준치, 앵두
5월	양배추, 양상추, 양파, 쪽파, 청경채, 고구마줄기, 완두콩, 더덕, 도라지, 마늘, 미나리, 상추, 마늘종, 미더덕, 병어, 꽃게, 넙치, 멍게, 멸치, 새우, 준치
6월	셀러리, 껍질콩, 오이, 감자, 청둥호박, 양파, 근대, 부추, 흑돔, 전복, 민어, 병어, 준치, 삼치, 전갱이, 오징어, 바닷가재, 토마토, 참외, 매실
7월	부추, 양상추, 가지, 피망, 애호박, 노각, 열무, 장어, 홍어, 농어, 갑오징어, 병어, 토하젓, 곤쟁이젓, 수박, 참외, 산딸기, 자두, 아보카도
8월	오이, 풋고추, 감자, 양배추, 깻잎, 열무순, 옥수수, 전복, 성게, 잉어, 장어, 전갱이, 멜론, 복숭아, 포도, 수박
9월	고구마, 풋콩, 토란, 느타리버섯, 당근, 감자, 홍고추, 표고버섯, 해파리, 배, 사과, 포도, 석류, 무화과, 인삼
10월	송이버섯, 느타리버섯, 양송이버섯, 고추, 고들빼기, 꽁치, 고등어, 청어, 갈치, 연어, 대하, 홍합, 사과, 밤, 감, 대추, 유자, 오미자, 모과
11월	브로콜리, 배추, 무, 연근, 당근, 우엉, 파, 늙은 호박, 옥돔, 방어, 연어, 참치, 참돔, 대구, 성게, 오징어, 배, 사과, 귤, 키위, 은행, 유자
12월	콜리플라워, 산마, 굴, 홍게, 영덕게, 꽃게, 방어, 넙치, 복어, 문어, 맛살조개, 가자미, 낙지, 미역, 주꾸미, 가오리, 꼬막, 김, 귤

● 아침, 점심, 저녁 밥상 차리기

계절에 따라서도 신체가 달라지지만 하루 동안의 짧은 기간에도 신체는 변해요. 시간에 따라 어떻게 변화하는지 살펴볼까요.

아침에는 몸의 기운을 돋우는 메뉴를 선택하세요

영양을 공급하는 것보다 배출을 하는 시간으로 순간적으로 몸의 기운을 돋우는 에너지가 상승하기 쉬운 메뉴를 섭취하는 것이 좋아요. 각 장기들은 수면을 취하는 동안 연동운동은 있었지만, 중력이 작용하는 움직임이 없었기 때문에 부스터 역할을 할 수 있도록 먹기 전에 몸을 조금이라도 움직이는 것이 중요합니다. 또 아무리 늦어도 오전 8시 이전에는 일어나야 호르몬의 밸런스가 좋아져요. 아침식사의 기본은 수분이 많은 부드러운 곡물과 찌거나 데친 잎채소, 된장국, 콩으로 만든 부드러운 반찬, 약간의 김치 등이 기본이에요. 머리를 많이 써야 하는 수험생은 반드시 곡물 식사를 해야만 뇌의 활성화를 도와줍니다.

점심엔 충분한 영양과 에너지를 보충하세요

본격적인 활동을 위해 충분한 에너지를 보충해야 하는 시간입니다. 다이어트 중인 여성이라도 점심식사는 든든히 하는 것이 좋아요. 개인에 따라 다르겠지만 활동량에 따라 식사의 양을 조절해야 해요. 오후의 시간을 위해 충분한 영양과 에너지를 보충하여, 오후에 혈당이 떨어지는 것을 막아야 합니다.

저녁은 꼭 일찍 드세요

식사를 한 다음 몇 시간 후에는 수면을 취하게 되는데 새로운 세포를 만들어야 하는 음식물이 필요합니다. 저녁밥은 오후 6시 전후에 먹는 것이 가장 좋으며, 늦어도 오후 8시를 넘기지는 마세요. 현미식을 하더라도 잠자기 2~3시간 전에는 절대 먹지 않아야 합니다.

제대로 알고 먹어야 할 현미 밥상 이야기

● 현미가 뭐지?

현미란 한문으로는 玄米, 영어로는 brown rice, unpolished rice로 벼를 수확해서 왕겨만 벗기고, 속겨는 벗기지 않은 쌀을 말합니다.

벼를 1차 도정하게 되면 맨 바깥 껍질인 왕겨가 벗겨져요. 왕겨는 쌀 알갱이 무게의 25%를 차지하는데 왕겨를 벗겨낸 검은빛과 푸른색의 쌀이 바로 현미예요. 그 천연 미네랄과 영양의 보고를 통째 먹어야만 건강의 1단계를 오를 수 있는 기본이 됩니다. 현미를 계속 도정하면 속껍질과 씨눈이 조금씩 깎여 나가요. 현미는 0분도미 또는 1분도미라고도 하고, 다음이 5분도미, 7분도미, 10분도미, 즉 백미가 되는 것으로 씹지 않아도 삼킬 수 있을 만큼 부드러운 밥이 됩니다.

● 현미에는 어떤 효능이 있을까?

현미에는 우리 몸에 꼭 필요한 영양소가 균형 있게 들어 있어 현미를 먹으면 몸의 컨디션이 좋아지고, 지속적으로 섭취하면 체질까지 개선됩니다. 고혈압, 고지혈증, 당뇨병 등의 생활습관병을 비롯해 다양한 질병에 효과가 있으며, 변비에도 도움이 됩니다. 또 현미를 먹으면 음식을 꼭꼭 씹는 건강한 식습관이 자연스럽게 생겨요. 정제된 쌀로 만든 백미밥과 정제된 밀로 만든 흰 빵은 많이 씹을 필요가 없어 타액이 적게 필요하고 체내 효소의 활동이 활발하지 않아요. 하지만 현미처럼 많이 씹는 음식은 충분한 타액을 생성시켜 소화 효율을 높이고 포만중추를 자극하여 먹는 양을 줄이는 작용을 한답니다. 당연히 다이어트에도 도움이 됩니다.

● 현미는 어떻게 먹어야 할까?

현미는 키우면 싹이 나오는 하나의 씨앗으로 생명의 에너지를 지니고 있어요. 그리고 채소의 껍질과 살 사이에는 많은 영양분이 들어 있어요. 그래서 식이섬유가 부족한 현대인에겐 균형 있는 영양을 취하기 위해 식재료를 통째 먹는 것이 매우 이롭습니다. 쌀이 가진 영양소를 그대로 섭취할 수 있는 현미를 먹는 것이 좋은데 소화가 잘되는 호화상태로 먹기 위해서는 최대한 부드럽게 조리하는 것을 잊지 마세요.

● 백미 vs 현미 vs 발아현미, 현미찹쌀 vs 멥쌀현미는 뭐가 다른 걸까?

백미와 현미

쌀은 볍씨의 겨층을 벗겨내는 도정 과정을 거쳐야만 우리가 먹을 수 있어요. 볍씨에서 외피를 벗겨낸 쌀알은 8%의 배아(씨눈)와 겨층, 82%의 배유(백미)로 구성돼요. 현미는 씨눈과 겨층을 그대로 살린 상태이며 백미는 완전히 제거한 상태를 말합니다. 따라서 씨눈과 겨층이 있다, 없다의 차이 말고는 똑같은 쌀입니다.

현미 현미와 백미는 같은 쌀이지만 영양적인 면에서 매우 큰 차이가 있어요. 통째로 먹는 것이 영양이 풍부하고, 배아를 제거하지 않은 쌀을 먹어야만 노화 물질을 배출시키고 세포를 활성화시켜요. 쌀의 외피가 남아 있는 현미는 소화 능력이 약간 떨어지므로 천천히 충분히 씹어, 소화되기 쉽게 한 번에 20번 이상 씹는 것이 기본이지만 적절하게 잘 호화된다면 먹기에 무리 없는 현미밥을 즐길 수가 있어요.

현미를 꾸준히 먹으면 피부가 건강해지는 것을 느낄 수 있는데, 이는 현미에 포함된 세포를 구성하는 성분인 불포화지방산이 많이 함유되어 있기 때문이며, 백미에 비해 더 맛있게 느껴지지는 것은 몸에 좋은 지방 성분이 6~7배 많이 들어 있기 때문이에요. 현미를 씹게 되면 씨눈 안에 들어 있는 지방 성분이 바깥으로 흘러나와 현미 특유의 달콤하면서 고소한 맛과 향을 즐길 수가 있답니다. 또한 현미가 백미보다 5배나 많이 식물섬유소를 가지고 있어 변비로 고생하는 분에게는 더욱 효과가 있어요.

백미 백미의 주성분은 전분으로 다당류의 한 종류인데 독특한 끈기가 나오는 것도 이 전분 때문입니다. 체내에서 분해되면 빠르게 당분으로 변하는데 밥을 많이 먹으면 과다 탄수화물 섭취로 인해 뚱뚱해지는 것도 바로 이 전분 때문이에요. 쌀의 배아, 즉 외측을 깎아낸 백미는 씹기도 좋고 소화도 잘되어 지나치게 많이 먹을 수 있다는 단점이 있어요. 술술 넘어가기 때문에 더 많이 먹게 되는 겁니다. 백미는 정미해서 배아를 없앴기 때문에 현미보다 장기 보존이 어려워요. 정미한 쌀은 가능한 한 빨리 먹는 것이 좋아요. 반찬을 먹기 위한 수단으로서의 탄수화물 섭취가 목적이 아니라면 백미는 권장하지 않아요.

영양소	피틴산(mg)	섬유소(g)	칼슘(mg)	철(mg)	치아민(mg)	니아신(mg)	토코페롤(mg)
현미	2400	1.3	41	2.1	0.54	5.1	1.0
백미	41	0.4	24	0.4	0.12	1.5	0.2
차이	58배	3배	1.5배	5배	4배	3배	5배

발아현미

발아현미는 싹을 틔운 현미로 왕겨를 벗겨낸 현미를 적정한 수분, 온도, 산소를 공급해 1~5mm 정도 싹을 틔운 것을 말해요. 싹이 난 현미에는 비타민, 아미노산, 효소 등 우리 몸에 유용한 성분이 더 많이 들어 있어 신체의 자연 치유력을 높이고 성인병을 예방하며 몸의 독소를 배출하는 해독작용을 합니다. 또 신경전달물질인 GABA라고 하는 아미노산의 일종이 더 증가해 콜레스테롤의 증가를 억제하고 면역력을 강화시켜요.

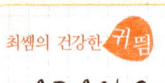

최쌤의 건강한 귀띔

GABA란?

GABA(Gamma Amino Butyric Acid)는 포유류의 뇌에 작용하는 신경전달물질인 아미노산의 일종입니다.
뇌세포의 대사기능을 활발하게 하여 정신 집중 강화, 기억력 증진, 중풍이나 치매 예방에 효과가 있으며, 청소년 성장 및 발육을 촉진하는 호르몬을 분비합니다.

발아현미를 간단하게 만드는 법

1. 현미를 물에 담가 살살 저으면서 잡티나 불순물을 건져내고 두세 번 헹궈요.
2. 물에 담가 6시간 정도 불리세요(수돗물을 하루 정도 받아서 사용하시거나 정수물을 이용하세요).

3. 현미 표면에 금이 가는 것처럼 보이다가 나중에 수분이 흡수되어 커져요. 청취(녹색겨)도 발아됩니다.
4. 거품이 조금 나면 발아를 시작하려는 거예요.
5. 체에 밭치고 마르지 않도록 마른행주나 신문지로 덮어서 햇볕이 드는 곳에 두세요.
6. 중간 중간 두세 번 물을 갈아 헹구세요(체에 밭쳐 키우면 헹구기도 편해요). 자주 헹구지 않으면 냄새가 나고 곰팡이가 생기기 쉬워요. 씨앗이 발아할 때 액이 나오는데, 이때 냄새가 나므로 여름에는 꼭 헹구어야 해요.
7. 싹은 1~5mm 정도가 가장 적당하다고 해요. 날씨가 좋고 통풍이 잘되는 그늘진 곳에 말리고 집에서 드실 거면 물기를 빼서 냉장고에 넣어두세요.

현미찹쌀 vs 멥쌀현미

현미와 현미찹쌀, 백미와 멥쌀현미가 모두 다른 것으로 알고 있지만, 현미인지 백미인지는 도정의 정도에 따라 결정되는 것이고 찹쌀인지 멥쌀인지의 구분은 찰기가 많은지, 적은지에 따라 결정됩니다. 일반적으로 쌀은 포도당인 아밀로오스와 아밀로펙틴의 함량에 따라 다른데, 멥쌀은 아밀로오스 20%, 아밀로펙틴 80%의 함유량이고, 찹쌀은 아밀로펙틴이 대부분을 차지하는 것으로 아밀로펙틴의 포도당이 많을수록 찰기가 많은 찹쌀이 됩니다. 즉 찹쌀과 현미찹쌀는 똑같지만 도정에서 차이가 있는 것이고 현미찹쌀와 멥쌀현미는 포도당의 구성원이 다른 쌀입니다.

최쌤의 건강한 귀띔

발아현미를 만드는 게 힘든 분을 위하여

최근에 출시되는 전기밥솥 중에는 현미를 씻어 밥솥에 넣기만 하면 알아서 발아를 시켜 밥을 지어주는 제품도 있어요. 이런 제품을 이용한다면 좀 더 손쉽게 발아현미밥을 지을 수 있겠죠?

최쌤의 건강한 귀띔

발아현미 속에 많이 들어 있는 피틴산은 뭘까?

현대인의 식생활 문제 중 하나는 집에서 세끼의 밥을 해결하지는 않는다는 거예요. 아무래도 밖에서 사 먹는 음식에는 각종 식품첨가물이나 중금속, 농약, 다이옥신 등에 노출되기 쉬워요. 이러한 독성 물질은 영양 성분의 체내 흡수를 방해하기도 하는데 피틴산은 밖으로 나오지 못하고 체내에 쌓여 있는 독소들과 결합해서 몸 밖으로 배출되는 좋은 물질입니다. 항산화 효과까지 알려지면서 각광받는 영양소 중 하나입니다.

● 현미밥을 건강하고 맛있게 짓는 노하우는?

1. 현미를 씻을 때는 쌀눈이 떨어져 나가지 않도록 주의하세요

현미의 영양 성분이 집중된 곳은 쌀눈입니다. 쌀 씻을 때 쌀눈이 떨어져 나가면 안 되고 특히 너무 세게 문지르면 눈에 보이지는 않지만 쌀알 입자가 손상되어 수분, 열, 압력에 노출되면 영양 성분이 많이 파괴될 수 있으므로 손가락을 편 상태에서 살짝 오므려 물과 함께 한 방향으로 저어주거나 두 손으로 살짝 비비듯이 씻으면 됩니다.

2. 상황이나 식성에 따라 불림의 정도를 조절하세요

일반적으로 현미는 물에 불려야 한다고 생각해서 무조건 불리는 경우가 많아요. 하지만 불리면 수분에 의해 영양분의 손실을 가져올 수도 있어요. 예를 들어 비타민 B군은 수용성이기 때문에 과하게 불리면 영양소가 유출되지요. 물에 흡수된 영양소는 밥을 지을 때 열이나 압력에 의해 모두 손실됩니다. 특히 물 분자가 잘 안 익는 현미의 가운데 부분까지 도달하기 위해서는 최소 1~12시간 정도 불려야 하는데 현미 바깥쪽과 안쪽의 물 포화도가 달라져 식감이 푸석해지는 경우가 많아요. 같은 현미라도 불린 것과 안 불린 것은 맛과 영양에 차이가 나는데요, 부드러운 밥을 좋아하거나 소화력이 떨어지는 사람이라면 적당히 불리는 방법을, 탱글거리는 식감을 좋아하고 소화력에 문제가 없는 사람이라면 불리지 않는 방법을 추천합니다.

　부드러운 밥을 좋아하지만 영양소가 파괴 되는 것이 싫다면 압력솥을 사용해보세요. 압력솥으로 밥을 지으면 적절한 온도와 압력에 의해 백미밥처럼 잘 호화되어 소화 흡수가 잘되거든요. 압력솥을 사용하지 못하는 경우라면 적당히 불리는 것을 권장하는데요, 밥을 짓기 전에 현미를 씻어 1시간 정도 물에 불린 다음, 체에 밭쳐 2시간 정도 두었다가 밥을 지으면 수분이 현미 속으로 고루 스며들어 부드러운 밥이 됩니다. 하지만 초보자에게 권하고 싶은 가장 쉬운 방법은 3시간 이상 불렸다가 밥을 짓는 방법이에요.

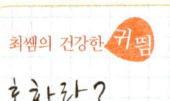

최쌤의 건강한 귀띔

호화란?
전분질에 수분과 열이 가해져서 먹기 좋은 상태로 익는 현상을 말해요.

3. 밥솥의 종류에 따라 물의 양을 조절하세요

현미는 겨층이 살아 있으므로 밥을 잘못 지으면 거칠한 식감 때문에 먹기 힘든 경우가 많아요. 현미밥을 지을 때는 백미밥을 지을 때보다 물을 충분히 넣는 것이 좋아요.

또 어떤 밥솥을 사용하는지에 따라 물의 양을 조절하는 것이 좋은데요, 일반솥을 사용할 경우에는 압력솥을 사용할 때보다 물을 조금 더 넣으세요. 상세한 물 조절법은 67쪽을 참고하세요.

4. 밥솥의 종류에 따라 뜸 들이는 시간을 조절하세요

압력계기 방식의 압력솥은 압력계기가 올라가면 약한 불로 줄여 15~20분 정도 더 끓이다가 불을 끄고 압력계기가 내려갈 때까지 뜸을 들여요.

추 방식의 압력솥은 추가 소리를 내면 약한 불로 줄여 20~25분 정도 더 끓이다가 불을 끄고 압력이 내려갈 때까지 뜸을 들여요.

전기 압력솥은 원하는 기능을 설정해서 스위치만 누르면 되는데, 취사를 두 번하면 훨씬 더 부드러워요. 하지만 조리 시간이 길어져서 영양소가 손실된다는 단점이 있어요. 일반 냄비나 일반 전기밥솥은 취사가 끝나면 충분히 뜸을 들이세요.

● 현미밥을 신선하게 보관하는 방법은?

정성껏 현미밥을 지었는데 남아 딱딱하게 굳어버리면 정말 아깝겠죠. 조금 넉넉히 지어서 두고 먹으면 좋겠죠. 현미밥을 보관하는 방법은 총 4가지가 있어요.

1. 냉동 보관법

주중에 먹을 양의 현미밥을 주말에 한꺼번에 많이 해서 1인분씩 포장해 냉동 보관해보세요. 한 김 정도만 식히고 바로 냉동하는 것이 갓 지은 밥맛을 유지시키는 방법입니다. 냉동 보관한 현미밥을 아침에 먹을 생각이라면 그 전날 밤에 미리 꺼내 놓으세요. 좀더 따뜻하게 먹고 싶을 때에는 전자레인지에 살짝 데워 드세요.

2. 나무통 보관법

 실온의 나무 밥통에 보관하는 방법도 있어요. '한기리' 라는 일본의 초밥 나무통에 현미밥을 보관하는 방법이지요. 여러 가지 나무 재질로 만들지만 전나무로 만든 나무 밥통이 최상급이에요. 우선 나무통을 물에 적신 후 물기를 닦으세요. 갓 지은 현미밥을 넣은 후 한 김이 나가면 면 보자기를 물에 적셔 꼭 짠 후 덮어놓으면 촉촉한 현미밥 상태 그대로 여름에는 실온에서 1~2일, 겨울에는 3~4일 동안 촉촉한 상태로 보관이 가능하답니다.

3. 뚝배기 보관법

 맛있게 지은 현미밥을 실온의 뚝배기에 보관하는 방법이에요. 뚝배기는 흙을 치대어 유약을 발라 옹기를 굽듯이 만든 것으로 현미밥을 지은 후 바로 뚝배기에 넣고 뚜껑을 덮어놓으면 하루 정도는 촉촉하게 보관할 수 있어요. 주의할 점은 찌개나 국을 끓이는 용도의 뚝배기는 반찬 냄새가 남아 있어 밥을 보관하면 냄새가 배일 수 있으니 밥을 보관하는 전용 뚝배기를 따로 정하는 것이 좋아요.

4. 전기밥솥 보관법

 갓 지은 현미밥을 밥그릇에 담아 전기밥솥 바닥에 물을 1컵 부은 다음, 물 위에 그릇째 넣고 보온기능을 작동시켜보세요. 전기밥솥은 가열의 방법으로 보관되기 때문에 계속 보관하면 열로 인해 수분이 계속 증발됩니다. 이렇게 중탕의 원리를 이용해 보관하면 하루 정도는 따뜻하고 촉촉하게 보관할 수 있어요. 하지만 수분과 열에 의해 약간의 산화가 올 수 있으니 하루를 넘기지 마세요.

● 현미밥에 쉽게 적응하는 방법은?

1. 현미의 양을 조금씩 늘려보세요

처음부터 현미만으로 밥을 지으면 입맛의 습관 때문에 적응하기 어려울 수도 있어요. 그래서 백미에 현미를 조금씩 섞어서 적응하는 것이 좋아요. 비율을 조금씩 늘려가는 것이 좋은데 첫 시작은 현미와 백미의 비율을 1:3 정도로 먹다가 점차 익숙해지면 현미 : 현미찹쌀 : 잡곡 = 2:1:1로 섞거나, 현미 : 잡곡 = 1:1로 하다가 익숙해지면 현미 : 현미찹쌀을 1:1로 하고 최종적으로 현미 100%에 도전해보세요.

2. 처음에는 현미찹쌀을 섞어보세요

찹쌀이 멥쌀보다 잘 호화됩니다. 현미찹쌀과 백미를 혼합해 시작하다가 점차 찹쌀을 늘리고, 찹쌀의 비율이 50%가 넘으면 그때부터는 찹쌀과 멥쌀을 반반씩 넣으면 됩니다. 현미찹쌀 1컵에 백미 1컵의 비율로 밥을 지어서 적응이 되면 점차 늘릴 때는 현미찹쌀 1/3컵, 현미(멥쌀) 1/3컵, 백미 1/3컵으로 밥을 지으면 됩니다. 그 이후 단계는 현미찹쌀과 현미를 1컵씩 넣어 밥을 짓고, 마지막 단계로 100% 현미밥에 도전하면 됩니다.

　현미밥을 100%로 바꾸고, 하루에 두 끼 이상을 현미밥으로 먹었을 경우 몸의 변화가 생기게 됩니다. 얼굴에 뾰루지 같은 것이나 붉은 기가 올라오게 되는데, 몸의 독소가 빠지는 것이라고 생각하면 됩니다. 꾸준히 드시면 피부색이 맑아지고, 손과 발톱도 건강해지며 변비도 없어지고 특히 살이 빠지게 됩니다.

● **소화력이 떨어지는 환자나 노인, 아이들을 위한 현미밥 섭취법은?**

아무리 몸에 좋아도 너무 과하면 안 한 것만 못한 경우가 많지요. 천연 미네랄의 대명사 현미라고 하더라도 사람의 소화력에는 한계가 있고 특히, 어린아이나 노인, 환자들은 소화력이 떨어지는 경우가 많은데, 현미가 몸에 좋다고 무작정 따라 먹으면 오히려 역효과가 나기도 해요.

현미밥의 기본은 일반 성인이 섭취할 경우에라도 소화율이 좋도록 최대한 호화가 잘 된 것이어야 해요. 그래서 호화가 잘되도록 밥을 짓는 것이 가장 중요하며, 만약 소화율이 떨어지는 상태이거나 어린이나 노인인 경우라면 현미 미음, 현미 수프, 볶은 현미죽 등을 추천합니다.

현미 미음은 현미가루를 물에 풀어 끓이는 것으로 물 2컵 기준으로 2큰술의 쌀가루를 넣어 끓인 묽은 미음부터 현미가루의 양을 늘려가면서 걸쭉하게 먹을 수도 있어요. 현미 수프는 현미 1/2컵을 마른 팬에 살짝 볶아 물 4컵을 붓고 중간 불로 30분 정도 끓여 체에 거른 것으로 아침에 일어나 미지근하게 데워 1컵을 먹으면 속이 편해지고, 환자나 노인의 경우에는 음료 대용으로 마시면 좋은데, 영양 보충에도 도움이 된답니다. 단 식사 중이나 식사 후 30분 동안은 너무 많이 마시지 않는 것이 좋아요. 소화력이 떨어지는 분들이 식사 중에 섭취하면 위에 부담을 주니 주의하세요. 현미 수프로 아이들 분유를 타서 먹이면 영양분이 고스란히 흡수되어 성장 발달이 눈에 띄게 달라질 거예요. 알에서 깨어난 오리가 제일 처음 본 오리를 엄마로 기억하듯 아이의 분유에 현미 수프를 타서 먹인다면 아이의 입맛이 천연의 단맛에 적응이 되어 음식 고유의 맛에 익숙한 아이로 자랄 거예요.

볶은 현미죽은 현미 1컵을 마른 팬에 고소한 냄새가 나고 연한 갈색이 되도록 볶다가 5컵의 물을 붓고 끓이세요. 부드럽게 끓인 현미죽은 식사대용으로 먹어도 좋아요. 현미뿐만 아니라 현미찹쌀, 수수, 율무, 흑미 등을 섞어 현미 오곡죽을 만들어도 좋아요.

현미에 대해 자주 하는 질문들

Q 왜 현미를 먹어야 하나요?

A 현미는 깨끗하게 도정한 백미와 달리 쌀겨층과 쌀알의 끝에 있는 배아와 배젖이 그대로 살아 있는 것으로 쌀의 좋은 영양 성분이 바로 이 쌀겨층에 다 모여 있어요. 현미는 백미보다 무기질, 비타민, 섬유질이 3~10배 정도 더 많은 반면, 백미는 탄수화물(전분)이 대부분을 차지합니다. 즉, 백미가 현미보다 나은 것은 탄수화물이 더 많다는 것뿐입니다. 현미의 쌀겨층에는 지방이 풍부한데 이 지방에는 동맥경화를 예방하고 치료하는 리놀렌산 성분이 많이 들어 있어요. 뿐만 아니라 비타민 E도 들어 있어 이러한 불포화지방산이 몸 안에서 제대로 쓰이도록 돕는 역할을 합니다. 지방과 단백질 말고도 비타민 B군과 나이아신, 판토텐산, 칼슘, 인, 철분 등이 고르게 들어 있어요.

그리고 현미는 섬유소가 풍부하여 변비를 예방하는 효과가 있는데 이 섬유소는 장 운동을 활발하게 해 장 안에 있는 발암물질 같은 유해 물질을 쉽게 배설시킵니다. 또 암을 예방하는 식품으로도 알려져 있는데, 이는 현미의 배아에 항암물질이 들어 있기 때문이에요. 또한, 현미는 백미에 없는 몇 가지 기능성 물질을 함유하는데 대표적인 것으로 몸속 유해 산소를 퇴치하여 노화를 예방하는 항산화제인 감마오리지놀과 콜레스테롤을 낮추고 파킨슨씨병을 예방하는 효과로 알려진 옥타코사놀이 들어 있어요.

Q 현미는 아이들이 먹으면 안 되나요?

A 아이들은 소화기관 발달이 미숙하여 소화가 잘 안 되기도 하지만 5세 이후 아동은 꼭꼭 씹어서 먹는다면 문제가 없어요. 그러나 피틴산이란 성분 때문에 미네랄의 흡수를

저해할 수 있으니, 성장 발육기의 아이들이 현미식을 할 때는 미네랄을 보충할 수 있는 반찬이 필요합니다. 또 하나의 방법은 현미를 발아시킨 발아현미를 먹으면 돼요. 하지만 이 피틴산은 체내에 쌓여 있는 내 몸의 적인 방부제, 식품첨가물, MSG 등의 잔재를 몸 밖으로 배출시키는 기능을 하므로 어린아이에게는 아니지만 성인에게는 정말 필요한 물질입니다.

Q 현미는 왜 유기농으로 먹어야 하나요?

A 일반 농산물은 씻거나 가공을 해도 농약이 남아 있는 경우가 많아요. 식품의약품안전청 자료에 따르면, 일반쌀은 도정하면 24%의 농약이 잔류하고, 세 번 정도 씻고 전기밥솥에서 가열, 조리하면 대부분의 농약이 제거된다고 해요. 하지만 현미는 도정을 거의 하지 않은 쌀이기 때문에 현미를 먹으려면 농약 걱정이 없는 유기농 현미가 좋아요. 오가닉 재료는 물론 그에 따른 경제적인 비용을 지불해야 하지만 우리 미래의 행복을 위해서는 경제적으로 무리가 되어도 몸과 마음이 행복해지는 유기농 현미를 먹는 것이 좋아요.

Q 백미에서 현미로 식단을 바꾸면 비용이 어느 정도 더 들까요?

A 한국농촌경제연구원 자료에 의하면 한 가족의 외식 횟수는 월 2~3회이며 1인당 월평균 외식 비용이 1만6천 원 정도로 조사되었습니다. 가족의 외식을 줄이고 건강한 유기농 현미밥으로 바꿔보는 것은 어떨까요?

일반 백미, 유기농 백미, 유기농 현미의 가격 비교

일반 백미	1kg당 연평균 3,300원	지역 : 충북 청원,
유기농 백미	1kg당 연평균 5,000원	유통 : 소매
유기농 현미	1kg당 연평균 5,500원	

1인당 월 구매 금액

일반 백미	20,460원
유기농 백미	31,000원
유기농 현미	34,100원

1인당 월평균 소비량 : 6.2kg 기준
(2010년 1월 28일 통계청 자료 참고)
1. 일반 백미→유기농 현미로 전환 시 월 증가금액 : 13,640원
2. 유기농 백미→유기농 현미로 전환 시 월 증가금액 : 3,100원

Q 현미를 먹으면 정말 살이 빠지나요?

A 현미에는 영양 성분이 풍부해 조금만 먹어도 속이 든든해요. 콜레스테롤의 수치를 내려주고 노폐물을 빨리 배출해서 음식물 분해와 소화 흡수를 도와 현미밥을 꾸준히 먹으면 요요현상 없이 적당한 체중을 유지할 수 있어요. 또 발육에 꼭 필요한 성장촉진인자인 비타민 B_2가 풍부한데 이 성분은 피부를 튼튼하고 아름답게 할 뿐 아니라 산화를 막고 피를 맑게 해주어 깨끗한 피부를 만들어줘요. 마지막으로 배아 속에는 노화를 방지하고 피부에 윤기를 주는 비타민 E와 F도 들어 있어요. 무엇보다 이런 천연 미네랄 성분은 신체의 대사를 활발하게 해 필요 없는 군살의 축적을 막아준답니다.

꼭 알아야 할 건강 음료 이야기

● **우리가 마시는 물이 중요한 이유는?**
한 컵의 물은 생기를 되살려줄 뿐 아니라 건강을 유지하는 데도 큰 역할을 합니다. 특히 피곤할 때는 혈액이나 체액의 흐름이 원활하지 못한 경우가 많은데, 이럴 때 물을 마시면 혈액순환에 도움을 줘 영양분과 산소가 신체의 각 조직으로 충분히 전달되어 기운을 되찾을 수 있어요. 물은 대사를 촉진시키고 우리 몸의 항상성을 유지시켜줍니다. 목이 마르다는 것은 몸속에 물이 부족하다는 신호이니 물을 수시로 마시는 것이 좋아요.

● **물이 가장 맛있는 온도는?**
물이 가장 맛있게 느껴지는 온도는 15℃ 전후며 좀 더 상쾌하게 느끼려면 9~10℃를 유지하는 것이 적당합니다. 이보다 차가우면 몸속에 흡수되기 어렵고, 혀의 감각을 마비시켜 맛있기보다는 시원함을 느끼는 겁니다. 따뜻한 물은 70℃ 정도에서 가장 맛있어요. 체온과 가까운 35~45℃일 때가 가장 맛없게 느껴진다고 합니다.

● **몸의 상태에 따라 물 마시는 법도 다르다?**
변비일 때 잠들기 전에 물 한 컵을 마시면 장속의 수분이 유지되고 대변 속의 수분을 증가시켜 배변을 촉진하고, 아침에 일어나자마자 물을 마시면 수면 중에 정지하고 있던 장의 연동운동을 활성화시켜요.
열이 날 때. 열이 난다는 것은 수분이 그만큼 더 빠져나간다는 것을 의미하므로 평소보다 물을 많이 마셔야 해요. 열이 나기 시작할 때 오한이 느껴진다면 70℃가 넘어가지 않는

따뜻한 물을 마시세요

설사할 때 수분이 몸에서 빠져나와 탈수증상이 일어날 수 있어요. 차가운 물은 위장을 자극해 설사를 더 심하게 합니다. 미지근한 물을 마시도록 하세요.

과음을 했을 때 알코올은 위장의 수분을 빼앗고 점막을 상하게 하므로 음주 전후에 물을 마시는 것이 좋아요. 하지만 안주를 많이 먹고 과음했을 때는 위산을 희석시키므로 소화를 더디게 할 수 있으니 적당하게 마시는 게 좋아요. 안주를 먹지 않고 과음했을 때 물을 많이 마시면 보다 빨리 숙취로부터 벗어날 수 있어요.

다이어트 중일 때 식사 전에 많은 양의 물을 마시면 일단 공복감이 덜하므로 식사 전과 간식 먹기 전에는 물을 천천히 마셔 식욕을 억제하세요.

● 끓여두고 수시로 마시는 사계절 건강 음료

곡물 냉차 _ 볶은 현미 1/2컵, 곡물(옥수수, 보리, 결명자, 메밀 등) 1/2컵, 물 5컵

1. 주전자에 볶은 현미와 물을 넣고 끓이다 끓기 시작하면 곡물을 넣고 불을 꺼요.
2. 체에 걸러 차갑게 식히세요.
3. 물에 희석해서 시원하게 마셔요.

허브 냉차 _ 볶은 현미 1/2컵, 허브(페퍼민트, 캐모마일, 레몬밤, 레몬그라스, 로즈메리, 재스민 세이지 등) 7큰술, 물 5컵

1. 주전자에 볶은 현미와 물을 넣고 끓이다 끓기 시작하면 허브를 넣고 불을 꺼요.
2. 체에 걸러 차갑게 식히세요.
3. 물에 희석해서 시원하게 마셔요.

현미흑초 냉차 _ 볶은 현미 1컵, 현미흑초 1컵, 물 3컵

1. 주전자에 볶은 현미와 물을 넣고 끓이다가 현미 맛이 충분히 우러나면 불을 끄고 식

혀요.

2. 체에 걸러 현미흑초를 넣어 섞어요.

3. 물에 희석해서 시원하게 마셔요.

최쌤의 건강한 귀띔
시중에 판매하는 현미흑초를 이용해보세요

백화점이나 할인마트에서 구입할 수 있는 현미흑초는 흑초에 특별한 천연 재료를 가미해 건강하면서도 색다르게 즐길 수 있어요. 그 종류 또한 다양하므로 입맛에 따라 선택할 수 있답니다.

산머루·복분자 흑초   푸룬 흑초   산수유·석류 흑초   벌꿀 흑초   홍삼 흑초   모과·유자 흑초

● 우리 몸을 정화시키는 초간단 현미 음료

현미에는 지방과 노폐물을 몸밖으로 배출해주는 기능이 있어요. 카페인이 들어간 음료와 달리 흥분 작용, 팽창 작용, 부기, 두통 등이 생기지 않게 해요. 또 주스 등의 음료와 달리 당분이 전혀 들어가지 않아서 자주 마시면 좋아요.

현미차 _ 현미 1컵, 물 14컵

1. 현미를 쌀알이 손상되지 않도록 살살 씻어 물기를 제거하고 연한 갈색이 나도록 볶아요.
2. 주전자에 물 7컵을 부어 끓기 시작하면 볶은 현미를 넣어 중간 불로 10분간 끓이고 물을 따라 따로 보관해요.
3. 2의 볶은 현미가 있는 주전자에 새로 물 7컵을 붓고 센 불로 끓이다가 끓기 시작하면 중간 불로 줄여 10~15분 정도 끓이고 2의 물과 합쳐요.

현미녹차 _ 현미 1컵, 녹차 1/2컵, 뜨거운 물 1컵

1. 현미를 쌀알이 손상되지 않도록 살살 씻어 물기를 제거하고 연한 갈색이 나도록 볶다가 불을 끄고 녹차를 넣어 볶은 현미와 녹차가 어우러지도록 섞어요.
2. 뜨거운 물 1컵에 1을 1큰술 넣어 우려요.

현미숭늉 _ 현미 1컵, 물 7컵

1. 현미를 쌀알이 손상되지 않도록 살살 씻어 물기를 제거하고 연한 갈색이 나도록 볶아요.
2. 1에 물 7컵을 붓고 끓기 시작하면 약한 불로 줄여 30~40분 정도 끓여요.
3. 체에 밭쳐 현미를 걸러요.

최쌤의 건강한 귀띔

현미를 볶아서 사용해보세요

현미를 볶아서 끓이면 밥을 짓는 것보다 영양소 파괴가 덜 돼요. 현미차는 아기의 분유를 탈 때나 보리차 대신 사용하면 좋고, 숭늉은 아침 빈속에 미지근하게 2/3컵을 마시면 소화기관에 좋고 변비 예방에 효과가 있어요.

우리 몸을 튼튼하게 만드는 제철 곡물 이야기

건강한 삶을 위해서는 계절마다 나오는 제철 곡류를 먹어야 해요. 곡물에 들어 있는 각종 영양 성분은 신체의 각 내장기관은 물론이고 인간의 창조성, 감수성 등을 결정하는 뇌에도 영향을 미쳐요.

● 흑미

벼과이며 비타민 E, 미네랄이 풍부해요. 흑미 표면의 흑색 부분에 안토시아닌이 풍부하게 들어 있으며 폴리페놀의 한 종류로 항산화 작용을 하며 동맥경화 예방에도 좋아요. 간암 예방에도 효과가 있을 뿐 아니라 DNA 손상을 억제하기 때문에 장기적으로 섭취하면 노화 방지에도 효과가 있고 면역력 강화에도 도움을 준답니다.

흑미

● 보리

겉보리를 찧어 겨를 벗긴 것으로 단백질, 섬유소, 회분, 칼슘, 나트륨, 인, 철분, 비타민 B_1, 나이아신, 베타글루칸, 엽산 등의 성분이 함유되어 있어요. 항산화물질로 인해 면역력을 증가시키고 변비를 치료하며 대장의 기능 향상에 기여합니다. 보리 속에 들어 있는 베타글로켄이라는 섬유소가 콜레스테롤의 수치를 낮추기 때문에 심장혈관계에도 좋습니다. 보리는 영양의 균형을 유지하여 인체의 생리대사에 필요한 비타민과 무기질이 다량 함유돼 있어 스트레스 예방에도 효과가 있어요. 소화불량이나 거친 피부, 신장염 등에도 도움이 됩니다.

보리

● 누른 보리

정백한 보리를 압력을 가해 누른 것으로 요리하기 쉽도록 가공돼 나온 것으로 식감이 독특해요. 식이섬유, 단백질, 미네랄이 풍부하며 흰쌀에 비해 무려 10배나 많은 식이섬유가 들어 있어요. 하지만 영양적으로 보면 가공이 된 것일수록 영양분 손실이 큽니다.

● 피

예전에는 조와 함께 주식으로 사용되어 왔으며 냉증이 있는 몸이 찬 여성에게 좋다고 알려져 있어요. 피는 몸을 따뜻하게 하고 항산화작용을 하며 현미에 비해 3배나 많은 칼슘이 들어 있어요. 영양가 또한 쌀이나 보리에 비해 떨어지지 않아요. 장기간 저장해도 맛이 유지돼고 비타민 B_1의 함량에 변화가 없어요. 된장이나 간장, 조청, 떡 등을 만들 때 사용해요.

● 수수

벼과로 원산지는 인도예요. 수수는 건조에 강한 식물로 비타민 B군과 미네랄, 폴리페놀이 풍부하게 들어 있어요. 수수의 단백질에는 필수아미노산인 라신, 트립토신이 함유되어 혈액의 콜레스테롤 농도를 낮추는 효과가 있어요.

● 조

벼과로 건조에 강하고 질이 안 좋은 토양에서도 잘 자라요. 미네랄, 비타민, 식이섬유가 풍부하고 철분이 백미보다 6배, 비타민 B_1도 백미보다 2.5배나 풍부해요. 조혈 효과가 있어 빈혈에 좋은 식품이에요. 불면증에도 효과가 있답니다.

● 깨

깨의 영양소

깨에는 식물성 지방이 많이 함유되어 있으며, 리놀산과 리놀렌산 등의 불포화지방산은 콜레스테롤을 감소시키는 작용을 합니다. 또한 혈관을 깨끗해지게 하고, 온몸을 비롯하여 뇌세포의 피로를 회복하는 작용을 하며 또한 비타민 B_1·E, 철, 인, 마그네슘, 아연, 칼슘도 풍부하게 들어 있어요. 깨를 충분히 섭취하면 더욱 젊은 삶을 누릴 수 있는데 특히 술을 잘 안 취하게 하는 것은 물론 숙취 해소에도 효과가 있어요. 깨에 들어 있는 세사민이 알코올의 성분을 해독하고, 간장의 운동을 강화시키는 역할을 하기 때문입니다.

깨의 종류

참깨(흰깨)는 유분이 풍부해 참기름을 만드는 재료로 쓰이며 흰 색소는 칼슘의 색으로부터 만들어졌어요. 비타민 E가 풍부해 피부에 영양을 공급하고 탄력을 줄 뿐 아니라 몸속의 독소를 배출하는 효능이 있는 식품입니다. 지방이 반 이상이기 때문에 생으로 너무 많이 먹으면 설사의 우려가 있어 볶아서 먹을 것을 권합니다. 볶게 되면 깨의 조직이 부드러워져 몸에 좋은 지방의 소화 흡수율을 높여줍니다.

검은깨

참깨

검은깨(흑임자)는 젊음의 보약 블랙 푸드의 대표 식재료로 우리 몸속의 항산화 작용을 하는 안토시아닌이 많이 들어 있어 노화의 원인이 되는 활성산소를 막아주는 것은 물론 콜레스테롤을 저하시키고 시력을 회복시키는 식품입니다.

들깨는 리놀렌산, 리놀레산, 올레산의 지방이 함유되어 있으며 이 지방은 불포화도가 높아 공기 중에 두면 산소를 흡수하여 산화되어 굳어버리는 식물성 기름이에요. 아미노산 중에 반드시 식품으로 섭취해야 하는 필수아미노산인 아르기닌과 리신이 다량 함유되어 여성의 건강과 미용에 좋고 혈관의 노화를 방지해줘요. 여름철 체력 저하나 산후 회복에 도움을 주는 식품입니다.

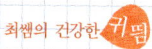

현미와 깨의 놀라운 궁합

현미밥을 지을 때 소금을 넣어보세요

현미에 물을 붓고 소금을 넣어 밥을 짓는데요, 이때 소금은 엄지와 검지를 이용해 천일염을 살짝 집은 정도로 조금 넣습니다. 우리는 흔히 백미가 현미보다 맛있다고 하는데 그것은 여러 가지 이유가 있지만 백미가 현미보다 빨리 맛을 느끼게 하기 때문입니다. 현미에 소금을 넣어 밥을 하면 미각을 느끼는 혀의 미뢰에 맛을 빨리 느끼게 해주고, 현미 안에 있는 효소가 활성을 잃지 않게 해주는 작용을 하기 때문입니다.

현미밥에 왜 깨와 소금을 뿌릴까요?

현미에 부족한 미네랄을 소금으로, 유분을 깨로 보충하기 위해서예요. 부족한 미네랄을 현미, 제철 채소를 먹는 것으로 사계절의 밸런스가 생긴다고 생각해요. 더구나 대부분의 현대인은 미네랄이 부족한 상태인데, 이를 각종 영양제나 식품 보조제로 보충하기보다는 자연의 식품으로 섭취하는 것이 바람직합니다. 깨소금은 구운 소금과 볶은 깨를 섞은 것으로, 현미밥을 씹으면 현미의 외피가 입안에 남기도 하는데 그럴 때 깨소금과 같이 섭취하면 타액이 분비되어 먹기도 쉽고 소화도 도와줍니다. 변비에 걸리기 쉬운 임신 중에는 깨소금을 만들 때 소금의 양을 줄여 현미밥을 먹을 때마다 듬뿍 뿌려 먹으면 좋아요.

깨소금 만들기

천일염 1큰술, 참깨 10큰술

1. 팬을 약간 달구어 천일염을 넣어 색이 살짝 변할 정도로 볶아서 곱게 갈아 식혀요.
2. 팬을 달구어 물에 씻은 참깨를 넣어 중간 불에서 볶아요. 손가락으로 깨를 만졌을 때 으깨지고 색이 노릇해지면 볶아진 것이고, 으깨지지 않으면 덜 볶아진 거예요. 볶은 깨는 곱게 갈아 식혀요.
3. 소금과 깻가루를 1:10의 비율로 섞어요.

깨의 향기, 이렇게 지키세요

깨의 향은 당분과 단백질, 지방분이 익으면서 생기는데, 강하게 볶아서 고소한 향이 나는 참깨는 볶음이나 불고기 등에 사용합니다. 반면 약하게 볶은 깨는 너츠의 향이 나는데 마일드한 일식이나 튀김 요리에 사용돼요. 참깨의 향을 유지하려면 볶아둔 참깨를 사용하기 전에 한 번 더 볶는 것이 좋습니다. 참깨의 향과 맛은 볶는 데서 진해지기 때문에, 중간 불로 팬을 달군 후 잘 저어주어 깨알이 하나, 둘 튀기 시작해서 연기가 나기 전까지 볶아야 합니다. 너무 오래 볶으면 맛과 향이 사라집니다.

● 콩류

콩은 고단백, 비타민, 미네랄이 풍부하며 영양을 골고루 섭취할 수 있는 식품이에요. 그러나 콩은 보통 건조한 상태로 있어 조리하기 전에 물에 불려 오래 끓여야 하는 수고가 따라요. 또 콩의 껍질은 조직이 딱딱하고 소화 흡수가 쉽지 않다는 단점이 있어요. 그래서 콩의 형태로는 많이 섭취하기가 어렵기 때문에 다양한 방법으로 가공한 두부와 나토 등으로 섭취하면 좋아요. 무농약 또는 유기 재배로 안정성이 높은 콩을 선택하는 것이 좋으며 값이 저렴하다는 이유로 유전자변형 콩은 절대 구입하지 않도록 주의하세요.

콩의 종류와 사용법

검은콩 검은 껍질에 들어 있는 안토시아닌은 노화의 원인이 되는 활성산소를 막아주는 것은 물론 콜레스테롤을 저하시키고 시력 회복에 도움을 줍니다. 비타민 E가 풍부하여 항산화작용을 해요. 강력한 항산화작용을 하는 프로 안토시아닌이 함유되어 있어 비타민 C보다 20배, 비타민 E보다 50배나 더 강력한 항산화작용을 합니다.

팥 팥밥을 짓거나 단팥 앙금을 만들어 빵이나 과자를 만드는 데 많이 사용돼요. 쌀에 비해 3배나 단백질, 칼슘, 철분이 많으며, 쌀보다는 12배나 식이섬유가 풍부하고 우엉보다는 3배, 고구마보다는 8배나 많아요. 이뇨작용으로 신장에도 좋습니다.

흰콩 흰콩은 대표적인 대두로서 두부, 두유, 된장, 간장 등의 가공식품을 만드는 원료로 사용되어요. 천연 여성호르몬제라고 할 수 있는 이소플라본 성분이 풍부하여 뼈의 칼슘 흡수율을 높이고 비타민 D의 활성을 도와 뼛속에 있는 칼슘이 몸 밖으로 나가는 것을 막아주어 골다공증을 예방해줍니다.

강낭콩 강낭콩은 달게 조리거나 샐러드에 넣어 섭취하는데 비교적 껍질이 부드러워요. 영양소로는 칼슘, 철분, 칼륨, 아연 등의 미네랄과 비타민 $B_1 \cdot B_2 \cdot B_6$가 풍부하게 들어 있어요. 칼슘은 뼈를 만드는 역할을 하고, 껍질의 식이섬유는 변비와 대장암을 예방하며 혈중 콜레스테롤을 배출하여 동맥경화 예방에 좋아요.

최쌤의 건강한 귀띔
콩은 이렇게 고르세요

햇콩은 늦가을부터 겨울에 나오는데 콩은 입자가 선명하고, 표면에 광택이 있어 윤기가 나는 것, 상처나 벌레가 먹지 않은 것을 고르세요. 또 들었을 때 묵직하고 주름이 없는 것이 좋아요. 강낭콩은 색이 진하고 두꺼운 껍질의 알이 굵은 것을 고르세요. 콩을 보관할 때는 그늘지고 서늘한 곳에 보관합니다. 흰콩은 위에 자극을 줄 수도 있으므로 위가 약한 분은 주의해서 먹어야 하고, 팥은 심장과 신장에 좋다고 해서 가루로 만들어 먹거나 국물을 우려서 섭취하기도 해요. 콩 알레르기가 있는 사람은 콩을 된장, 간장, 고추장 등으로 발효시킨 식품으로 섭취하는 것이 좋아요.

흰콩

검은콩

최쌤의 건강한 귀띔

알아두면 유용한 현미 화이트 소스 & 응용 요리

현미 화이트 소스 _ 현미가루 1/4컵, 두유 2컵, 양파 1/2개, 천일염 약간, 카놀라오일 적당량
1. 냄비에 카놀라오일을 두르고 양파를 슬라이스해서 넣고 색이 변하지 않도록 조심해서 볶아요.
2. 볼에 현미가루와 두유 1/2컵을 넣어 잘 섞고, 냄비에 나머지 두유를 붓고 천일염을 조금 넣어 중간 불로 끓이다가 현미가루를 섞은 두유를 넣어 약한 불로 끓여요.
3. 블렌더에 넣어 곱게 갈아 차게 식혀요.

상미 기간은 7일

현미 화이트 소스를 응용한 고구마 밤 현미 포타주
밤 12개, 고구마 1개, 물 3컵, 현미 화이트 소스 1컵, 천일염 약간
1. 밤과 고구마는 껍질을 벗기고 함께 삶아요.
2. 냄비에 밤과 고구마를 넣고 물을 붓고 센 불로 끓이다가 끓어오르면 약한 불로 줄여 천일염으로 간하고 15분 정도 끓이다가 현미 화이트 소스를 넣어 5분 정도 끓여요.
3. 블렌더에 넣고 갈아 완성해요.

우리 몸을 살리는 전통 천연 조미료 이야기

음식을 요리하기 위한 기본 양념입니다. 음식이 맛있고 건강하기 위해서는 식재료가 제일 중요하며, 그 다음으로 중요한 요소인 맛의 어우러짐을 위해 양념이 들어가는 것이죠. 숙성시킨 된장이나 고추장 등은 몸에 좋은 유산균들이 장내 환경을 좋게 해 혈액을 정화시키고 피부와 체질을 강화해요. 세포 변화를 빠르게 하며, 환경의 적응력인 면역력을 높여줍니다.

● 메주 만들기

해마다 늦가을이 되면 메주를 쑵니다. 대부분 메주콩을 불려서 삶는데 그렇게 하면 콩의 맛이 빠져나가므로 씻어서 바로 삶는 것이 좋아요. 맛이 빠졌다는 것은 영양소가 빠져나갔다는 것을 의미하기 때문입니다. 콩의 고소한 냄새가 진동할 때쯤 메주콩이 다 익어 콩의 색깔이 황토색으로 변하는데, 손으로 뭉개면 잘 뭉그러집니다. 콩을 건져 절구에 빻아 네모반듯하게 모양을 만든 다음 그늘에서 2~3일 말린 후 볏짚 끈을 엮어 공중에 매달아서 한 달 동안 말립니다.

볏짚에는 바실러스 서브틸러스균이 많이 있는데, 이 고마운 균에 의해 메주가 발효되어 독특한 우리 된장 맛이나 냄새, 항암물질이 생기는 것입니다. 메주는 발효 과정에서 발암물질인 아프라톡신이 100% 파괴되며, 메주를 띄울 때 발효 과정에서 생기는 갈색의 끈적끈적한 물질 속에 새로운 항암물질 바실러스 서브틸러스균이 강력한 항암작용을 합니다.

● 메주 띄우고 장 준비하기

한 달 동안 말린 메주를 따뜻한 방에 들여놓고, 짚을 깐 바닥에 한 켜씩 담아 솜이불을 덮어 20일 정도 메주를 띄운 다음 실외에서 일주일 말리고 깨끗이 씻어 일주일 바짝 말립니다. 장을 담기 위해 소금물을 준비하는데, 이 소금은 천일염으로 간수를 빼는 것이 중요합니다. 천일염을 구입한 후 서늘한 곳에 바닥으로 흘러나갈 수 있게 괴어 1년 정도 두면 간수가 빠져나갑니다. 이 소금을 이용해 생수에 타서 소금물을 만드는데, 이때 소금물의 농도는 달걀을 띄웠을 때 500원짜리 동전 크기만큼 보일 때가 적당해요. 소금물에 말린 메주와 대추, 고추, 숯을 넣어 한 달이나 한 달 반 정도 두면 됩니다.

● 된장

된장

발효시킨 메주를 건져 고추씨가루를 넣은 다음 짓이겨 된장을 만듭니다. 너무 되면 메주를 건져낸 물을 넣어 조절해요. 항아리를 깨끗이 씻어 잘 소독한 후 된장을 차곡차곡 담고 천일염을 뿌려 덮고 베 보자기로 입구를 막아 항아리 뚜껑을 덮어 숙성시킵니다. 된장은 담근 지 3개월 후부터 먹을 수가 있고, 오래 묵힐수록 깊은 맛이 우러나고 항암 효과도 커요.

● 간장

간장

메주를 건져낸 발효물은 체에 걸러 끓여서 간장을 만들어요. 일반적으로 국간장 또는 조선간장으로 알려진 재래식 간장과 진간장, 양조간장, 조림간장으로 알려진 개량식 간장이 있어요. 진간장 하면 간장을 오래 묵혀 자연적으로 숙성시킨 간장을 말하지만 모두가 자연적인 숙성 과정을 거치는 것은 아닙니다. 일반 진간장을 구입할 때는 자연 숙성시킨 양조간장인지, 속성으로 숙성시킨 화학간장인지 확인하고 구입하세요. 시판 진간장은 양조간장과 화학간장의 비율이 40:60이나 30:70의 비율인데, 아무래도 100% 양조간장을 사용하는 것이 좋겠지요. 뭐든 속성으로 숙성시킨다는 자체가 우리 몸에 좋지는 않을 겁니다.

● 고추장

고추장

고추장을 담그는 방법은 된장을 담그기 위해 띄운 메주로 만드는 방법과 고추장용 메주를 따로 만드는 방법이 있어요. 된장용 메주는 바로 빻아 메줏가루를 만들면 되고, 고추장용 메주는 콩을 담가 불렸다가 현미가루를 켜켜이 얹어 콩이 익을 때까지 쪄요. 밀가루나 백미가루 넣는 경우도 있지만, 저희 집은 현미를 사용합니다. 콩이 다 익으면 절구에 빻아 동그란 모양으로 만들어 볏짚 끈을 엮어 공중에 매단 메주를 한 달간 말려 빻아 고추장용 메줏가루를 만들어요. 볏짚을 못 구했을 경우에는 양파망에 넣어 말리기도 해요. 엿기름을 물에 담가 1시간 정도 불리고 빻아 냄비에 엿기름 거른 물과 빻은 현미찹쌀가루를 넣고 뭉근하게 끓여요. 내용물이 3분의 2 정도로 줄면 식혀서 고운 고춧가루와 메줏가루, 천일염을 넣어 농도를 맞춰요.

● 천일염

천일염

음식을 조리할 때 가장 중요한 식품은 바로 짠맛을 내는 소금이에요. 소금이야말로 간장, 고추장, 된장 등의 양념을 만드는 기본으로 정말 중요해요. 소금은 화학물질을 전혀 사용하지 않은 전통방법으로 만든 천일염을 사용하는데, 이 천일염은 염전에서 바닷물을 끌어들여 햇볕과 바람으로 수분을 증발시켜 만듭니다. 이런 천일염에서 가장 중요한 것은 간수를 제거하는 일이에요. 이 간수는 몸에 들어가면 혈관 속의 단백질을 굳게 만들기 때문에 동맥경화나 고혈압 등을 일으킬 수 있어 반드시 간수를 빼서 섭취해야 해요. 음식 맛을 낼 때는 천일염을 사용하고 채소를 삶을 때는 천일염보다 조금 싼 자연해염을 사용하여도 좋아요.

국내 천일염이 가장 좋으며 남반구보다는 북반구의 해수로 만든 천일염이 좋아요. 소금은 주로 화학적 공법으로 만든 정제염을 사용하거나 수입소금에 천일염을 섞은 꽃소금인 제재염을 사용하기도 하는데 미네랄이 풍부하고 신진대사를 활발하게 만들고 몸의 저항력을 높여주는 간수를 뺀 천일염이 가장 좋은 천연조미료입니다.

최쌤의 건강한 귀띔

백설탕 VS 흑설탕 VS 황설탕, 어떤 것이 건강에 좋을까?

백설탕은 표백된 정제당이고 황설탕과 흑설탕은 백설탕에 비해 제조 공정을 덜 거친 원당에 가까운 것이라, 더 건강한 설탕이라고 알고 있는 사람들이 많아요. 하지만 백색의 정제당에 열을 가해 황색으로 만든 것이 황설탕이고 황설탕에 캐러멜을 첨가해 만든 것이 바로 흑설탕일 뿐이에요.

설탕

현대인들은 자신도 모르게 설탕을 많이 섭취하고 있어요. 손쉽게 먹는 오렌지주스나 이온음료에도 우리가 생각하는 것보다 엄청나게 많은 양의 설탕이 들어 있어요. 초코 우유, 딸기 우유, 바나나 우유 등에는 1팩당 2~4큰술의 설탕이 함유돼 있다고 합니다. 설탕은 우리 몸속의 칼슘을 빼앗는 주범입니다. 아무리 유기농으로 만든 가공식품이라고 해도 설탕의 섭취는 줄이는 것이 좋아요.

흑설탕

사탕수수를 정제하지 않은 것으로 산지에 따라 독특한 풍미를 가지고 있어요. 만드는 방법은 일반적으로 사탕수수의 줄기에서 짜낸 즙에 석회를 넣어 바싹 졸여요. 이를 휘저으면서 냉각시키면 설탕이 당밀과 함께 흑갈색의 덩어리로 나오는데 이것이 흑설탕이에요. 성분은 자당(Sucrose) 80%, 포도당+과당(Invert Sugar) 6%, 회분 2%, 수분 4%예요. 약식, 양갱, 과자, 빵 등에 적당량을 넣으면 독특한 풍미가 나므로 일부러 사용하는 경우도 있어요.

백설탕

제조 과정에서 가장 먼저 만들어지는 작은 입자의 순도 높은 흰색의 설탕이에요. 설탕은 사탕수수나 사탕무를 원료로 해서 만드는데, 가공하기 이전의 정제되지 않았을 때는 노르스름한 빛깔을 띠고 있어요. 이것을 숯 등을 이용해 정제시키고 건조시켜 결정을 만드는 과정에서 활성화된, 흡착성이 강하며 표면적이 큰 탄소물질인 활성탄(Active Carbon)이 불순물과 함께 색소도 제거하기 때문에 흰색이 되는 거예요. 이렇게 해서 처음 생산되는 것이 수크로스만 남은 99% 이상 순수한 백설탕이에요. 가루 또는 액체의 형태로 공급되는데 가루는 결정의 크기가 알맞아 모든 요리에 이용하기 좋으며 잘 녹아요.

● 조청과 물엿

보통 조청과 물엿이 같은 의미로 쓰이는 경우가 많은데, 이 둘은 엄격히 다릅니다. 조청은 백미, 현미 등의 곡류로 만들고, 물엿은 옥수수 전분으로 만들어요. 전통적으로 만든 것과 화학적으로 표백이나 정제 과정을 거치는 차이가 있습니다.

조청

조청

조청을 만들 때는 엿기름이 필요한데 엿기름은 겨울에 나는 겉보리에서 싹을 떼어 말린 것을 말해요. 음식을 만들 때 단맛을 내기 위해 보통 설탕을 사용하는데, 맛은 설탕보다 깊고 건강에도 좋은 조청을 사용해보세요. 조청이 없을 때에는 메이플시럽을 사용해도 좋아요. 현미조청을 만들 때에는 현미 고두밥을 지은 다음 5배의 엿기름물로 10시간 정도 삭힌 다음 찌꺼기를 거르고 은근한 불로 끓여 농도를 조절하면 됩니다.

물엿

물엿

맥아당으로 만든 것으로 전분을 아밀라아제로 분해할 때 생성되는 당으로 대부분 옥수수 전분으로 만들어요. 음식의 단맛을 낼 때 사용하고 음식의 윤기를 더해 식감을 좋게 합니다.

● 식초

발사믹식초

가능하면 현미식초나 발사믹식초를 사용하는 것이 좋아요. 식초는 곡물초와 과실초로 나뉘는데 과실초는 곡물초보다 피로회복에 효과가 있는 구연산이나 사과산 등이 많고 곡물초는 과실초보다 단백질이 10배 이상 많으므로 과실초와 곡물초를 병행해서 먹는 것이 가장 좋아요. 특히 식초는 침을 왕성하게 분비시켜 천연 소화제의 역할도 하고 있으며, 강력한 살균작용으로 우리 몸을 정화시키고 피와 살을 깨끗하게 만드는 역할을 합니다. 수분을 많이 섭취해야 할 경우 물에 현미식초나 발사믹식초를 넣어 음용하면 스트레스를 해소시키는 부신피질호르몬이 만들어져서 건강에 유익해요.

● 기름

온갖 영양 성분이 살아 있는 압착유를 사용하는 게 좋아요. 저는 엑스트라 버진 올리브오일, 압착식 카놀라오일, 포도씨오일을 주로 사용해요. 기름은 샐러드의 드레싱 소스로 사용하거나 볶기의 전 단계 혹은 튀김 요리를 할 때 필요한 중요한 식재료로 기름별로 각기 특징이 있기 때문에 요리에 따라 적절하게 이용하면 좋아요. 드레싱에 사용하는 것은 발연점과 상관이 없지만 열을 가하는 볶음이나 튀김 요리에는 발연점이 중요합니다. 발연점은 말 그대로, 기름의 온도가 올라가 연기가 나는 시점의 온도를 말하는데 올리브오일의 경우 엑스트라 버진은 180℃, 일반적으로 사용하는 대두유, 콩기름이 210℃, 해바라기씨오일이 240~250℃, 포도씨오일이 240℃, 카놀라오일이 240℃예요. 순수한 물은 아무리 가열해도 100℃를 넘지 않지만 기름의 경우는 가열하면 할수록 온도가 높아져요. 일반적인 튀김 온도는 160~180℃이므로 엑스트라 버진 올리브오일은 볶음이나 튀김을 하기에는 적당하지 않아요. 하지만 정제한 퓨어 올리브오일은 발연점이 높으므로 크게 문제가 되지 않아요. 발연점 이상 올라가면 건강에 좋지 않으니 가능하면 발연점을 넘지 않는 조리방법을 연구하고 실천하는 것이 필요합니다.

올리브오일

심장에 좋은 지방산 올레인산이 많이 함유되어 있어요. 지용성 비타민인 비타민 E를 풍부하게 함유하고 있어 노화의 원인이 되는 활성산소로부터 세포막을 보호하기 때문에 노화 예방에 도움이 됩니다. 직접 압착하는 방식과 정제의 과정을 거치는 방식에 따라 엑스트라 버진 올리브오일, 퓨어 올리브오일 등으로 나뉘며 엑스트라 버진 올리브오일은 발연점이 낮고 영양소가 풍부하기 때문에 샐러드 드레싱으로 사용하고, 퓨어 올리브오일는 정제 과정을 거치기 때문에 볶음이나 튀김용으로 사용하기에 적당합니다.

카놀라오일

유채의 씨를 압착, 추출한 것으로 높은 열에 잘 견디고 산뜻한 중성적인 오일로 발연점이 높고 포화지방이 적어 열을 가하는 볶음, 튀김, 제과, 제빵에 사용하는 오일입니다. 몸에서 생성되지 않는 오메가3지방산인 알파리놀렌산과 오메가6지방산인 리놀렌산을 함유하고 있어 꼭 섭취해야 하는 필수지방산이에요. 생리활성이 강한 토코페놀(비타민 E)이 들어 있어 노화 방지에도 좋아요.

포도씨오일

포도의 씨를 압착, 추출한 것으로 가벼운 너트 향이 나고 느끼한 맛이 덜합니다. 향이 은은해 음식 고유의 맛을 살리는 데 사용하는 오일입니다. 비타민 E와 필수지방산인 리놀레산이 들어 있어 항산화와 노화 방지에 효과가 있고, 포도씨오일에 함유된 폴리페놀이 남성호르몬이 모낭에 작용해 탈모가 진행되는 것을 막는 효과가 있다고 해요.

참기름

참깨를 압착, 추출한 것으로 80%가 불포화지방산입니다. 지방의 구조가 안정적인 포화지방산은 주로 고체의 형태로 나타나며, 섭취할 경우 혈관에 그대로 쌓여 성인병의 원인이 됩니다. 반면 지방의 구조가 불안전한 불포화지방산은 액체 상태로 존재하며 혈전이나 혈소판 응집을 방해하고 부정맥 발생을 억제하여 심혈관 질환을 감소시키기 때문에 몸에 이로운 작용을 해요. 세사민이 들어 있어 강력한 항산화 역할을 하고, 레시틴을 비롯해 칼슘, 비타민 E가 함유되어 뇌의 활동에도 좋아요. 하지만 발열점이 낮아 열에 의해 변성이 되며, 쉽게 산화되는 특징이 있어 볶음에는 적당하지 않아요.

최쌤의 건강한 귀띔

미리 만들어두면 유용한 기본 국물

채소 우린 물_ 물 3ℓ, 무 1/2개, 당근 1개, 우엉(30cm) 1토막, 무청 5줄기, 표고버섯 2개
1. 무, 당근, 우엉은 깨끗이 씻어 적당한 크기로 잘라요.
2. 무청은 잘 씻고 표고버섯은 뒤집어서 1~2시간 햇볕을 쪼여 준비해요.
3. 압력솥에 물과 모든 재료를 넣고 끓이다가 압력계기가 올라가면 불을 끄고 뜸을 들여요.
   뚜껑을 열고 약한 불로 30분 정도 끓여요.

다시마 우린 물_ 물 1ℓ, 다시마 30g(5×5cm 20장 분량)
1. 물 1ℓ에 다시마를 살짝 물로 씻어 넣어요.
2. 실온에서 10시간 정도 우려요.
TIP 다시마는 산지에 따라 맛이 다른데 국내산으로 구입해서 바짝 마른 상태에서 보관하세요.

표고버섯 우린 물_ 물 1ℓ, 마른 표고버섯 30g(마른 표고버섯 6개 분량)
1. 물 1ℓ에 마른 표고버섯을 살짝 물에 씻어 넣어요.
2. 냉장고에서 10시간 정도 우려요.
TIP 마른 표고버섯은 갓이 통통하고 신선한 것을 고르세요.
    오래되고 산화해서 검게 변한 것은 사용하지 마세요.

우리 몸을 살리는 유기농 채소 이야기

채소는 누가 어떤 방법으로 키웠는지, 그 채소를 키우는 방법에 따라 모양, 맛, 향 등이 달라요. 현재 사용되는 농약은 무려 500종 이상 되는데 일반 시장과 마트에서 판매하는 채소 가운데 무농약으로 재배한 채소는 없는 것으로 봐야 해요. 경제적으로 부담이 되더라도 가능한 한 무농약의 유기농 작물을 섭취하는 것이 필요합니다.

● 계절별 채소 알아보기

봄

겨울의 몸을 눈뜨게 하고 몸의 정화를 돕는 봄 채소를 먹어요. 봄동, 미나리, 달래, 냉이, 쑥, 양상추, 취, 죽순, 완두, 더덕, 도라지, 미나리 등이 봄의 채소인데 쓴맛, 떫은맛, 향이 강한 편이에요. 겨울에는 신체 활동량이 떨어져 신진대사가 약해져 몸에 노폐물이 쌓이기 쉬운데 이를 봄에 몸 밖으로 배출시켜야 합니다. 한 해가 새롭게 시작되는 계절인 만큼 앞으로의 활동을 지켜내기 위해 봄의 에너지가 가득 담긴 봄 채소를 충분히 먹어야 합니다.

여름

면역력을 높이고 지치기 쉬운 몸을 보호하는 여름 채소인 양상추, 가지, 피망, 오이, 토마토, 옥수수, 깻잎은 수분이 많아요. 더운 여름엔 체온이 올라가기 때문에 수분이 많은 채소와 과일을 섭취하게 되면 뜨거워진 몸을 식히는 역할을 해요. 날씨가 더워 지치게 되면 자연히 면역력이 떨어지는데 면역력을 높이는 영양이 풍부한 여름 채소로 몸을 보호하면 좋아요.

가을

많은 활동으로 지친 몸을 쉬게 하고 위장을 정리하는 가을 채소로는 고구마, 감자, 밤, 풋콩, 송이버섯, 느타리버섯, 표고버섯, 브로콜리, 양파, 당근, 연근, 청경채, 무, 배추 등이 있어요. 여름 채소에 비해 가을 채소는 수분이 적고 밤이나 고구마, 감자처럼 따끈하고 먹음직스러운 식품이 많아요. 가을 채소에 수분이 적다는 것은 에너지가 농축되어 있다는 것을 뜻합니다. 가을은 앞으로 다가올 겨울에 소비하게 될 에너지를 비축하는 기간으로 보면 돼요. 아무래도 활동량이 적어지고 둔해지기 때문에 다이어트의 성과 또한 여름과 비교하면 낮아지니 과식하지 않도록 주의하세요.

겨울

겨울 채소로는 시금치, 콜리플라워, 마, 연근, 당근, 대파, 우엉, 토란, 무, 부추 등이 있어요. 날씨가 추운 시기로 몸의 속부터 따뜻하게 해주는 음식이 필요합니다. 이때는 뿌리채소 등으로 몸을 보호해야 하며 기온이 떨어지고, 신체 활동량이 줄어드는 겨울은 몸이 속부터 차가워지는 시기예요. 이럴 때는 몸을 따뜻하게 해주는 겨울 채소, 특히 뿌리채소는 땅속에서 자라기 때문에 단맛이 충분히 비축되어 있어요. 생강이나 양파는 자양강장의 채소로 민간요법에도 두루 사용돼요. 생강을 갈아 꿀이나 흑설탕을 섞어 따뜻한 물에 타서 차로 마셔보세요. 또는 무를 씻어 물기를 제거한 다음 깍둑썰어 꿀에 재우면 무에 있는 좋은 성분이 꿀에 녹아요. 이것을 물에 희석해 드셔보세요. 이렇게 자연 치유력을 되살려 몸의 컨디션이 조절되기도 합니다.

● 채소 선택법

뿌리채소

연근은 점성이 있고 마디 사이에 상처가 없이 매끈하고 통통하고 들었을 때 묵직한 것이 좋은데 너무 가는 것은 섬유질이 억세므로 피해야 합니다. 당근은 표면이 너무 울퉁불퉁하지 않고 들었을 때 묵직하며 빛깔이 선명하고 매끈한 것이 좋아요. 주황색보다는 붉은색이 도는 것이 더 단맛이 강합니다. 토란은 눌렀을 때 딱딱한 느낌으로 단단한 것이 좋아요. 둥글고 통통한 것이 맛있고 손질하기도 편합니다. 감자는 껍질이 얇고 단단해 울퉁불퉁하지 않고 둥근 것을 골라요. 반질반질한 것보다는 흙이 묻어 있는 것이 싱싱한 것이랍니다. 단, 주름이 생긴 것은 피하세요. 고구마는 잔털이 없고 매끈한 것으로 색이 진한 것이 좋아요. 도라지나 더덕은 뿌리가 희고 몸 전체가 곧으면서 잔가지가 없이 쭉 뻗은 것이 싱싱하고 맛이 좋아요. 햇생강은 붉은빛이 돌면서 색이 밝은 것이 좋고, 묵은 생강은 껍질에 흠집이 없고 표면이 매끈한 것이 좋아요. 양파는 껍질에 광택이 있고 단단하면서 묵직한 것이 좋아요. 껍질색은 누런색보다는 붉은빛이 도는 것이 신선하답니다. 우엉은 너무 굵거나 가늘지 않은 것으로 뿌리가 힘이 있고 단단하면서 흙이 말라 있거나 시든 것은 질기므로 피하세요. 죽순은 껍질 전체가 녹색일수록 싱싱한 것이고 갈색인 것은 오래된 것이에요. 마는 뿌리가 울퉁불퉁하지 않고 흠집이 없는 것으로 껍질이 탱탱한 것이 좋아요.

잎채소

잎의 부분이 푸르고 싱싱한 것을 고르세요.
상추는 잎에 윤기가 흐르고 잎맥과 색이 선명한 것이 좋아요. 붉은잎상추는 잎 끝의 붉은색이 선명한 것이 좋아요. 푸른잎상추는 끝 부분이 투명한 녹색인 것이 수확한 지 얼마 안 된 것이에요. 오래되면 검은 반점이 생기면서 잎 끝이 갈색으로 변한답니다. 양상

> **최쌤의 건강한 귀띔**
>
> **농산물의 잔류 농약을 없애는 세척법**
>
> 1. 농약을 없애는 기본적인 방법은 흐르는 물에 틈새까지 구석구석 깨끗하게 씻는 방법이 있어요.
> 2. 물 1리터 기준에 1/2컵의 식초를 넣어 식초 희석액을 만든 후, 과일이나 채소를 5분 정도 담갔다가 흐르는 물에 씻어요.
> 3. 흐르는 물에 여러 번 씻은 후 물 1리터 기준에 천일염 1큰술을 넣어 10분 정도 담갔다가 물에 헹궈요.
> 4. 채소나 과일을 깨끗이 씻은 후 참숯을 1~2개 띄운 물에 10분 정도 담그면 숯의 다공성에 의해 물에 녹아든 유해 성분을 흡착해요. 양배추, 상추 등의 잎채소는 한 잎씩 떼어 씻어 담가두면 되지만, 수용성 비타민이 많은 채소나 과일은 권하지 않는 방법이에요.
> 5. 농산물에 사용한 농약은 주로 기름 성분에 농약을 녹여 분무한 것이므로 채소나 과일의 껍질에 붙은 기름 성분을 채소 과일 전용세제로 씻으면 빠르고 효과적으로 제거할 수 있어요.

추는 밑동을 살펴보아 단면이 싱싱하고 흰 것으로 가벼운 것이 좋으며, 양배추는 들었을 때 묵직해야 속이 꽉 찬 것으로 푸른 잎이 많이 붙어 있는 것을 고르세요. 푸른 게 없는 것은 오래되어 겉잎을 뗀 것이에요. 배추는 하나 베어보아 벤 자국이 싱싱하고 흰 줄기 부분에 광택이 있는 것이 좋아요. 깻잎은 잎이 너무 큰 것은 질기고 뻣뻣해요. 옅은 녹색으로 여린 것이 좋아요. 미나리는 줄기가 일정하고 통통하면서 잎에 잡티가 없는 것을 고르세요. 부추는 잎이 둥글고 가늘며 작은 것이 좋아요. 브로콜리는 진한 초록색으로 봉오리가 단단하고 가운데가 꽉 들어찬 것이 좋아요. 시금치는 잎이 풍성하고 줄기가 부드러운 것이 좋아요. 쑥은 길게 자란 것은 줄기가 억세고 쓴맛이 강해서 하얀 솜털이 있는 어린 쑥을 고르세요. 쑥갓은 잎이 많고 줄기를 손으로 꺾으면 부러지는 것이 신선해요.

과채

열매 부분을 먹는 채소를 과채라고 해요. 과채는 수분이 많은 촉촉한 것을 선택하면 좋아요. 기본적으로 꼭지가 마르지 않은 것을 고르세요.

피망은 색이 진하고 표면에 광택이 있으면서 둥근 것을 고르세요. 토마토는 밭에서 전부 익은 채 수확한 완숙토마토로 껍질에 광택이 있으면서 탱탱하고 묵직한 것이 좋아요. 가지는 표면이 탱탱하고 꼭지 부분이 날카로운 것이 좋아요. 보라색이 진할수록 햇볕을 많이 받은 것으로 영양분이 풍부해요. 오이는 겉에 윤기가 흐르면서 가시가 있는 것이 좋아요. 옥수수는 겉 껍질이 선명하게 푸른색이 돌면서 껍질을 벗겼을 때 알갱이가 고르고 꽉 차 있는 것이 좋아요. 콩은 검은콩이나 메주콩처럼 마른 콩은 알이 단단하고 윤기 나는 것이 좋으며 완두콩이나 강낭콩은 깍지의 녹색이 진하고 두꺼우면서 깍지를 벌리면 알이 굵은 것이 좋아요. 호박은 윤기가 나면서 연한 녹색을 띠는 것이 달고 맛이 좋아요. 굵은 것은 씨가 많은 것으로 날씬한 것이 더 좋답니다.

꼭 알아야 할 건강 조리법 & 도구 이야기

● 건강 조리법의 기본, 저수분·저유분 조리법

저수분 조리란?

맛과 영양소를 지켜주는 친환경 저수분 조리법은 재료의 수분을 이용하여 가능하면 물 없이 혹은 최소한의 물만으로 요리하는 방법이에요. 영양소의 손실은 최대한 줄이고 촉촉하게 조리함으로써 맛을 더 좋아지게 하는 조리 방법이지요. 찜이 가장 대표적인 저수분 조리법에 속합니다.

이런 조리법으로 물의 사용을 줄여보세요

돼지고기에는 단백질, 비타민 A·B_1·B_2, 지방, 칼슘, 철분, 엽산, 나이아신 등 다양한 영양소가 들어 있어요. 특히 수용성 비타민 B군이 많이 들어 있어 수육 등을 조리할 때 많은 양의 물을 넣고 조리하면 영양소가 손실돼요. 저수분 요리가 왜 중요한지 아시겠죠? 시금치, 콩나물, 양배추 등을 데칠 때도 아무리 채소의 양이 많아도 1/3~1/2컵의 물로만 조리하면 수분으로 빠져나가는 영양소를 줄일 수 있어요. 수육을 만들 때도 돼지고기 등심이나 삼겹살 1근(600g)을 기준으로 물 1/2컵과 청주 2큰술이면 돼요. 단, 가능하면 압력솥이나 바닥이 두꺼운 냄비를 사용하세요. 더욱 향긋한 수육을 원할 때는 청주 3큰술에 양파 1개, 대파 1대를 잘게 썰어 냄비나 압력솥 바닥에 깔고 조리하면 양파와 파의 향이 고기에 배어 담백한 수육을 만들 수 있답니다.

> **최쌤의 건강한 귀띔**
> **저수분 조리를 하기 위해서는 이런 냄비를 고르세요**
> 잘 타지 않아야 하기 때문에 바닥이 두꺼운 것이 좋아요. 또 밀폐력이 있고 뚜껑이 무거워서 수분이 잘 빠져나가지 않는 것이 좋아요. 기능성 냄비가 없다면 압력솥을 이용하는 것도 좋은 방법입니다.

저유분 조리란?

아직도 요리할 때 아무 생각 없이 기름을 두르고 조리하지 않나요? 저유분 조리법이란, 기름을 가능하면 적게 쓰면서 요리하는 것을 말합니다. 평소 우리의 생각과 태도만 바꿔도 조리하면서 무심코 들어가는 기름의 양을 반 이상 줄일 수 있어요.

이런 조리법으로 기름의 사용을 줄여보세요

고구마 전분으로 만든 당면의 경우, 수분은 물론 유분도 다량 흡수하는 특징이 있어요. 그동안 잡채를 만들 때 양파, 당근, 피망 등을 팬에 기름을 두르고 소금을 뿌리고 볶았을 겁니다. 기름기가 넘치는 채소들과 기름을 엄청 먹는 당면에 들어가는 기름만 줄여도 잡채를 맛있게 먹을 수 있을 텐데요. 아무리 많이 먹어도 살이 찌지 않는 건강한 요리를 만드는 팁을 알려드릴게요. 우선 당면을 먹기 좋은 크기로 잘라서 차가운 물에 담가 30분 이상 불리세요. 그 다음에 바닥이 두꺼운 냄비에 불린 당면 넣어요. 집에 있는 양파, 당근, 피망, 파프리카, 버섯, 시금치, 부추 등의 채소를 넣고 물 2~3큰술을 넣어 중간 불로 익히세요. 7분 정도 끓이면 솔솔 김이 나기 시작해서 식재료의 색이 살아 있는 채 익어요. 냄비의 뚜껑을 열고 잡채 간장 양념장을 넣어 잘 버무리면 완성이에요. 이렇게 조리하면 따로따로 볶을 필요 없이 기름을 많이 넣지 않아도 되기 때문에 건강식이 만들어집니다.

● **건강한 조리를 위한 식기 & 도구 선택법**

음식을 만드는 식재료도 중요하지만 그 음식을 어떤 그릇에 담아 먹는지도 상당히 중요합니다. 어릴 적 어머니께서는 밥상을 준비하시며 "식기는 먹는 것이란다"라는 말씀을 하시곤 했어요. 그래서 그런지 저 역시 어디에 담아 먹을 것인지를 많이 고민하는데, 최근에는 환경호르몬에 대한 걱정 없는 친환경 도자기 제품에 관심이 가요. 중요한 것은 유약에 납 성분이 들어 있는지 또는 우리 몸에 어떤 소재의 식기가 안전한지 꼭 확인해보는 거예요.

음식을 담는 용기 못지않게 조리 도구도 중요합니다. 한때 살림이 넉넉하지 않았던 1970년대에는 서양에서 들여온 은빛이 나는 냄비라는 뜻의 '양은 냄비'가 저렴한 가격과 대량생산으로 우리의 주방을 급속도로 점령했던 적이 있었어요. 그런데 언제부턴가 양은 냄비가 자취를 감추었는데, 오래 쓰다 보면 코팅이 벗겨지고 조리 과정에서 알루미늄이 녹아 나왔기 때문이에요. 1990년대 들어 건강에 대한 다양한 정보와 환경호르몬 문제가 대두되면서 많은 사람들이 조리 도구에도 보다 큰 관심을 갖게 되었어요. 그런 이유로 '유리 냄비', '옹기 뚝배기' 등이 유해 물질로부터 안정하다는 이유로 유행하기도 했어요.

최근 들어 식기의 종류가 다양해지면서 선택의 폭 또한 넓어졌는데, 그중 많은 사람들의 관심을 모으는 것이 바로 '스테인리스' 제품이에요. 인체에 무해하면서 장시간 사용하여도 변형이 없다는 장점으로 많은 사랑을 받고 있어요. 스테인리스는 주요 재료인 철광석의 원산지에 따라 가격 차이가 나는데 크롬과 니켈의 함량에 따라 가격 및 등급이 나누어지니 제품을 구입하기 전에 반드시 확인해보세요. 크롬 18%, 니켈 10%를 함유한 스테인리스 스틸이 가장 우수한 등급의 스테인리스라고 하니 참고하세요.

냄비

냄비의 종류는 양쪽에 손잡이가 달린 양수냄비와 한 쪽에만 기다란 손잡이가 달린 편수냄비가 있어요. 두 냄비의 용도가 다르므로 냄비를 처음 구입할 때는 양수냄비와 편수냄비를 하나씩 구입하고 여기에 크기가 좀 더 작거나 큰 것을 두세 개 정도 갖추면 좋아요. 양수냄비는 찌개나 카레 등 오랫동안 푹 끓이거나 재료가 비교적 무거운 요리를 하는데 적당하며 4인 기준으로 지름이 20cm 정도면 적당해요. 편수냄비는 조리 중에 냄비를 움직여야 할 일이 많거나 손잡이를 잡고 조리해야 할 때 사용하는데 너무 작지 않은 기본 사이즈로 지름이 16cm 정도인 것을 구입하면 적은 양의 채소를 데치기에도 적당합니다.

최쌤의 check point

냄비 고르기

뚜껑 뚜껑 가장자리와 냄비의 입구 둘레가 잘 밀착되어 뜨지 않고 안을 들여다볼 수 있는 유리 뚜껑이 편리해요.

손잡이 본체에 튼튼하게 붙어 있어야 하고 흔들리지 않는 견고한 느낌이 드는 것으로 구입하세요. 특히 편수냄비는 손잡이가 잡기 편해야 하므로 손으로 직접 잡아보고 결정하세요.

바닥 너무 얇지 않고 바닥이 평평해야 열전도율이 높고 고르게 음식을 익힐 수 있어요.

재질 냄비의 재질은 되도록 바닥이 두꺼운 스테인리스 스틸의 제품을 구입하도록 하세요. 프라이팬은 사용하면서 몇 번씩 바꾸게 되지만, 냄비는 한 번 구입하면 반영구적으로 사용한다고 생각하고 튼튼하고 A/S가 잘되는 믿을 수 있는 제품을 구입하는 게 장기적으로 봤을 때 경제적입니다.

프라이팬

프라이팬은 크기가 다른 것으로 두 개 정도는 기본으로 구비하는 게 좋아요. 계란프라이처럼 소량을 조리할 수 있는 지름 16cm 정도와 지름 24~28cm 정도의 크기를 구입하면 좋아요. 프라이팬은 깊이가 너무 얕지 않고 입구가 너무 벌어지지 않은 것, 손잡이가 몸체와 튼튼하게 이어져 있는 것을 확인해서 구입하세요. 프라이팬의 재질은 요즘 많이 사용하는 것으로 크게 코팅 팬과 스테인리스 스틸 팬이 있어요. 코팅 팬은 음식이 눌어붙지 않고 손질이 편하여 가장 일반적으로 사용되는데 내구성, 가격 등에 차이가 있어요. 코팅 팬을 사용할 때는 코팅이 벗겨질 위험이 있는 철제 조리 도구를 사용하지 않아야 하며 음식이 잘 타거나 프라이팬 바닥에 자꾸 찌꺼기가 낀다면 교체를 해주어야 해요. 처음 프라이팬을 구입하면 중성세제로 닦은 후 더운물에 우유와 식초를 넣고 끓여 코팅막 겉에 붙어 있는 불순물을 깨끗하게 제거하고 길을 들여 사용해야 합니다. 코팅 프라이팬은 음식이 눌어붙지 않아 적은 양의 기름으로도 조리가 가능하다는 장점이 있지만, 코팅이 일단 벗겨지기 시작하면 조리하면서 인체에 유해한 물질이 섞이기 때문에 버리고 새로 구입해야 하는 단점이 있어요. 코팅 팬의 이런 단점 때문에 최근 몇 년 사이 인기를 모으고 있는 것이 스테인리스 스틸 재질의 프라이팬이에요. 스테인리스 스틸 팬은 튼튼하고 흠이 잘 나지 않고 세척하기가 좋은 장점이 있으나 부침이나 전을 부칠 때 불 조절을 잘 못하면 눌어붙을 수가 있어요. 저는 스테인리스 스틸 팬을 잘 사용하고 있는데, 기름때가 잘 끼지 않고 세제를 거의 사용하지 않고도 쉽게 음식 찌꺼기가 닦이며 무엇보다 코팅 팬에서 나오는 유해물질을 걱정하지 않아도 되고 보온성이 강해 불에서 내려도 오랫동안 음식이 식지 않아 에너지 절약에도 좋답니다.

칼

칼은 가격대의 폭이 정말 넓은 편이에요. 하지만 무조건 비싸다고 성능이 좋은 것은 아니랍니다. 초보자가 사용하기에는 길이(칼끝에서 손잡이까지의 길이)가 16~20cm 정도가 적당하고 무거운 것보다는 가벼운 것이 사용하기 편합니다. 칼날은 일반적으로 스테인리스 스틸 소재를 많이 사용합니다.

무엇보다 칼은 무게 중심이 균형을 이루는 것이 중요합니다. 칼을 잡았을 때 칼날 쪽이 무거우면 음식을 썰 때 식재료의 밀림 현상이 생겨 식재료의 산화를 촉진할 수 있어요. 또 손잡이 쪽이 무거우면 오이나 사과와 같이 부드럽게 썰리는 식재료는 괜찮으나 단호박, 무같이 단단한 식재료는 손목에 무리를 줍니다. 특히 한식에는 채 썰기가 많아 손목에 큰 무리가 될 수 있습니다. 칼날부터 손잡이가 일체형으로 만들어진 것이 미생물 번식을 막을 수 있어 위생적이고 몰리브덴강처럼 탄소강을 포함한 재질이 강도가 높아 칼날이 잘 무뎌지지 않아요.

기본적으로 18cm 큰 식도, 16cm 작은 식도, 9cm 과도 정도를 가장 많이 구비해두고 사용하지만 빵이 눌리지 않게 잘 썰리는 브레드 나이프를 하나 더 장만할 것을 추천하고 싶어요. 칼을 보관할 때는 부드러운 스펀지로 씻어서 물기를 잘 닦아 말린 후에 칼 꽂이에 꽂아 보관하는 것이 좋고 칼날이 무뎌지면 2~3달에 한 번은 갈아서 사용하세요. 물론 칼날의 재질이나 사용 빈도에 따라 다른데 고탄소강 소재로 되어 있는 칼은 1년에 1번 정도 갈아서 사용해도 됩니다. 칼날이 무딘 칼로 재료를 썰면 잘 썰리지 않을뿐더러 손을 베일 염려가 있으니 꼭 갈아서 사용하세요. 요리사들은 샤프너를 많이 사용하지만 가정에서는 홈에 끼워 가는 칼갈이를 이용해도 괜찮아요.

도마

도마는 크기가 다른 두 개를 구입해서 육류용과 채소용으로 구분해서 사용하면 위생적이어서 좋아요. 일반적으로 사용되는 재질은 나무와 플라스틱 재질이 있는데 나무는 칼이 닿는 감촉이 좋은 반면, 사용하고 잘 말리지 않으면 곰팡이가 생겨 불결해지기 쉽고, 플라스틱은 위생상 좋지만 칼이 닿는 감촉이 딱딱하고 소리가 나는 단점이 있어요. 가격이 약간 비싸기는 하지만 음식 냄새가 남지 않고 칼질이 부드러운 폴리에틸렌 수지의 재

최쌤의 건강한 귀띔

도마 세척 노하우

도마를 세척할 때는 처음부터 더운물로 씻으면 음식 냄새가 스며들기 때문에 처음에는 찬물로 닦고 더운물로 헹궈 물기를 닦아 보관하세요. 그리고 가끔 햇볕에 말려 살균시켜야 위생적입니다. 저는 고기나 생선류를 사용한 후에는 의료용 에탄올과 물을 1:1로 탄 것을 분무기에 넣어두었다가 세척 후에 뿌려서 말립니다. 의료용 에탄올은 약국에서 쉽게 구입할 있는데요. 살균과 냄새를 제거하는 효과가 있어요. 에탄올만 사용해도 되지만 휘발성이 강하므로 물을 동량의 비율로 타서 분무기에 넣어 냉장고를 청소할 때나 싱크대 주변, 조리 도구, 도마에 수시로 뿌려 주면 위생적이에요. 의료용 에탄올이 없다면 레몬의 껍질이나 식용 에탄올이 함유돼 있는 소주를 이용해도 좋답니다.

질도 있어요. 건조한 도마는 사용하기 전에 물에 한 번 헹군 다음 행주로 물기를 닦아 쓰면 재료의 냄새나 색이 잘 배지 않아요.

볼 & 체

씻기, 재우기, 섞기, 무치기, 거품 내기, 불리기 등 조리 과정에 없어서는 안 되는 도구가 볼입니다. 크기는 지름이 15~30cm까지 다양하므로 크기별로 서너 개 구비하는 것이 편리합니다. 재질은 스테인리스 스틸과 강화유리로 된 것을 고르면 좋아요. 지름 6~8cm 크기의 작은 것은 양념장이나 소스를 섞을 때, 16cm 정도의 크기는 나물을 무칠 때, 30cm 이상의 큰 것은 채소를 씻거나 김치를 담글 때 필요해요.

체는 가루를 치거나 된장, 고추장 등의 재료를 거를 때, 재료의 물기를 뺄 때 사용하는데 채소의 물기를 빼거나 국수를 삶아 물기를 뺄 때 담아놓기 좋은 바닥이 평평한 체와 발이 촘촘해서 가루를 치거나 고추장, 된장을 풀기 좋은 체 정도면 됩니다.

기타 조리 도구

6~10개씩 세트로 들어 있는 조리 도구 세트를 구입하면 전부 사용하는 게 아니라 개중에는 자리만 차지하고 안 쓰고 묵히는 경우가 많아요. 자주 사용하는 것만 구입하는 게 좋으며 재질은 스테인리스 스틸 제품을 권합니다.

국자 길이가 길고 큰 것과 소스 국자처럼 길이가 짧고 작은 것, 두 개가 있으면 편합니다. 구멍 국자가 있으면 삶은 음식을 건지거나 국에 달걀을 풀 때 편리해요.
뒤집개 전이나 부침, 구이를 할 때 음식을 뒤집는 데 필요해요. 코팅 팬에 사용할 거라면 스테인리스 스틸 제품은 피하는 게 좋아요.
거품기 요리를 할 때 사용하는 거품기는 작은 사이즈를 구입하면 드레싱 재료를 섞을 때나 달걀을 풀 때 유용합니다.

주방가위 주방용 가위는 일반 가위에 비해 날이 굵은 것이 특징이며 손잡이의 움직임이 부드럽고 날이 녹슬지 않고 두껍고 튼튼한 것, 손잡이 부분의 이음새에 때가 잘 끼지 않는 것으로 고르세요.

필러 감자나 당근, 무 등의 껍질을 벗길 때 유용하게 사용됩니다.

환경호르몬을 막는 생활습관

1. **플라스틱 용기에는 절대 뜨거운 것을 닿지 않게 하세요** 코팅이 벗겨진 전기밥솥과 프라이팬, 플라스틱 뒤지개, 코팅된 나무젓가락으로 집은 튀김 요리가 건강에 좋지 않다는 거 아시죠? 무엇보다 플라스틱 밀폐용기와 밥주걱, 코팅된 밥주걱, 플라스틱 국자 등의 사용에 주의를 기울여야 합니다. 이런 도구들을 아무 생각 없이 뜨거운 음식을 만들 때 사용하게 되면 환경호르몬에 노출되어 아이들의 성조숙증이나 생리통, 자궁질환, 무정자증 등의 원인이 될 수 있다는 가능성이 계속 제기되고 있거든요. 차가운 요리에도 사용하지 말라는 것은 아니지만 끓인 것, 튀긴 것, 특히 갓 지은 뜨거운 밥에 무심코 플라스틱 주걱을 사용하고 있지는 않은지 살펴보세요.

2. **플라스틱 용기에는 기름기가 많은 음식은 담지 마세요** 플라스틱 용기에는 가능한 한 뜨거운 식재료를 담지 말고, 특히 기름이 많이 들어간 볶음류는 플라스틱 용기의 사용을 자제하는 것이 좋아요. 김치와 같은 산 성분이 들어 있는 식재료의 경우 냄새가 밴다는 것은 미생물이 번식할 수 있으므로 사용을 자제하는 것이 좋아요.

3. **통조림 제품은 뚜껑을 따서 공기 중에 30초 정도 두었다가 드세요** 캔 음료를 마실 때에는 알루미늄캔 내부가 플라스틱으로 코팅이 되어 있어 비스페놀A와 같은 환경호르몬 유출도 생각해야겠지만 캔 안쪽에 퓨린이라는 독성 물질이 있어 건강에 치명적이에요. 하지만 휘발성 물질이기 때문에 캔 음료는 공기 중에 30초 정도 두었다가 먹는 것이 안전합니다.

4. **외출 후에는 반드시 손을 씻고 양치질을 하세요** 환경호르몬은 먹는 물, 공기, 음식을 통해서도 몸속으로 들어오고 피부 접촉을 통해서도 들어와요.

5. **유기 농산물을 이용하고 깨끗한 물을 많이 드세요** 농약과 화학비료의 유해성으로부터 안전한 유기농산물과 깨끗한 물은 우리 몸을 정화시키는 역할을 하는데 노폐물과 바이러스까지 씻어준답니다.

6. **가능하면 랩은 사용하지 마세요** 염화비닐리덴 소재의 랩에는 유방암을 증식하게 하는 물질이 들어 있어요. 꼭 사용해야 하는 경우라면 폴리에틸렌 소재를 사용하고 첨가제를 넣지 않은 랩을 사용하세요. 잘 늘어나지 않는 랩이 안전하다는 것을 기억하세요.

7. **육류, 가금류, 어류, 유제품을 자제하세요** 환경호르몬은 지방에 잘 녹아요. 육류나 생선의 지방질이 많은 부위나 껍질은 가능하면 피하고 닭고기의 노란색 지방이나 껍질은 안 먹는 것이 좋아요.

친환경 현미와 농산물을 구매할 수 있는 곳

● **친환경 쇼핑몰**

친환경 현미뿐 아니라 농산물을 구입할 수 있는 쇼핑몰, 자연이랑은 유통 이력 추적 시스템으로 안전성을 갖춘 충북 오창 지역의 유기농 현미를 판매해요. 올가는 풀무원을 기반으로 시작하여 철원 지역을 포함한 다양한 지역의 유기농 현미를 만날 수 있어요.

자연이랑 www.62life.com

건강을 위해 농산물 이력 추적 시스템을 체계화하고 있으며, 대한민국 농민을 지원한다는 이념 아래 로컬 푸드만 판매해요. 환경을 위한 다양한 캠페인이 진행되며, '현미야 사랑해'라는 캠페인을 진행하고 있어요. 5년 동안 SK가 전국 2,000여 농가와 조인해서 판매하고 있는데 생협과 쇼핑몰의 중간 형태를 띠고 있어요.

올가홀푸드 www.orga.co.kr

풀무원을 기반으로 시작한 올가서비스는 안전성과 탄탄한 시스템을 갖춰 주거지 인근에 매장이 있다는 장점이 있어요. 친환경 농수산물을 비롯해 수입품목의 가공품 또한 판매하고 있어요.

초록마을 www.choroki.com

한겨레플러스에서 운영하는 초록마을은 유기농·무농약 채소, 과일, 곡류, 가공식품, 친환경 농산물을 판매해요. 주거지 인근에 매장이 있으며, 다양한 가공식품을 갖추고 있어요.

무공이네 www.mugonghae.com

로하스, 프로그래머 출신 대표의 열정이 느껴지는 친환경 유기농 매장이에요.

● 생협

알뜰한 가격과 생산자 단체로 구성되거나 소비자와 공동 네트워크를 구성한 형태로 현재 크고 작은 생협이 활성화되어 있어요. 특히 지역 주민들 간의 커뮤니티도 발달되어 있고 다양한 친환경 프로그램이 운영되고 있어요.

한살림 shop.hansalim.or.kr

한살림은 역사가 오래된 생협으로 회원제로 운영되고 있으며 가입 시 친환경 농산물에 대한 학습이 진행돼요.

아이쿱생협 www.icoop.or.kr/coopmall

전국에 '자연드림 베이커리'와 아이쿱생협 매장이 개설되어 있으며 다른 생협보다 친환경 가공품이 다양하다는 장점이 있어요.

민우회생협 www.minwoocoop.or.kr/shopping

회원제로 운명되며 지역 주민들 간의 결속력이 높고, 다양한 여성 활동을 지원하고 있어요.

두레생협 www.dure.coop

두레생협 또한 생협으로 오랜 역사와 노하우를 지니고 있으며 다양한 제품군을 갖추고 있어요.

● 백화점 & 대형 할인마트

오프라인 매장에서 상품을 구입하면 눈으로 확인하고 구매할 수 있다는 장점이 있어요. 친환경 농산물의 품목이 늘고 있지만 일반 생협에 비해 가격대가 비싸다는 단점이 있어요.

백화점

품질 좋은 친환경 농산물을 판매하며, 다양한 수입 식품이 있어요.

대형 할인마트

마트 내에 친환경 매장이 독립 부스로 제공돼요.

최쌤의 건강한 거뜸

친환경 식재료를 확인하는 방법

친환경 재료라고 하면 "믿을 수 있어?" 하는 질문을 가장 먼저 하게 돼요. 물론 마스터키는 없어요. 전수 검사 하는 곳이 전 세계 어디에도 있을 수 없기 때문이에요. 그렇다면 무엇을 기준으로 선택을 해야 할까요? 가장 손 쉬운 방법은 친환경 인증 마크를 확인하는 방법인데요. 친환경 마크에는 세 가지가 있으니 꼭 신경 써서 확인하세요. 유기농, 무농약, 저농약의 차이를 알아두면 가격비교에 상당히 도움이 됩니다. 이 친환경 표시가 의심이 될 때는 '친환경 인증 시스템' 홈페이지(www.enviagro.go.kr)에서 해당 농가의 인증번호를 입력해보세요. 참고로 '농산물품질관리원' 홈페이지(www.naqs.go.kr)에서는 우리 농산물과 수입 농산물을 비교할 수 있는 방법을 소개하고 있으니 참고하세요.

친환경 인증 제도란?
전문인증기관이 소비자에게 보다 안전한 친환경 농산물을 엄격한 기준으로 선별 검사하고 정부가 그 안전성을 인증하는 제도예요.

친환경 농산물이란?
환경을 보전하고 소비자에게 보다 안전한 농산물을 공급하기 위해 농약과 화학비료 및 사료첨가제 등을 전혀 사용하지 아니하거나 최소량만을 사용하여 생산한 농산물을 말해요.

친환경 농산물 관리
토양과 물은 물론 생육과 수확 등 생산 및 출하 단계에서 인증 기준을 준수했는지에 대한 엄격한 품질 검사와 시중 유통품에 대해서도 허위 표시를 하거나 규정을 지키지 않는 인증품이 없도록 철저한 사후 관리를 하고 있어요.

친환경 농산물의 종류와 기준
1. 유기 농산물 : 유기합성농약과 화학비료를 전혀 사용하지 않고 재배한 것으로 다년생 작물은 3년, 그외 작물은 2년의 전환 기간이 필요해요.
2. 무농약 농산물 : 유기합성농약은 전혀 사용하지 않고, 화학비료는 권장시 비량의 1/3 이내로 사용한 것이에요.
3. 저농약 농산물 : 화학비료는 권장량의 1/2 이내로 사용하고 농약 살포는 '농약 안전 사용기준'의 1/2 이하로 살포하고, 사용 시기는 '안전 사용기준' 시기의 2배 수를 적용한 것이랍니다. 단, 제초제는 사용하지 않아야 하고, 잔류농약은 식품의약품안전청장이 고시한 '농산물의 농약잔류 허용기준'의 1/2 이하여야 해요.

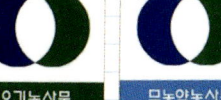

알아두면 유용한 계량법 & 환산법

이 책의 레시피는 계량스푼과 계량컵을 기준으로 정리했습니다. 맛있는 요리를 만들기 위해 중요한 것 중 하나가 정확한 계량이에요. 정확한 계량을 위해서는 계량 도구를 사용하는 것이 가장 좋지만 도구를 사용하는 것이 번거롭게 생각되는 분들도 많으실 거예요. 집에 계량스푼이 없다고 걱정할 필요가 없어요. 제가 집에 있는 밥숟가락으로 계량할 수 있도록 환산요령을 알려드릴게요. 책의 부록으로 제공되는 환산표를 싱크대에 붙여놓으면 어떤 계량법으로 표기한다고 해도 걱정 끝이겠죠.

● 계량스푼을 밥숟가락으로 환산하는 법

1큰술은 15ml, 1숟가락은 10ml, 1작은술은 5ml예요. 예를 들어 2큰술이라고 한다면 2큰술 × 15ml = 30ml가 되지요. 이것을 밥숟가락으로 환산하려면 10으로 나누어보세요. 즉 30ml를 10으로 나누면 '3'이 되고 밥숟가락으로는 3숟가락이라는 의미예요.
　　2작은술은 2작은술 × 5ml = 10ml가 되고 이것을 10으로 나누면 '1'이 되어 밥숟가락으로는 1숟가락을 의미하지요.

● 계량스푼 & 밥숟가락 환산표

1큰술	15ml
1숟가락	10ml
1작은술	5ml

큰술		작은술	
1큰술	1.5숟가락	1작은술	0.5숟가락
2큰술	3숟가락	2작은술	1숟가락
3큰술	4.5숟가락	3작은술	1.5숟가락
4큰술	6숟가락	4작은술	2숟가락
5큰술	7.5숟가락	5작은술	2.5숟가락
6큰술	9숟가락	6작은술	3숟가락
7큰술	10.5숟가락	7작은술	3.5숟가락
8큰술	12숟가락	8작은술	4숟가락
9큰술	13.5숟가락	9작은술	4.5숟가락
10큰술	15숟가락	10작은술	5숟가락

● 종이컵 계량법

이 책에 사용된 계량컵 1컵은 200ml 기준이에요. 계량컵이 없는 분들은 종이컵을 이용하세요. 종이컵 1컵이 180ml이니 계량컵 1컵 = 종이컵 1컵 + 밥숟가락 2숟가락 정도 됩니다.

● 기준이 된 식재료 무게

감자 1개 = 160g
양파 1개 = 150g
당근 1개 = 100g
쪽파 1단 = 800g
얼갈이배추 1단 = 800g
무(작은 것) 1개 = 1kg, 무(큰 것) 1개 = 4kg
부추 1단 = 300g
미나리 1단 = 200g
고구마줄기 1단 = 400g
마늘종 작은 묶음 = 200g, 마늘종 큰 묶음 = 400g
배추 1통(중간 것) = 1.5kg
양상추 1통 = 1kg
양배추 1통 = 700g

연근(작은 것) = 250g, 연근(중간 것) = 300g,
연근(큰 것) = 400g
단호박(작은 것) = 700g, 단호박(중간 것) = 1.1kg,
단호박(큰 것) = 1.8kg
애호박 1개 = 1kg
콩나물 1근 = 400g, 콩나물 1컵 = 130g
숙주 1근 = 400g, 숙주 1컵 = 130g
오징어채 1근 = 400g, 오징어채 1컵 = 130g
고기 1근 = 600g
채소 1근 = 400g
건어물 1근 = 600g
두부(시판 두부) 1모 = 300g

우리 가족 건강을 지키는
현미밥 요리

체질을 개선하고 피부가 고와지고 날씬해지고 변비를 없애고
성인병의 위협에서 내 몸을 보호하기를 원하신다면 어서 빨리 모이세요.
현미를 먹기 시작하는 것이 건강을 위한 출발이기 때문입니다.

● 더 맛있는 현미밥을 짓기 위해 꼭 알아두세요

- 이 책에 소개된 밥 짓기 도구는 직화 압력솥 기준입니다. 전기 압력솥을
  이용할 경우에는 목적에 맞는 기능을 설정하고 스위치만 누르면 됩니다.
  일반 냄비를 이용할 경우에는 가급적이면 바닥이 두꺼운 것을 사용하세요.
  그리고 일반 전기밥솥·냄비는 기준보다 뜸을 오래 들이세요.
- 이 책에 소개된 밥 짓기는 불리지 않은 햅쌀 기준입니다.
  더 맛있는 밥을 지을려면 아래의 표를 참고하여 물 조절을 하세요.

조리 도구	쌀(햅쌀)의 양	불림 시간	물의 양	비고
직화 압력솥	2컵	1~3시간	2+1/5컵	① 묵은 쌀의 경우, 쌀 2컵당 물 1/4컵을 더 넣어요. ② 수분이 많은 채소와 함께 밥을 할 때는 물을 조금 덜 넣어요.
전기 압력솥	2컵	1~3시간	2+3/5컵	
일반 냄비	2컵	1~3시간	2+4/5컵	

흰 쌀밥처럼 부드러운
현미밥

"밥 먹고 젊어진다"는 말을 들어보셨나요? 젊음과 건강을 지켜주는 보약이 바로 현미밥이에요. 현미밥은 건강한 식사를 원하는 사람에게 추천할 만한 자연식 식단의 기본입니다. 현미밥은 백미밥에 비해 식감이 떨어진다는 단점이 있지만 적절한 조리법만 이용한다면 백미밥처럼 부드러운 식감으로 즐길 수 있어요.

더 맛있는 밥을 지으려면 67쪽 물 조절법을 꼭 참고하세요.

 **재료**(2인분)

현미 2컵, 물 3컵(불리지 않은 햅쌀), 천일염 약간

1 현미는 계량컵에 반듯하게 계량하여 쌀겨를 골라내요.

2 현미에 물을 붓고 부드럽게 저어 첫 물은 버려요.

3 현미의 쌀알이 손상되지 않도록 두 손으로 비비면서 잘 씻어요.

4 압력솥에 현미와 물을 넣고, 천일염으로 간한 다음 센 불로 가열해요. 압력계기가 올라오면 약한 불로 줄여 20분 정도 더 끓이다가 불을 꺼요. 압력계기가 내려가면 뚜껑을 열어 완성해요.

추 방식의 압력솥은 추가 소리를 내면 약한 불로 줄여 25분 정도 더 끓이다가 불을 꺼요. 압력이 내려가면 뚜껑을 열어 완성해요.

현미밥은 짓는 물보다는 씻는 첫 물이 중요해요.
그 이유는 벼에서 탈곡된 순간부터 현미의 수분이 밖으로 배출되어
현미가 매우 목마른 상태라 수분이 들어가면 바로 쌀로 스며들기 때문이에요.

비타민이 풍부한
현미 통밤밥

맛이 달고 따뜻한 성질을 지닌 밤은 질 좋은 단백질과 칼슘, 철, 칼륨, 비타민 C가 풍부하게 들어 있고, 쌀보다 네 배나 많은 비타민 B_1군을 함유하고 있어요. 우리 몸을 유해산소로부터 지켜주는 항산화물질인 베타카로틴이 풍부하게 들어 있으며 열을 가해도 영양소 손실이 거의 없기 때문에 밥을 지을 때 넣으면 건강까지 챙길 수 있어요.

🌾 **재료(2인분)**
현미찹쌀 2컵, 밤 10개, 단호박 1/4개, 물 3컵, 천일염 약간

Cooking Point

밤은 속껍질을 벗기지 않고 조리하면 껍질의 타닌 성분이 사춘기 청소년의 여드름을 완화시키는 데는 좋지만, 변비로 고생한다면 껍질을 벗기고 먹는 것이 좋아요. 밤과 단호박의 단단한 정도가 다르므로 밥을 다 지었을 때 단호박이 으깨질 수도 있어요. 손님상에 내놓을 밥을 지을 때는 단호박은 빼는 것이 좋아요. 중국산 밤은 국내산보다 크기가 작고 속껍질이 얇고 색이 어두우니 밤을 고를 때 잘 살피세요.

> 더 맛있는 밥을 지으려면 67쪽 불 조절법을 꼭 참고하세요.

> 추 방식의 압력솥은 추가 소리를 내면 약한 불로 줄여 20~25분 정도 끓이다가 불을 꺼요. 압력이 내려가면 뚜껑을 열어 완성해요.

1 밤은 겉껍질만 벗겨내고, 안의 껍질은 그대로 두어요.

2 단호박은 씨를 제거하고 껍질을 벗겨서 밤 크기로 잘라요.

3 압력솥에 현미찹쌀, 밤, 단호박과 물을 넣고, 천일염으로 간한 다음 센 불로 가열해요.

4 압력계기가 올라오면 약한 불로 줄여 15~20분 정도 끓이다가 불을 꺼요. 압력계기가 내려가면 뚜껑을 열어 완성해요.

속을 편안하게 만드는
양배추 미역현미밥

양배추와 부드러운 미역은 의외로 궁합이 잘 맞는 식재료예요. 양배추는 위에 좋은 음식으로 알려져 있는데, 혈액순환에도 도움이 되고 몸 안에서 항산화작용을 하기도 해요. 또한 비타민 U가 들어 있어 소화를 촉진시키는 작용을 하므로 현미밥과 함께 먹으면 좋아요. 미역이 몸에 좋은 것은 누구나 알고 있을 텐데, 양배추와 미역이 만났으니 얼마나 건강에 좋을까요.

재료(2인분)
현미찹쌀 1컵, 현미 1컵, 물 2+1/2컵, 양배추 1/8통, 생강 1~2톨, 마른 미역 3큰술, 국간장 1큰술, 천일염 약간, 통깨 약간

Cooking Point
양배추를 손질할 때는 잎은 나박 썰고 가운데 딱딱한 심 부분은 포를 뜨듯이 두세 번 얇게 저민 다음 잎과 줄기를 동일한 두께로 자르면 모두 먹을 수 있어요. 마른 미역은 물에 불린 상태에서 물기를 꼭 짜서 넣고 미역 불린 물은 버리지 말고 밥 짓는 물에 섞어주세요.

더 맛있는 밥을 지으려면 67쪽 물 조절법을 꼭 참고하세요.

1 현미와 현미찹쌀은 깨끗이 씻어 물기를 빼요.

2 생강은 가늘게 채 썰고 양배추는 나박하게 썰어요.

3 마른 미역은 물에 담가 불려서 물기를 꼭 짠 다음 그 물은 밥을 할 때 넣고, 미역은 잘게 다져요.

4 압력솥에 현미와 재료를 모두 넣어 센 불로 가열해요. 압력계기가 올라오면 약한 불로 줄여 15~20분 정도 끓이다가 불을 꺼요. 압력계기가 내려가면 뚜껑을 열어 완성해요.

추 방식의 압력솥은 추가 소리를 내면 약한 불로 줄여 20~25분 정도 끓이다가 불을 꺼요. 압력이 내려가면 뚜껑을 열어 완성해요.

더 맛있는 밥을 지으려면 67쪽 물 조절법을 꼭 참고하세요

내 몸에 주는 선물
마 버섯영양밥

마는 몸을 튼튼하게 해주는 건강 채소로 피로회복에 좋으며 소화 효소가 많이 들어 있어 불규칙한 식사로 장이 약해진 사람이 먹으면 좋아요. 마에는 특별한 맛이 없는 만큼 밍밍해서 안 좋아하는 사람들도 많은데 담백한 마와 버섯 특유의 강한 향과 맛을 지닌 버섯이 만나 맛의 조화를 이룬답니다. 가족이 모두 모였을 때 별식으로 즐기기에 좋답니다.

재료(2인분)
현미 2컵, 마 1/2개, 표고버섯 3개, 보리새우 3큰술, 천일염 약간, 간장 1큰술, 청주 2큰술, 물 2+1/2컵

Cooking Point

마는 영양가가 높은 건강한 식재료이지만 손질이 까다로워서 선뜻 손이 안 가기도 해요. 마의 성분이 피부에 닿으면 경우에 따라 가렵기도 하는데 마를 물에 씻지 않은 상태에서 껍질을 벗긴 다음 재빨리 씻어야 해요. 마를 씻어서 껍질을 벗기면 끈끈한 점액이 더 많이 나와 미끈거려서 손질하기 힘들어요. 마는 바로 사용하지 않을 때는 식촛물에 담가두세요.

1 현미를 깨끗이 물에 씻어요.

2 마는 깍둑썰어 천일염으로 간하고 표고버섯은 어슷하게 썰어요.

3 보리새우는 물에 부드럽게 불린 다음 압력솥에 현미, 마, 표고버섯과 함께 넣어요.

추 방식의 압력솥은 추가 소리를 내면 약한 불로 줄여 20~25분 정도 끓이다가 불을 꺼요. 압력이 내려가면 뚜껑을 열어 완성해요.

4 물을 붓고 천일염과 청주로 간한 다음 가열해요. 압력계기가 올라오면 약한 불로 줄이고 15~20분 정도 끓이다가 압력계기가 내려가면 불을 꺼요.

자연의 맛을 그대로~
현미 나물밥

머위와 검은깨는 몸속에서 서로 시너지를 내는 식재료예요. 머위를 넣을 때 검은깨를 함께 넣으면 맛과 함께 시각적으로도 좋아요. 머위는 솜털이 보송보송할 때 요리해야 영양가도 풍부하고 쓴맛이 없어 맛있답니다.

재료(2인분)
현미 2컵, 다시마 우린 물 2+1/2컵, 시래기 200g, 취나물 100g, 삶은 머위 1컵, 죽순 1/2개, 표고버섯 3개, 당근 1/3개, 참기름 1큰술, 다진 마늘 1작은술, 검은깨 약간
양념장 간장 4큰술, 고춧가루 1큰술, 다진 실파 2큰술, 통깨 1큰술, 참기름 1큰술, 다진 마늘 1작은술

Cooking Point
현미밥에 나물을 넣을 때는 나물 고유의 맛과 향을 잃지 않으면서 그 맛이 충분히 배어나게 하는 것이 포인트인데 나물에 간이 먼저 배게 한 다음 밥을 지어야 해요. 쓴맛이 나는 나물은 물에 식초를 약간 뿌려 담가두고 마른 나물은 소금기가 있는 따뜻한 물에 담가 충분히 불린 다음 밥을 하면 식감이 더욱 풍부해져요.

더 맛있는 밥을 지으려면 67쪽 물 조절법을 꼭 참고하세요.

추 방식의 압력솥은 추가 소리를 내면 약한 불로 줄여 15분 정도 끓이다가 불을 꺼요. 압력이 내려가면 뚜껑을 열어 완성해요.

1 현미는 깨끗이 씻어서 다시마 우린 물에 담가 불려요.

2 시래기는 깨끗이 씻어 잘게 썬 후 참기름과 다진 마늘을 넣어 무쳐요.

3 죽순, 표고버섯, 당근은 작게 깍둑썰고, 머위와 취나물은 3~4cm 길이로 썰어요.

4 모든 재료를 압력솥에 넣어 가열하다가 압력계기가 올라오면 약한 불로 줄이고 15분 정도 끓이다가 압력계기가 내려가면 불을 꺼요. **양념장**과 곁들여 내요.

감칠맛이 뛰어난
찹쌀현미 표고영양밥

표고버섯은 다른 버섯보다 특유의 맛과 향이 진하기 때문에 국물을 우릴 때 사용하면 좋아요. 국물을 우린 후에도 그 맛이 살아 있는 것이 특징이며 기둥 부분은 잘게 찢거나 다져서 요리에 사용하면 좋아요. 또 말린 표고버섯이 생표고버섯보다 비타민 D 등의 영양 성분이 풍부하게 들어 있답니다.

재료(2인분)
현미찹쌀 2컵, 마른 표고버섯 6개, 은행 8알, 밤 10개, 물 2컵, 다시마(5×5cm) 1장, 간장 1큰술

Cooking Point
표고버섯은 30분 정도 햇볕에 말려 사용하면 좋아요.
마른 표고버섯은 70℃ 이하의 물에 불려야 맛이 더 깊어져요.
밤 대신 고구마를 사용해도 되며 밤을 구울 때는 칼집을 내서 구워야 튀지 않아요. 밤을 구워서 넣으면 고소한 맛과 향이 진해지지만, 굽지 않고 넣어 담백한 밥을 지어도 좋아요.

더 맛있는 밥을 지으려면 67쪽 물 조절법을 꼭 참고하세요.

추 방식의 압력솥은 추가 소리를 내면 약한 불로 줄여 15분 정도 끓이다가 불을 꺼요. 압력이 내려가면 뚜껑을 열어 완성해요.

1 현미찹쌀은 씻어서 마른 표고버섯과 함께 물에 불려요.

2 불린 표고버섯은 2~3등분 해서 슬라이스하고 기둥은 잘게 찢어요. 은행은 팬에 살짝 볶아 껍질을 벗겨요.

3 밤은 겉껍질에 칼집을 내서 오븐이나 그릴에 굽는데, 중간 불에서 구워 속껍질을 벗겨 2등분 해요.

4 압력솥에 현미찹쌀, 표고버섯 우린 물과 준비한 재료를 모두 넣어 센 불로 가열하다가 압력계기가 올라오면 약한 불로 줄여 10분 정도 끓이다가 불을 꺼요.

초여름의 향기

현미 참나물 완두콩밥

완두콩은 단맛이 뛰어나기 때문에 콩을 싫어하는 아이나 어른도 잘 먹어요. 어린이가 먹을 현미밥을 지을 때 완두콩을 섞어서 시작하면 좋아요. 완두콩에는 탄수화물의 소화 흡수를 돕는 비타민 B_2가 많이 들어 있어 현미밥과도 궁합이 잘 맞는 식재료예요. 비타민과 섬유질이 풍부하여 소화도 돕고 변비에도 특효가 있는 완두콩으로 맛있는 현미밥을 지어볼까요.

재료(2인분)
현미찹쌀 1컵, 현미 1컵, 완두콩 1/2컵, 참나물 1/2컵, 물 2컵, 천일염 약간

Cooking Point
완두콩은 5~6월이 제철이므로 이때 많은 양을 구입해 소금물에 살짝 데쳐 한 번에 쓸 양만큼씩 비닐팩에 담아 냉동 보관하면 좋아요.

더 맛있는 밥을 지으려면 67쪽 물 조절법을 꼭 참고하세요.

1 현미찹쌀과 현미를 섞어 잘 씻은 다음 물에 불려요.

2 완두콩은 껍질을 벗겨 흐르는 물에 헹궈요.

3 참나물은 손질해서 물기를 빼고 먹기 좋은 크기로 잘라요.

추 방식의 압력솥은 추가 소리를 내면 약한 불로 줄여 15분 정도 끓이다가 불을 꺼요. 압력이 내려가면 뚜껑을 열어 완성해요.

4 압력솥에 준비한 재료를 넣어 천일염으로 간하고 센 불로 가열해요. 압력계기가 올라오면 약한 불로 줄여 10분 정도 끓이다가 불을 꺼요.

구수하고 건강한
현미 죽순 영양밥

글루탐산이 많은 죽순과 현미를 함께 조리하면 특유의 감칠맛이 현미의 구수한 맛을 살려줘요. 죽순은 칼륨이 풍부하여 염분의 배출을 도와주어 혈압이 높은 사람에게는 좋지만 혈압이 낮은 사람은 너무 많이 먹으면 좋지 않아요. 죽순의 수산 성분은 결석이 있거나 알레르기가 있는 사람은 피하는 것이 좋아요.

재료(2인분)
현미찹쌀 1컵, 현미 1컵, 죽순 1/2개, 표고버섯 2개, 물 2컵, 천일염 약간

Cooking Point
죽순은 통조림 제품은 사용하지 마세요. 또 죽순은 특유의 떫은맛을 없애기 위해 쌀뜨물로 데치는 것이 좋아요. 한꺼번에 많은 양을 구입했을 때는 썰어서 설탕물에 담가 두면 1~2일 정도는 보관할 수 있어요. 죽순을 장기간 보관하고 싶으면 데쳐서 자른 다음 한 번 사용할 양만큼씩 비닐팩에 담아 냉동 보관하세요.

더 맛있는 밥을 지으려면 67쪽 물 조절법을 꼭 참고하세요.

1 현미찹쌀과 현미는 깨끗이 물에 씻어 불려요.

죽순은 밑동을 자르고 겉껍질을 벗기고 씻어요.

2 죽순은 끓는 물에 데쳐 모양을 살려 썰어요.

3 표고버섯은 길게 슬라이스하고, 기둥은 잘게 찢어요.

추 방식의 압력솥은 추가 소리를 내면 약한 불로 줄여 15분 정도 끓이다가 불을 꺼요. 압력이 내려가면 뚜껑을 열어 완성해요.

4 압력솥에 불린 현미찹쌀, 현미를 담고 죽순, 표고버섯을 얹어 물을 붓고 천일염으로 간한 다음 센 불로 가열하다가 압력계기가 올라오면 약한 불로 줄여 10분 정도 끓이다가 불을 꺼요.

몸에 활력을 주는
현미 보리밥

콜레스테롤의 수치를 낮추고 변비에 좋은 음식으로 알려진 보리. 고대 로마 검투사를 '보리를 먹는 사람'으로 표현할 만큼 보리는 몸에 활력을 주는 음식이에요. 혈액순환을 돕고 심장에도 좋지만 차가운 성질을 띠므로 다른 잡곡과 함께 섭취하는 것이 좋아요. 누렇게 완전히 익은 보리보다는 이삭은 영글었지만 익지 않은 보리가 더 부드럽고 맛있답니다.

재료(2인분)
보리 1컵, 현미찹쌀 1/2컵, 현미 1/2컵, 팥 2큰술, 물 2컵

Cooking Point
보리는 현미와 달리 물에 너무 오래 담가두면 색이 검게 변하므로 주의하세요. 잡곡은 물에 충분히 불려서 사용하고 다이어트 중이라면 팥의 양을 늘려서 밥을 지어도 좋아요. 재료보다 팥을 3배 이상 넣어 밥을 해도 좋은데 팥을 불려서 삶지 않고 밥을 하면 밥 위에 흰색의 거품 같은 것이 생기는데 팥의 사포닌 성분으로 몸의 면역력을 높여주는 영양 성분이랍니다.

더 맛있는 밥을 지으려면 67쪽 물 조절법을 꼭 참고하세요

추 방식의 압력솥은 추가 소리를 내면 약한 불로 줄여 15분 정도 끓이다가 불을 꺼요. 압력이 내려가면 뚜껑을 열어 완성해요.

1 보리, 현미찹쌀, 현미는 깨끗이 씻어 물에 불려요.

2 팥은 물에 불려 체로 살살 돌을 골라내요.

3 압력솥에 1과 팥을 담고 천일염으로 간하고 물을 부어요.

4 3을 센 불로 가열하여 압력계기가 올라오면 약한 불로 줄여 10분 정도 끓이다가 불을 꺼요. 압력계기가 내려가면 뚜껑을 열어요.

더 맛있는 밥을 지으려면 67쪽 물 조절법을 꼭 참고하세요

천연 단백질의 보고

현미 견과류 풋콩밥

식물성 단백질의 보고인 콩과 견과류를 넣은 현미밥은 체력 회복과 노화 방지, 기억력 증진 등 우리 몸을 건강해주는 영양 만점의 식단이에요. 특히 견과류는 위장과 신장의 기능을 좋게 하고 속을 든든하게 해주는 따뜻한 성질의 식재료로 질 좋은 단백질과 칼슘, 철, 칼륨 등이 풍부하게 들어 있어요. 몸이 허약해졌을 때 콩과 견과류를 먹으면 기력이 보충되겠지요.

재료(2인분)
현미찹쌀 1컵, 현미 1컵, 강낭콩 2큰술, 완두콩 2큰술, 해바라기씨 2큰술, 호두 2큰술, 아몬드 1큰술, 잣 1큰술, 물 2컵, 천일염 약간

Cooking Point
다양한 견과류를 준비하지 못했을 때는 집에 있는 견과류로 1컵을 채우면 돼요. 하지만 잣만 넣는 경우라면 1/2컵 정도로 양을 조정하세요. 견과류의 고소하고 깊은 맛을 내기 위해서는 견과류를 팬에 볶아서 밥을 지으면 좋아요. 잣은 산성 식품이기 때문에 콩류의 양을 조금 늘리면 궁합이 잘 맞아요.

1 현미찹쌀과 현미는 씻어 물에 불려요.

2 강낭콩과 완두콩은 물에 담가 불려요.

3 호두는 적당한 크기로 자르고 나머지 견과류를 준비해요.

추 방식의 압력솥은 추가 소리를 내면 약한 불로 줄여 15분 정도 끓이다가 불을 꺼요. 압력이 내려가면 뚜껑을 열어 완성해요.

4 압력솥에 준비한 재료를 모두 넣고 센 불로 가열해요. 압력계기가 올라오면 약한 불로 줄여 10분 정도 끓이다가 불을 꺼요. 압력계기가 내려가면 뚜껑을 열어 완성해요.

누이 좋고 매부 좋은
현미 연근 우엉밥

겨울에 맛이 있는 뿌리채소인 우엉과 연근은 상호 보완하는 작용으로 함께 밥에 넣어 지으면 그 맛과 영양이 좋아요. 우엉에는 이눌린 성분이 많아 장에서 칼슘이나 철의 흡수를 돕고, 섬유질이 많아 변비 예방에도 도움이 돼요. 철분이 많이 들어 있는 연근은 우엉으로 인해 철분 흡수율이 배가된다네요.

재료(2인분)
현미찹쌀 1컵, 현미 1컵, 연근(15~20cm) 1토막(150g), 우엉 100g, 천일염 약간, 물 2컵

Cooking Point
연근은 마디 사이에 상처가 없고 매끈하고 통통한 것으로 고르세요. 너무 가늘면 섬유질이 억세기 때문에 좋지 않고 껍질을 벗겨서 판매하는 것은 표백한 제품일 수도 있으니 주의하세요. 연근은 잘라본 다음 구입할 수는 없으므로 흙이 묻어 있고 껍질이 촉촉한 것을 고르세요. 우엉은 너무 굵거나 가는 것은 피하고 지름이 2cm 되는 것이 적당해요. 뿌리가 힘이 있고 단단한 것이 신선하므로 말라 있거나 말랑거리는 것을 구매하지 않도록 주의하세요.

더 맛있는 밥을 지으려면 67쪽 물 조절법을 꼭 참고하세요.

1 현미찹쌀과 현미는 씻어 물에 불려요.

죽순은 밑동을 자르고 겉껍질을 벗기고 썰어서 손질하세요.

2 연근과 우엉은 깨끗이 씻어 껍질을 벗기고 가늘게 채 썰어요.

3 압력솥에 현미와 현미찹쌀, 물을 담고 천일염으로 간해요.

추 방식의 압력솥은 추가 소리를 내면 약한 불로 줄여 20분 정도 끓이다가 불을 꺼요. 압력이 내려가면 뚜껑을 열어 완성해요.

4 3에 연근과 우엉을 올리고 센 불로 가열해요. 압력계기가 올라오면 약한 불로 줄여 10~15분 정도 끓이다가 불을 꺼요. 압력계기가 내려가면 뚜껑을 열어 완성해요.

환절기 영양제

현미 인삼 영양밥

환절기에 만들어 먹으면 좋은 영양이 가득한 밥이에요. 인삼은 면역력을 증진시키며, 식욕을 돋우고 강장 효과가 있는 은행과 밤, 대추, 양대콩 등 우리 몸을 보하고 약이 되는 재료를 함께 섭취할 수 있으니 이보다 더 보약이 되는 밥이 또 있을까요. 환절기에 입맛이 없을 때 먹으면 온 가족의 건강을 챙길 수 있답니다.

재료(2인분)
현미찹쌀 1컵, 현미 1컵, 기장 1/2컵, 인삼 2뿌리, 밤 5개, 양대콩 3큰술, 대추 5개, 은행 10알, 천일염 1작은술, 물 2컵

Cooking Point
밤과 콩에서 수분이 생기기 때문에 영양밥을 지을 때는 평소보다 물의 양을 조금 줄여도 되고 은행은 반드시 껍질을 벗겨서 밥을 지어야 해요. 은행의 껍질을 벗기지 않고 조리하면 특유의 쌉싸래한 맛과 꺼끌거리는 식감으로 맛이 좋지 않아요.

더 맛있는 밥을 지으려면 67쪽 물 조절법을 꼭 참고하세요.

1 현미찹쌀, 현미, 기장은 깨끗이 씻어 물에 불린 다음 체에 밭쳐 물기를 제거해요.

2 인삼은 어슷 썰고 밤은 속껍질을 벗겨 2등분 하고 양대콩은 물에 담가 불려요.

3 대추는 돌려깎아 썰고 은행은 팬에 볶아 껍질을 벗겨요.

4 압력솥에 준비한 재료를 모두 넣고 센 불로 하다가 압력계기가 올라오면 약한 불로 줄여 10분 정도 끓이다가 불을 꺼요. 압력계기가 내려가면 뚜껑을 열어 완성해요.

추 방식의 압력솥은 추가 소리를 내면 약한 불로 줄여 15분 정도 끓이다가 불을 꺼요. 압력이 내려가면 뚜껑을 열어 완성해요.

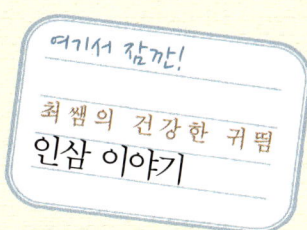

인삼 이야기
여기서 잠깐! 최쌤의 건강한 귀띔

인삼의 또 다른 이름인 파낙스(Panax)는 그리스어로 '모든 병을 치료한다'는 의미가 있어요. 인삼의 종류를 살펴보면 밭에서 기른 인삼을 재배삼이라고 하고, 인삼 씨를 자연의 산림 속에서 기른 인삼이나 산삼의 씨를 산속에 뿌려 자연스럽게 자라게 한 다음 채취하는 것을 장뇌삼, 자연 상태에서 자란 것을 산삼이라고 해요. 밭에서 딴 인삼을 가공하지 않은 것을 수삼, 생삼이라고 하는데 장기 보관이 어려우며, 6년근 수삼을 증기로 쪄서 말리는 과정을 반복(5~7회)한 것을 홍삼이라고 해요. 4년근 수삼을 익히지 않고 말린 것은 백삼이라고 하고, 수삼을 뜨거운 물에 담가 겉면만 익힌 다음 말린 것을 태극삼이라고 해요. 특히, 홍삼은 찌는 과정에서 수분을 제거하면 10년 이상 장기 보관이 가능할 뿐 아니라 G-Rh2 및 말톨(Maltol)과 같은 인체에 유익한 8가지의 새로운 성분이 생성되며, 백삼에 비해 체내 흡수력이 뛰어나고 소화율이 좋은 것이 특징이에요. 특히 홍삼은 면역력을 상승시키는 물질이 수삼이나 백삼보다 3배 정도 많이 함유되어 있다고 알려져 있어요.

더 맛있는 밥을 지으려면 67쪽 물 조절법을 꼭 참고하세요

많이 먹을수록 좋은
현미 당근밥

당근에 들어 있는 카로틴은 우리 몸 안에서 비타민 A로 바뀌어 흡수가 돼요. 일반적으로 당근은 흙을 털고 껍질을 벗겨서 사용하지만 유기농 당근은 껍질째 물에 씻어 사용해도 좋아요. 비타민, 철분, 칼슘, 칼륨, 섬유소 등이 풍부하게 들어 있어 특히 피부가 약하거나 건조한 사람이 많이 섭취하면 좋아요. 또 당근의 주황색에는 베타카로틴이라는 항암물질이 들어 있으니 당근은 많이 먹을수록 이득이겠죠.

재료(2인분)
현미 2컵, 고구마 1개, 당근 1/3개, 천일염 약간, 물 2컵

Cooking Point

당근은 날것보다는 데치거나 오일을 두르고 살짝 볶아서 조리하는 것이 좋아요. 당근에는 비타민 C를 분해하는 성분이 들어 있어 가급적 다른 채소와 함께 먹는 것을 피하세요. 또 당근은 가늘게 채 썰거나 다지고 으깨면 당근의 리포옥시다제가 영양 성분인 카로틴을 급속하게 산화시키므로 가능하면 굵직하고 두껍게 썰어 요리하는 것이 좋아요.

1 현미는 씻어서 물에 불린 다음 체에 밭쳐 물기를 제거해요.

2 고구마와 당근은 껍질을 벗기고 손질해서 깍둑썰어요.

3 압력솥에 준비한 재료를 모두 넣어요.

4 압력솥을 센 불로 가열하다가 압력계기가 올라오면 약한 불로 줄여 10분 정도 끓이다가 불을 꺼요. 압력계기가 내려가면 뚜껑을 열어요.

추 방식의 압력솥은 추가 소리를 내면 약한 불로 줄여 15분 정도 끓이다가 불을 꺼요. 압력이 내려가면 뚜껑을 열어 완성해요.

팔방미인 해초, 매생이로 만든
현미 매생이밥

해초류인 매생이에는 철분, 칼슘, 칼륨, 비타민, 요오드, 알긴산 등의 몸에 좋은 성분이 들어 있어 혈액 속의 불순물을 몸 밖으로 배출해줘요. 매생이는 우울증이나 육체적인 스트레스를 해소시켜주며 숙취를 해소하는 데도 탁월한 효능이 있어요. 또한 암을 예방하고 체내에 지방이 쌓이는 것을 막아 비만을 예방하기도 해요. 장운동을 활발하게 해주어 숙변까지 배출시키지요.

재료(2인분)
현미찹쌀 2컵, 매생이 1/2컵, 톳 1/4컵, 마른미역 2큰술, 물 2컵

Cooking Point
매생이는 손질하기가 까다로워요. 볼에 한꺼번에 넣어 헹구지 말고 체에 담아 여러 번 물을 받아 헹군 다음 흐르는 물에 씻는 것이 좋아요. 마른미역은 습기가 있으면 곰팡이가 생기는데 물에 천일염을 듬뿍 넣어 진한 소금물을 만들어 깨끗하게 씻은 다음 바짝 말리면 좋아요. 매생이, 톳, 미역과 같은 해초류 특유의 비릿한 맛에 거부감이 있는 분은 간장 양념장을 곁들이면 좋아요.

더 맛있는 밥을 지으려면 67쪽 물 조절법을 꼭 참고하세요.

1 현미찹쌀은 씻어 물에 불린 다음 체에 밭쳐 물기를 제거해요.

2 매생이는 물에 씻어 체에 건지고, 마른미역은 물에 불려 먹기 좋은 크기로 잘라요.

3 톳나물은 끓는 물에 살짝 데쳐 물에 헹궈 적당히 썰어요.

추 방식의 압력솥은 추가 소리를 내면 약한 불로 줄여 15분 정도 끓이다가 불을 꺼요. 압력이 내려가면 뚜껑을 열어 완성해요.

4 압력솥에 준비한 재료를 모두 넣어 센 불로 가열하다가 압력계기가 올라오면 약한 불로 줄여 10분 정도 끓이다가 불을 꺼요.

성인병 예방에 좋은

현미 솔잎 영양밥

솔잎은 비타민을 비롯한 무기질이 풍부하게 들어 있어 혈액의 콜레스테롤 수치를 낮추어 성인병 예방에 좋은 식재료예요. 특히 방부 살균 효과가 있어 밥을 지은 후에도 밥이 잘 상하지 않고 오래 보관할 수 있어요. 색이 진하고, 손톱으로 잘랐을 때 연하게 잘려 나가지만 쉽게 부러지거나 구부러지지 않는 것이 좋은 솔잎이에요.

재료(2인분)

현미 1/2컵, 현미찹쌀 1/2컵, 수수 1/2컵, 보리 1/2컵, 완두콩 2큰술, 검은콩 2큰술, 잣 1큰술, 대추 8개, 밤 5개, 천일염 약간, 솔잎 약간, 물 2컵

Cooking Point

솔잎을 넣어 밥을 지은 다음 밥공기에 솔잎을 깔아 밥을 담거나 밥이 뜨거울 때 솔잎을 조금 더 넣어 솔잎향이 나도록 해도 좋아요. 솔잎향을 좋아하는 사람은 물에 솔잎을 담가 약한 불로 은근하게 끓여 향과 맛을 우린 다음 그 물로 밥을 지어도 좋아요.

더 맛있는 밥을 지으려면 67쪽 물 조절법을 꼭 참고하세요.

추 방식의 압력솥은 추가 소리를 내면 약한 불로 줄여 15분 정도 끓이다가 불을 꺼요. 압력이 내려가면 뚜껑을 열어 완성해요.

1 현미, 현미찹쌀, 수수, 보리는 깨끗이 씻어 물에 불려요.

2 완두콩과 검은콩은 흐르는 물에 씻어 물에 불려요.

3 밤은 겉과 속 껍질을 벗겨 반으로 자르고 대추는 젖은 행주로 닦아서 돌려깎아 씨를 빼요.

4 압력솥에 준비한 재료를 모두 넣고 천일염으로 간하고 센 불로 가열해요. 압력계기가 올라오면 약한 불로 줄여 10분 정도 끓이다가 불을 꺼요.

피부가 먹는 밥
현미 톳 옥수수밥

옥수수는 여름철에 누구나 즐겨 먹는 간식거리예요. 옥수수는 다른 곡류에 비해 비타민 B군의 함유량이 적지만, 씨눈에는 비타민 E가 많아 피부의 건조와 노화를 막아주며 피부 저항력을 길러주어요. 옥수수는 시간이 지나면 당분이 전분으로 변하여 단맛이 없어지고 딱딱해지기 때문에 여름철에 옥수수를 구입해서 찐 다음 냉동 보관해서 하나씩 데워 먹으면 좋아요.

재료(2인분)
현미 2컵, 물 4컵, 톳 1/4컵, 간장 1큰술, 생강 1~2톨, 옥수수 1/2컵, 파슬리(또는 바질) 약간, 천일염 약간

Cooking Point

옥수수를 통조림으로 대신할 때는 무가당 옥수수를 사용하세요. 그냥 옥수수를 넣을 때는 옥수수알을 떼내지 말고 통째 반으로 잘라 현미 안에 넣고 밥을 지으면 옥수수알뿐만 아니라 기둥에서도 옥수수의 맛과 향이 배어나와요. 톳이 없으면 미역을 대신 넣어도 좋아요.

더 맛있는 밥을 지으려면 67쪽 물 조절법을 꼭 참고하세요.

1 톳은 체에 담아 물에 담가 흔들어 씻어요.

2 생강은 잘게 채 썰고 옥수수는 씻어서 물기를 제거하고 파슬리 또는 바질은 잘게 다져요.

3 현미를 씻어 옥수수와 함께 압력솥에 넣고 물 3컵을 붓고 천일염으로 간해서 가열해요. 압력계기가 올라오면 약한 불로 줄여 20분 정도 끓이다가 불을 꺼요.

추 방식의 압력솥은 추가 소리를 내면 약한 불로 줄여 25분 정도 끓이다가 불을 꺼요. 압력이 내려가면 뚜껑을 열어 완성해요.

4 냄비에 생강, 톳, 물 1컵, 간장을 넣어 조린 다음 다 지어진 밥에 넣어 섞어요. 파슬리나 바질을 올려 완성해요.

자연 보양식 팥을 넣은
현미 팥죽

팥죽은 팥을 삶아서 으깬 후 팥물로 죽을 끓이는데 현미죽은 팥물을 따로 하지 않고 한꺼번에 만들어요. 현미를 볶지 않고 끓인 죽은 현미를 볶아서 끓인 죽에 비해 맛과 식감이 떨어지기 때문이에요. 팥에는 이뇨 작용, 혈액순환 개선, 피로 회복, 기억력 증진이나 변비 해소와 같은 효능이 있어요. 특히 팥은 체내의 불필요한 수분을 배출시키는 역할을 하기 때문에 과잉 수분으로 인한 지방 축적을 막아 살이 쉽게 찌는 사람과 몸이 자주 붓는 사람들에게 정말 좋은 음식이에요.

재료(4인분)
현미 1컵, 팥 1/4컵, 물 6컵, 천일염 1/3작은술, 볶아서 빻은 검은깨 1큰술

Cooking Point
보통 죽을 끓일 때는 물을 붓고 계속 저어가며 끓이지만, 압력솥으로 만들 때는 두세 배의 물을 부어 밥을 질게 한 다음 뚜껑을 열고 나머지 물을 붓고 끓이면 쉽게 죽을 만들 수 있어요.

1 팥은 체에 담아 흐르는 물에 씻어요.

2 현미는 씻어서 체에 밭쳐 물기를 제거해요.

현미를 볶을 때는 물기를 완전히 제거하고 연한 갈색이 돌면서 고소한 냄새가 날 때까지 볶아요.

3 큰 압력솥에 현미를 넣어 갈색이 나고 구수한 향이 날 때까지 충분히 볶아요.

너무 맛이 밋밋하다고 느껴지면 구운 김을 부숴서 넣어 드세요.

4 3에 팥, 소금, 물 3컵을 넣고 밥을 지은 다음 뚜껑을 열고 나머지 물 3컵을 붓고 저어가며 끓여요. 마지막에 검은깨를 뿌려요.

비타민 C가 듬뿍
현미 연근 찹쌀죽

연잎의 뿌리인 연근에는 비타민 C가 레몬에 버금갈 만큼 많이 함유되어 있어 감기는 물론 스트레스와 숙취를 해소하는 효능이 있어요. 특히 연근의 비타민 C와 B_{12}는 열을 가해도 쉽게 파괴되지 않는 성질이 있어 어떤 요리에도 사용할 수 있어요. 껍질을 벗긴 연근을 구입했을 때는 물을 갈아주고 냉장 보관하면 오랫동안 보관이 가능해요.

재료(4인분)
현미찹쌀 1컵, 다시마 우린 물 6컵, 된장 1큰술, 연근 1/2개, 천일염 약간, 참기름 약간

Cooking Point
연근의 떫은맛이 싫은 분은 연근을 식촛물에 담갔다 조리하면 떫은맛이 사라져요. 연근은 상처가 난 부위의 출혈을 멈추게 하고 안쪽의 깊은 어혈이 풀어주는 역할을 하며 장내 유산균의 성장을 촉진시키는 무척 고마운 식재료랍니다. 채소에서는 좀처럼 찾아보기 힘든 비타민 B_{12}가 많아 혈액을 생성하므로 수술한 환자가 섭취하면 정말 좋아요.

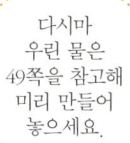
다시마 우린 물은 49쪽을 참고해 미리 만들어 놓으세요.

환자식으로 드실 때는 다시마 우린 물, 된장 대신 물 6컵을 넣어 끓이세요.

먹기 직전에 참기름 한 방울을 떨어뜨려요.

1 현미찹쌀은 씻어서 물에 불려요.

2 냄비에 현미찹쌀을 넣어 볶다가 연한 갈색이 되면 다시마 우린 물, 된장을 넣고 끓여요.

3 연근은 껍질을 벗기고 손질해 통째 강판에 곱게 갈아요.

4 중간 불로 20분 정도 끓인 다음 갈아놓은 연근을 넣고 20분 정도 끓여서 완성해요.

내 몸에 좋은 컬러 푸드
현미 파프리카죽

보통 컬러 푸드라고 해서 색상이 선명하고 알록달록한 식품이 몸에 좋다고 하잖아요. 노랑 파프리카는 비타민이 풍부해 스트레스 해소에 좋고, 주황색 파프리카는 피부 건강에 좋으며, 빨강색 파프리카는 성장 촉진 및 면역력 강화에 좋다고 하니 파프리카를 많이많이 먹어야겠어요.

재료(2인분)
불린 현미 1/3컵, 채소 우린 물(물 2컵), 노랑 파프리카 1/4개, 빨강 파프리카 1/4개, 주황 파프리카 1/4개, 초록 파프리카 1/4개, 검은깨 약간, 달걀 1개, 국간장 1/2작은술, 천일염 약간

채소 우린 물은 49쪽을 참고해 미리 준비하세요. 없으면 물 2컵을 사용해도 괜찮아요.

파프리카는 불에 살짝 그을러 껍질을 벗겨 사용하거나 다진 것을 볶아서 사용하면 더 감칠맛이 돌아요.

① 불린 현미는 블렌더에 넣어 채소 우린 물 또는 물을 붓고 갈아요.

② 파프리카는 색깔별로 각각 잘게 다져요.

③ 1을 냄비에 넣고 끓여요.

④ 현미가 어느 정도 익어서 퍼졌을 때 달걀을 풀어 넣어요.

⑤ 달걀이 풀어지도록 잘 저은 다음 다진 파프리카를 넣고 끓여요.

⑥ 검은깨를 뿌리고 국간장과 천일염으로 간해서 완성해요.

Cooking Point

파프리카는요~

① **고르는 법** 파프리카는 육질이 단단하면서도 수분과 당분이 많아요. 너무 휘거나 울퉁불퉁하지 않고 색상이 선명하고 윤기가 도는 것을 고르세요.

② **냉장고 보관법** 파프리카는 물기가 있으면 상하기 쉬우므로 수분을 제거한 다음 신문지에 싸거나 비닐팩에 담아 냉장 보관하세요.

③ **손질법** 파프리카를 손질할 때는 꼭지 부분을 둥글게 잘라내고 씨가 붙어 있는 안쪽의 흰 살도 모두 긁어내세요.

④ **남은재료 활용법** 요리를 하고 남은 자투리 파프리카는 작게 썰어 밀폐용기에 담아 보관하고 볶음밥을 만들 때 활용하면 좋아요.

영양 성분이 풍부해~
현미 더덕죽

더덕에는 칼슘, 인, 철분 등의 무기질은 물론 식물성 섬유, 단백질, 당질, 비타민이 골고루 들어 있어 건강에 좋아요. 더덕에는 사포닌 성분이 들어 있어 '사삼'이라 부르기도 해요. 더덕은 날로 먹어도 좋지만 더덕을 달인 물을 꾸준히 복용하면 폐와 신장이 튼튼해지고 항암 효과가 있어요. 피를 맑게 해주는 효능 또한 있어 혈액순환에 좋으며 간을 튼튼하게 만들어주어요.

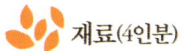
재료(4인분)

현미찹쌀 1컵, 채소 우린 물(또는 물) 6컵, 더덕 4뿌리, 천일염 약간, 잣 약간

> 채소 우린 물은 49쪽을 참고해 미리 준비하세요. 없으면 물을 사용해도 괜찮아요.

1 현미찹쌀은 씻어 물에 불려요.

2 불린 현미찹쌀을 푸드프로세서에 넣어 채소 우린 물 또는 물 1컵을 붓고 갈아요.

3 더덕은 껍질을 벗기고 반으로 갈라 칼등으로 두드린 다음 잘게 썰어요.

4 냄비에 2를 넣고 나머지 채소 우린 물 또는 물 5컵을 붓고 끓여요.

5 한소끔 끓어오르면 더덕을 넣어 중간 불로 20분 정도 끓여요.

6 불을 약하게 줄이고 천일염으로 간하고 잣을 뿌려 완성해요.

Cooking Point

더덕은 뿌리가 희고 굵고 몸 전체가 곧으면서 쭉 뻗은 것이 신선하고, 몸이 짧고 굵은 것은 피하세요. 또 수입산은 대체로 주름이 깊고 울퉁불퉁하다는 것을 기억하세요. 더덕에는 사포닌 성분으로 아린 맛이 강한데 그 맛이 거부감이 들 때는 소금물에 담가 적당히 쓴맛을 빼고 조리하면 좋아요.

건강하게 사는 지름길
현미 미역줄기죽

예부터 출산 후에는 미역국을 끓여 먹어 왔어요. 미역에 출산 후에 빠져나간 철분과 칼슘을 보충해주는 효능이 있기 때문이에요. 미역의 미끈거리는 성분인 알긴산은 혈액 속의 지방질을 청소하고 불순물을 몸 밖으로 배출하게 도와주며 콜레스테롤을 낮춰주는 효과가 있어요. 또한 노화의 적인 활성산소의 생성을 막아줘요. 섬유질이 풍부하게 들어 있어 변비 예방에도 효과가 있답니다.

재료(2인분)

현미밥 1공기, 물 6컵, 다시마(5×5cm) 1장, 미역줄기 3~5줄기, 느타리버섯 5개, 천일염 약간

Cooking Point

미역줄기는 줄기가 가늘고 잎이 넓고 손으로 만졌을 때 부드러운 것으로 고르세요. 잡티가 없고 검푸른 빛이 고르게 나며 두꺼운 것이 좋아요. 미역줄기는 처음부터 소금을 넣어 세게 주물러 씻으면 힘이 들기도 하고 영양 성분도 빠져 나가므로 30분 정도 물에 불렸다가 가볍게 씻으면 좋아요.

1 냄비에 물과 다시마를 넣고 끓기 시작하면 다시마는 건져내요.

2 미역줄기에 소금을 뿌려 씻고 3cm 길이로 잘라 물에 담가요.

3 느타리버섯은 미역줄기와 같은 두께로 길게 찢어요.

4 냄비에 현미밥, 버섯, 미역줄기를 넣고 물을 부은 다음 중간 불로 20분 정도 끓여 완성해요.

시력을 보호해주는
단호박 두유 현미수프

호박의 풍부한 비타민 A는 기름과 조리하면 흡수율이 높아져요. 식물성 단백질의 보고인 두유의 지방 성분과 조화를 이뤄 영양소를 효과적으로 섭취할 수 있을 뿐 아니라 베타카로틴의 흡수가 좋아지는데 이것은 레티놀로 변하면서 눈에 좋은 영양소로 흡수되어 시력을 보호해주지요.

재료(2인분)
단호박 1/8개, 양파 1/2개, 현미밥 3큰술,
채소 우린 물(또는 물) 1컵, 두유 2컵, 올리브오일 적당량,
천일염 약간, 후춧가루 약간

Cooking Point
단호박을 손질할 때는 반을 갈라 씨를 제거한 다음 호박의 골을 따라 잘라요. 호박을 도마에 대고 약간 두껍게 칼로 저미듯이 잘라가며 껍질을 벗기세요. 단호박은 밀도가 높은 식재료로 껍질을 벗기는 데 힘이 들어갈 수 있으니 칼을 조심해서 사용하세요.

※ 채소 우린 물은 49쪽을 참고해 미리 준비하세요. 없으면 물을 사용해도 괜찮아요.

1 단호박은 껍질을 벗기고 씨를 빼고 양파와 함께 잘게 다져요.

2 냄비를 달군 다음 올리브오일을 두르고 양파를 넣어 부드러워질 때까지 볶다가 단호박을 넣어 볶아요.

3 현미밥과 채소 우린 물 또는 물을 넣어 중간 불로 5분 정도 끓이다가 두유를 넣고 약한 불로 줄여 10분 정도 끓여요.

4 냄비에 죽이 눌어붙지 않도록 잘 저어가며 15분 정도 끓이다가 천일염, 후춧가루로 간해서 완성해요.

은은한 향을 즐기며 먹는
양송이 콜리플라워수프

'양식으로 얻은 송이'라는 뜻을 지닌 양송이버섯은 살이 연하고
향이 좋은 식재료예요. 양송이버섯은 갓과 자루의 피막이 터지지 않은 것이 좋으며
단백질과 필수아미노산의 함량이 육류나 다른 채소에 비해 무척 높아요.

재료(2인분)

양송이버섯 5개, 양파 1개, 콜리플라워 1/4개, 현미가루 1/2컵, 아몬드 1/2컵, 캐슈너트 1/2컵, 물 2+1/2컵, 천일염 약간, 파슬리가루 약간

1 양송이버섯, 콜리플라워, 양파는 곱게 다져요.

2 아몬드와 캐슈너트는 블렌더에 물 1컵을 붓고 갈아요.

3 냄비에 양송이버섯, 콜리플라워, 양파를 넣고 천일염으로 간해서 볶다가 물 1+1/2컵을 넣고 끓여요.

4 3이 끓어오르면 2를 넣고 5분 정도 중간 불로 졸인 다음 파슬리가루를 뿌려 완성해요.

Cooking Point

양송이버섯은 이렇게 손질하세요.

물에 씻지 않고 젖은 행주로 닦아도 되지만 각종 먼지 등의 오염 물질이 있을 때에는 물로 가볍게 헹군 다음 마른행주로 닦으세요. 양송이버섯이 오래되어 색이 변한 것은 칼로 갓의 바깥쪽을 얇게 벗겨서 사용하세요.

물 대신 채소 우린 물을 만들어 사용해보세요.

재료 무 1/2개, 양파 2개, 표고버섯 5개, 다시마(10×10cm) 2장, 대두 2큰술, 검은콩 2큰술, 생수 10컵

만드는 법
1. 대두와 검은콩은 씻어서 물에 불려요.
2. 무와 양파는 적당히 썰고 표고버섯과 다시마는 젖은 행주로 먼지 등의 불순물을 닦아내요.
3. 냄비에 생수를 붓고 무, 양파, 표고버섯, 다시마, 콩을 넣어 뭉근하게 2시간 이상 끓여 채소 우린 물을 만들어요.

색도 예쁘고 건강에도 좋은
현미 치자 약밥

치자는 간의 건강에 도움이 된다네요. 또 치자는 몸 안에 있는 열과 혈압을 내려주는 효능이 있는데 특히 심장, 위, 대장, 소장 등 소화기의 열을 내려주며 가슴이 답답한 증상에도 효과가 있다고 해요. 따라서 혈압이 낮거나 몸이 찬 사람은 피하는 것이 좋아요.

재료(4인분)
현미찹쌀 3컵, 물 2~2+1/2컵, 밤 8개, 대추 8개, 잣 1/2컵, 말린 무화과 8개, 치자 3알
약식 소스 흑설탕 2/3컵, 간장 2큰술, 물엿 1큰술, 계핏가루 약간, 참기름 약간

Cooking Point

찹쌀을 불릴 때 설탕물에 담가두면 삼투압 작용으로 훨씬 잘 호화되며, 약식 소스를 먼저 끓여서 설탕 입자가 완전히 녹아야 타지 않아요. 설탕 입자가 제대로 안 녹으면 바닥이 캐러멜화되어 얼룩덜룩해져서 식감이 떨어져요.

추 방식의 압력솥은 추가 소리를 내면 약한 불로 줄여 15분 정도 끓이다가 불을 꺼요. 압력이 내려가면 뚜껑을 열어 완성해요.

1 현미찹쌀은 씻어 물에 담그고 치자 3알을 넣고 4시간 정도 불려요.

2 밤, 대추, 무화과는 손질해서 먹기 좋은 크기로 잘라요.

3 약식 소스 재료를 한데 담아 끓여 소스를 만들고 압력솥에 소스와 준비한 재료를 넣어요.

4 압력솥을 센 불로 가열하다가 압력계기가 올라오면 약한 불로 줄여 10분 정도 끓이다가 불을 꺼요. 압력계기가 내려가면 뚜껑을 열어 완성해요.

맛과 향으로 즐기는
현미 버섯초밥

표고버섯으로 국물을 내면 육류를 쓰지 않아도 감칠맛이 살아나요. 또한 칼륨, 칼슘, 철 등의 무기질과 비타민 C·B_6·B_{12}가 들어 있어 악성 빈혈에도 효능이 있는 새송이버섯으로 풍부한 맛과 향을 즐길 수 있는 요리예요. 맛은 물론 영양까지 챙길 수 있는 메뉴로 가족들의 입맛을 사로잡아보는 것은 어떨까요.

재료(2인분)
현미 1+1/2컵, 흑미 1/2컵, 다시마(5×5cm) 1장, 물 2컵, 표고버섯 3개, 새송이버섯 1개, 고추냉이가루 1작은술
조림 양념 조청 4큰술, 물(또는 채소 우린 물) 3큰술, 간장 1+1/2큰술
초밥 단촛물 꿀 2큰술, 레몬 3/4개

Cooking Point
송이버섯은 제철이 아니면 구하기 힘드므로 작게 포장해서 냉동 보관하면 좋아요. 표고버섯은 말려서 건조한 곳에 보관하면 1년 내내 먹을 수 있는데 마른 표고버섯을 사용할 경우에는 표고버섯 우린 물로 밥을 지으면 좋아요.

1 현미와 흑미는 깨끗이 씻어서 압력솥에 넣고 물과 다시마 1장을 넣어 밥을 지어요.

2 표고버섯은 기둥을 떼고 0.5cm 두께로 어슷하게 썰고 새송이버섯은 나박 썰기를 해서 냄비에 **조림 양념 재료**와 버섯을 넣고 윤기 나게 조려요.

3 1의 밥이 뜨거울 때 **초밥 단촛물**을 뿌려 섞은 다음 식혀서 동그랗게 빚어요.

4 고추냉이가루에 물을 약간 넣고 개어 고추냉이를 만들어 식힌 밥 위에 살짝 바르고 조린 버섯을 올려 완성해요.

초밥 위에 다양한 스시를 올려 먹는
현미 치라시 스시

식은 현미밥에 이런저런 자투리 채소만 있으면 손쉽게 만들 수 있는 요리예요.
중요한 것은 두부 스크램블, 마크로 데리야키소스, 단촛물을 간단하면서도 손쉽게
만드는 것이지요. 두부 스크램블은 두부 마요네즈를 만드는 법과 비슷하며,
단단하거나 또는 부드럽게 만들 수 있어 각자 기호에 따라 뿌려 먹기도 하고
비벼 먹을 수도 있어요.

재료(3인분)

현미밥 3공기, 다진 표고버섯 2큰술, 다진 당근 3큰술, 다진 연근 3큰술, 다진 죽순 3큰술,
다시마 우린 물 1컵, 마크로 데리야키소스 2큰술, 깨소금 1큰술
두부 스크램블 두부 1/4모, 현미식초 1큰술, 올리브오일 1큰술, 조청 1작은술, 소금 약간, 후춧가루 약간
마크로 데리야키소스 조청 2/3컵, 청주 2/3컵, 맛술 1/2컵, 간장 1/2컵, 메이플시럽 2큰술
단촛물 현미식초 2/3컵, 메이플시럽 2큰술, 천일염 1작은술

단촛물 재료를 섞어 미리 단촛물을 만들어두세요.

마크로 데리야키 소스 재료를 섞어 미리 소스를 만드세요.

1 나무 볼에 식은 현미밥을 담고 **단촛물**을 부어가며 주걱으로 뭉치지 않게 고루 섞어요.

2 다시마 우린 물에 **마크로 데리야키소스**를 넣어 끓어오르면 마른 표고버섯을 물에 불려 다진 것, 다진 연근, 다진 당근, 다진 죽순을 넣어 부드러워질 때까지 조린 다음 건더기는 건져내요.

3 1의 스시용 현미밥에 2를 잘 섞어 그릇에 담아요.

4 **두부 스크램블 재료**를 고루 섞어 팬에 익힌 다음 3 위에 올려 완성해요.

Cooking Point

표고버섯이나 연근, 당근, 죽순이 없으면 냉장고에 있는 제철 채소면 뭐든지 좋아요. 채소가 모자랄 경우 옥수수나 다진 토마토, 슬라이스한 마늘을 튀겨서 올려보세요. 시중에 판매하는 소스 특히 데리야키소스나 굴소스, 스테이크소스, 토마토케첩 등은 MSG 등의 식품첨가물이 들어 있으므로 집에 있는 간단한 재료를 이용해 조금이라도 건강한 식생활을 하는 것이 중요해요. 특히 마음먹고 현미밥을 먹기로 결정한 분이라면 식품첨가물부터 멀리하세요.

코피 많이 흘리는 아이에게 좋은
현미 연근초밥

저는 어릴 때 유독 코피를 자주 흘렸는데,
어머니께서 할머니로부터 전수 받으셨다며
여러 가지 연근 요리를 많이 해주셨어요. 영양학적으로는
연근의 철분과 타닌 성분이 소염 작용을 하여 코의 점막 조직의
염증을 가라앉히고 코의 점막을 튼튼하게 보호해준대요.
하지만 한의학적으로는 열이 많거나 만성 설사증이 있는 사람은
먹지 않는 것이 좋다고 하니 주의하세요.

재료(2인분)
현미 1+1/3컵, 흑미 1/3컵, 물 4컵, 천일염 약간, 연근 1/4개, 쪽파 5뿌리, 현미식초 2큰술
초밥 단촛물 물 3큰술, 식초 2+1/2큰술, 조청 3큰술, 천일염 1작은술

1. 현미와 흑미는 씻어서 물 2컵과 천일염을 약간 넣어 밥을 지어요.

2. 연근은 얇게 저미고 쪽파는 살짝 데쳐요.

3. 냄비에 물 2컵, 현미식초 2큰술, 천일염 약간을 넣고 끓여서 뜨거울 때 연근을 넣어 조려요.

4. 흑미밥이 뜨거울 때 **초밥 단촛물**을 뿌려 고루 섞고 한입 크기로 둥글게 빚어요. 3에서 조린 연근을 올리고 쪽파로 둘둘 말아 완성해요.

Cooking Point
현미에 검은색 물이 드는 것이 싫을 때에는 흑미의 양을 조금 줄여서 밥을 하세요. 연근의 껍질은 칼이나 필러를 이용해 길게 벗겨내고 구멍 속의 이물질은 젓가락을 이용해 파낸 다음 흐르는 물에 씻어요. 연근은 얇게 슬라이스하면 단면이 예쁘기 때문에 초밥을 싸는 재료로 잘 어울려요.

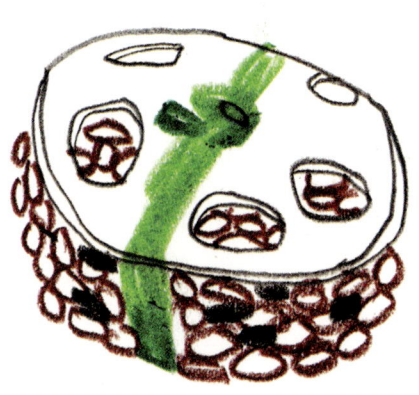

현미 리소토

입안에서 살살 녹는 부드러움

제게 셀러리는 가깝고도 먼 채소예요. 너무나 익숙하지만,
막상 셀러리를 마주하면 어떻게 먹을까 하는 고민부터 하거든요.
셀러리는 초여름부터 가을까지가 맛있고 잎에 광택이 있고
줄기는 두껍고 심줄이 뚜렷이 박혀 있는 것이 좋아요.
특유의 향과 아삭아삭하게 씹히는 맛을 살려
요리해야 하는 채소로 뇌신경 강화에 효과가 있고
혈액을 깨끗하게 만들어 순환하게 해주고,
이뇨 작용, 강장 작용 등을 한다니 자주 드셔야겠어요.

재료(2인분)

현미밥 2공기, 잎이 달린 셀러리 1대, 양파 1개, 마늘 1/2쪽, 올리브오일 1큰술, 다시마 우린 물 3+1/2컵, 잣 약간, 간장 1큰술, 천일염 약간, 후춧가루 약간

① 셀러리는 잎은 떼어 장식용으로 1~2장 남기고 줄기까지 잘게 다져요. 양파, 마늘도 잘게 다져요.

② 팬에 올리브오일을 두르고 마늘을 볶다가 향이 나면 중간 불로 줄여 양파, 셀러리를 볶아요.

③ 2에 다시마 우린 물, 소금, 후춧가루, 간장을 넣어 10분 정도 끓여 베이스를 만들어요.

> 다시마 우린 물은 49쪽을 참고해 미리 만들어두세요. 없으면 물을 넣어도 됩니다.

④ 3에 현미밥을 넣고 저어가며 죽처럼 끓여 소금, 후춧가루로 간하고 잣을 다져서 넣고 셀러리 잎으로 장식해서 완성해요.

Cooking Point

많은 양의 현미밥을 지었을 때는
1~2인분씩 소포장해서 냉동 보관했다가 꺼내서 바로 만들 수 있어 간편해요. 현미밥 대신 잡곡밥, 콩밥 등으로 만들어도 좋아요.

현미 리소토를 만들기 위해 현미밥을 따로 할 필요는 없어요~
현미로 바로 리소토를 만들 때에는 냄비에 올리브오일을 두르고 불린 현미의 물기를 완전히 빼서 넣고 중간 불에서 쌀이 튀겨지거나 타지 않도록 주의하면서 볶으세요. 채소를 넣고 볶다가 다시마 우린 물을 넉넉하게 붓되, 너무 많이 붓지 말고 쌀이 잠길 정도로 몇 번 더 부어 중간 불에서 잘 저으면서 끓이세요.

술술 넘어가는
현미 버섯 리소토

만가닥버섯은 견과류처럼 고소한 풍미가 있고 육질이 치밀해 볶음이나 튀김, 전골 요리에 잘 어울려요. 비릿한 향으로 생으로는 잘 먹지 않으며 익히면 느타리버섯보다 질감이 쫄깃하고 씹을수록 고소한 맛이 나요.

재료(2인분)

현미밥 2공기, 만가닥버섯 1컵, 양송이버섯 1컵, 마늘 1쪽, 양파 1/2개, 올리브오일 1큰술, 다시마 우린 물 2컵, 루콜라 잎 적당량, 천일염 약간, 후춧가루 약간, 간장 약간

최쌤의 건강한 귀띔

팬을 달구어 올리브오일을 두르고 마늘과 양파가 타지 않고 연한 갈색이 나도록 주의하면서 충분히 볶아주세요. 팬의 온도가 너무 낮으면 볶기도 전에 버섯에서 물이 나오므로 팬을 달구어 볶는 것이 중요해요. 요리가 끝나면 루콜라 등 녹색의 향이 있는 향신채를 올리면 맛이 더욱 특별해져요.

1 마늘과 양파는 손질해서 잘게 다져요.

2 양송이버섯은 슬라이스하고, 만가닥버섯은 손으로 먹기 좋게 뜯어요.

3 팬에 올리브오일을 두르고 마늘과 양파를 볶다가 천일염으로 간한 다음 버섯을 넣어 볶아요.

4 3에 현미밥과 다시마 우린 물을 붓고 10분 정도 조린 다음 걸쭉해지면 후춧가루를 뿌리고 천일염과 간장으로 간을 맞춰요. 루콜라 잎을 올리고 올리브오일을 뿌려 완성해요.

냉장고 속 자투리 채소로 만드는
채소 두부덮밥

집에 자투리로 남은 채소를 사용하면 되는 절약형 요리예요. 필요한 채소 중 하나라도 있으면 만들 수 있어요. 냉장고에 있는 이런저런 채소를 채 썰어 조리하면 오케이!

재료(2인분)

두부 1/4모, 현미밥 1공기, 콩나물 1/4컵, 양파채 1/4컵, 감자채 1/4컵, 미나리 1/4컵, 고사리 1/4컵, 당근채 1/4컵, 도라지 1/4컵, 표고버섯채 1/4컵, 유부 3장, 카놀라오일 1큰술, 물 1/4컵, 간장 2큰술, 천일염 약간, 후춧가루 약간, 김가루 약간

최쌤의 건강한 귀띔

볶음 요리를 하거나 채소를 볶을 때는 팬을 미리 달구어 채소의 수분이 밖으로 빠지는 것을 막아주세요. 볶음 요리에는 발연점이 높은 카놀라오일이나 포도씨오일을, 무침이나 샐러드 드레싱에는 엑스트라 버진 올리브오일이나 참기름을 사용하면 좋은데 덮밥이나 볶음밥에 고소한 맛을 살리고 싶을 때는 요리가 완성된 후에 불을 끄고 엑스트라 버진 올리브오일이나 참기름을 넣으세요.

① 두부는 마른행주에 올려 물기를 빼서 손으로 으깨고, 유부는 채 썰어요.

② 불에 달군 팬에 카놀라오일을 두르고 준비한 채소를 모두 넣고 천일염으로 간해서 볶아요.

③ 유부와 물, 간장을 넣고 후춧가루를 뿌려 조려요.

④ 현미밥을 넣고 볶은 다음 김가루를 뿌려 완성해요.

오독오독 씹히는 맛
무말랭이 현미 버섯밥

무는 가을, 겨울 무가 맛있어요. 이 시기가 지나면 맛이 싱거워지고 바람이 드는 경우가 많아요. 무청이 달린 부분에 푸른 부분이 많을수록 단맛이 강해요. 무는 소화 흡수를 촉진하고 식물성 섬유도 풍부해서 장의 노폐물을 청소해주는 고마운 식재료예요. 무에는 비타민 C가 많이 들어 있는데 특히 껍질에 두 배나 많이 들어 있어 가능하면 잘 씻어서 껍질을 벗기지 않고 사용하는 것이 좋아요.

 **재료(3인분)**

현미밥 3공기, 무말랭이 1/4컵, 느타리버섯 1/2컵, 팽이버섯 1컵, 당근 1/4개,
유부 1장, 참나물 약간, 간장 2큰술, 천일염 1/2작은술

1. 무말랭이는 물에 불리고 참나물은 3cm 길이로 자르고, 느타리버섯은 손을 잘게 찢어 3cm 길이로 잘라요.

2. 당근은 껍질을 벗기고 가늘게 채 썰어요.

3. 유부는 끓는 물에 살짝 데쳐 기름기를 뺀 다음 물기를 짜서 반으로 갈라 채 썰어요.

4. 불에 달군 팬에 참나물을 제외한 모든 재료를 넣고 국물이 바특해질 때까지 볶은 다음 참나물을 얹어 완성해요.

Cooking Point

무말랭이는 주로 김장철에 김장을 담그면서 함께 말리곤 해요.
이는 겨울 무가 맛있기 때문인데 초겨울 이후에 말리면 얼어버리는 경우가 있으니 주의하세요.
무말랭이는 무를 손가락 마디 크기로 잘라서 서늘한 그늘에 말리면 좋아요.
볕에 말릴 때는 12시간에서 24시간 정도, 서늘한 그늘에서 말릴 때는 20일 정도 소요돼요.
무말랭이로 무침을 할 경우에는 한 번 씻어서 따뜻한 소금물에 10분 정도 담갔다가 물기를 꼭
짜서 무치고 밥에 넣을 때는 씻어서 따뜻한 물에 1시간 정도 불린 다음 넣고
불린 물을 버리지 말고 밥을 할 때 넣어주세요.

여름의 풋풋한 향기
현미 열무 두부밥

열무비빔밥을 너무 좋아하는 제가 고민 끝에 생각해낸 메뉴예요. 열무는 섬유질이 풍부한 알칼리성 식품으로 비타민 A와 C가 풍부해요. 열무 잎은 긴 것보다는 짧으면서 뿌리의 무 부분이 얇은 것이 좋고, 잎은 통통한 것을 골라야 빨리 무르지 않아요. 열무는 신문지나 키친타월로 싸서 냉장 보관하세요.

재료(2인분)
현미밥 2공기, 열무 40g, 두부 1/4모, 생강 10g, 참기름 1큰술, 국간장 1큰술, 볶은 검은깨 약간, 천일염 약간

Cooking Point
두부의 물기를 잘 빼지 않으면 팬에 볶을 때 부서지지 않고 으깨지므로 물기를 빼서 고슬고슬하게 볶으세요. 열무를 끓는 물에 데칠 때는 소금을 약간 넣고 최소한의 수분으로 재빨리 데쳐야 열무 특유의 쌉싸래하면서 고소한 맛이 빠지지 않아요.

1 두부는 마른행주에 올려 물기를 빼서 손으로 으깨요.

2 열무는 끓는 물에 소금을 넣어 데친 다음 물에 헹구지 말고 체에 밭쳐 그대로 식혀요. 열무를 1cm 길이로 자르고, 생강은 가늘게 채 썰어요.

3 불에 달군 팬에 참기름을 두르고 두부를 볶은 다음 천일염으로 간해요.

4 3에 열무, 생강을 넣어 볶다가 국간장으로 간한 다음 현미밥을 볶다가 검은깨를 뿌려 완성해요.

시골 처녀의 변신
현미 우엉덮밥

우엉, 당근, 생강을 같은 크기로 썰어 반찬처럼 간을 해서 볶은 다음 현미밥에 올리는 요리인데 우엉과 당근은 잘 씻어서 껍질째 조리해야 영양이 가득하지요. 우엉의 껍질에는 피부에 좋은 성분이 듬뿍 들어 있는데 아토피로 고생하는 이들에게 추천할 만한 요리랍니다.

재료(2인분)
현미 2컵, 물 3컵, 우엉 1/2개, 당근 1/4개, 부추 40g, 참기름 1큰술, 물 3큰술, 간장 3큰술, 생강 1~2톨, 김밥용 김 적당량

Cooking Point

단순히 채소를 간하여 볶은 다음 현미밥에 올리는 것이 아니라 달달한 냄새가 날 때까지 볶아 물을 붓고 졸이는 것이 중요해요. 생강의 독특한 향이 싫은 사람은 우엉과 당근을 볶을 때 먼저 넣어서 졸이세요.

1 현미를 씻어 물에 담가 불린 다음 현미밥을 지어요.

2 우엉과 당근은 연필을 깎듯 가늘게 썰고, 부추는 3cm 길이로 자르고, 생강은 다져요.

3 불에 달군 팬에 참기름을 두르고 우엉과 당근을 볶다가 물 3큰술을 넣어 물기가 없어질 때까지 조려요.

4 간장을 넣어 간을 맞추고 부추와 생강을 넣어 볶다가 현미밥 위에 적당히 자른 김과 함께 올려 완성해요.

천연조미료 작전
현미 마파돕

마파두부는 중국 사천 지방의 칼칼하고 매콤한 소스에 담백한 두부를 넣어 만드는 요리예요. 마파두부를 만들 때 굴소스, 비프 스톡, 치킨 스톡 등의 조미료를 자연스럽게 넣게 되는데, 그런 맛에 익숙해지면 천연 재료 본연의 맛을 살리는 요리에 맛을 느낄 수 없게 돼요. 천연조미료는 물론 천연 육수에 된장, 간장 등을 이용해서 요리한다면 마파두부 또한 더욱 건강하고 맛있는 요리로 거듭나겠지요.

재료(2인분)

현미밥 2공기, 단단한 두부 1모, 다진 양파 3큰술, 다진 파 2큰술, 다진 생강 1작은술,
다진 표고버섯 4큰술, 다시마 우린 물 1컵, 보리된장 3큰술, 콩된장 2작은술, 칡가루 1큰술,
다진 홍고추 1개분, 참기름 1큰술, 간장 1작은술, 천일염 약간, 고추기름 약간

1 두부는 사방 1cm 크기로 깍둑썰고, 체에 밭쳐 물기를 제거해요.

2 불에 달군 팬에 참기름을 두르고 생강, 홍고추, 양파, 표고버섯을 중간 불로 볶다가 보리된장과 콩된장, 고추기름을 넣어 볶아요.

3 다시마 우린 물과 간장을 넣어 약한 불에서 졸이다가 두부를 넣고 천일염으로 간해요.

4 칡가루를 동량의 물에 풀어 붓고 걸쭉하게 만들어서 파를 넣고 참기름을 두른 다음 불을 끄고 완성해요.

Cooking Point

보리된장이 없으면 동량의 콩된장을 사용하고, 칡가루가 없으면
감자나 고구마 전분을 사용해도 좋아요. 칡가루를 사용하면 음식 맛이 깔끔해지는 장점이 있고
감자나 고구마 전분을 사용하면 국물이 조금 더 걸쭉해지고 고소한 맛을 살릴 수 있어요.

엄마의 냄새가 나는 요리

현미 병아리콩 라타투이

라타투이(Ratatouille)는 프랑스 니스에서 유래한 프로방스풍의 채소 스튜로 주로 사이드디시나 빵, 크래커에 올려 애피타이저로 먹기도 해요. '래미'라는 요리사 쥐가 나오는 '라따뚜이'라는 영화에서는 어머니가 만들어주는 소박한 음식이라고 표현하죠. 저도 어린 시절에는 채소를 입에 대지도 않았는데, 열을 가하면 맛이 달짝지근해지는 채소를 다져서 볶아 달콤한 소스를 만들어 밥에 섞어주셨던 추억의 요리예요.

재료(2인분)
현미 1/2컵, 병아리콩 1/2컵, 물 1컵, 애호박 1/8개, 단호박 1/8개, 가지 1/2개, 방울토마토 5개, 노랑 파프리카 1/2개, 표고버섯 1개, 양상추 2장, 마늘 1쪽
라타투이 소스 올리브오일 3큰술, 간장 2큰술, 발사믹식초 1큰술, 천일염 약간, 후춧가루 약간

추 방식의 압력솥은 추가 소리를 내면 약한 불로 줄여 25분 정도 끓이다가 불을 꺼요. 압력이 내려가면 뚜껑을 열어 완성해요.

1 현미와 병아리콩은 씻어서 압력솥에 넣어 물을 붓고 천일염을 약간 뿌려 간해요.

2 압력솥을 센 불로 가열하다가 압력계기가 올라오면 약한 불로 줄여 20분 정도 끓이다가 불을 꺼요. 압력계기가 내려가면 뚜껑을 열어요.

3 가지는 사방 0.5cm로 크기로 썰고, 애호박, 단호박, 파프리카, 표고버섯, 양상추는 가지와 같은 크기로 자르고 방울토마토는 반 자르고 마늘은 슬라이스해요.

4 불에 달군 팬에 올리브오일을 두르고 양상추를 제외한 3의 재료를 모두 넣어 볶다가 **라타투이 소스**와 양상추를 넣고 고루 버무려 완성해요.

Cooking Point
채소의 단맛이 부족하면 소스에 조청이나 메이플시럽, 꿀을 넣으세요. 간장을 줄이고 발사믹식초를 늘리면 채소 드레싱으로도 사용할 수 있는데, 특별한 맛을 원한다면 발사믹식초를 소스팬에 넣어 졸여서 사용하세요. 발사믹식초 1컵 기준으로 조청 1큰술을 넣어 중간 불에서 1/2컵이 되도록 졸여요. 이렇게 만든 발사믹 소스는 샐러드 드레싱, 스테이크 소스, 아이스크림의 시럽으로 사용해도 되고, 간장을 약간 섞어 전이나 튀김을 찍어 먹는 소스로 이용할 수도 있으며 두부나 플레인 요구르트를 곁들여 먹어도 좋아요.

입안의 향긋한 봄내음
현미 새싹채소 김치김밥

건강한 식생활의 1단계! 백미밥을 현미밥으로 바꾸는 것이지요. 평소 식생활에서 현미밥을 활용하는 방법을 찾아보세요. 김밥을 쌀 때 현미밥을 사용하는 것도 추천합니다. 저 역시 현미밥이 저의 생활이 되기까지는 이런 고민의 시간을 보냈답니다.

재료(2인분)
현미밥 1+1/2공기, 김 2장, 새싹채소 1/2컵, 잘게 썬 배추김치 1컵, 두부 1/4모, 포도씨오일 1큰술, 간장 1큰술, 조미술 2큰술, 천일염 약간, 통깨 약간

Cooking Point
배추김치는 맛있게 익은 것으로 준비하는데 너무 신 김치는 물에 담갔다가 물기를 꼭 짜서 양념하세요. 김치의 깊은 맛을 위해서는 팬을 달구어 식물성 오일을 두르고 볶으세요. 두부가 없을 때는 달걀에 천일염으로 간해서 부쳐 넣어도 돼요. 김밥을 싸는 현미밥은 너무 질면 김밥이 뭉개질 수 있으니 주의하세요.

1 잘게 썬 배추김치의 국물을 짜고 참기름과 통깨를 뿌려 고루 버무려요.

2 두부는 물기를 빼서 막대 모양으로 채 썰어 팬에 포도씨오일을 두르고 굽다가 간장과 조미술을 넣어 졸여요.

3 뜨거운 현미밥에 천일염과 통깨를 뿌려 간하고 김 위에 고르게 펴요.

4 3 위에 1과 2를 올린 다음 새싹채소를 얹어 돌돌 말아 완성해요.

쫄깃한 식감으로 즐기는
현미유바 채소김밥

우리에게 조금은 낯선 두부 껍질인 유바는 콩물을 80℃ 정도로 끓여 생긴 얇은 막을 말리거나 가공한 거예요. 일본 사찰에서는 유바를 차와 함께 다과로 내지만 우리는 양념한 밥을 싸거나 간해서 밥반찬으로 이용하는 정도예요. 콩의 모든 영양 성분이 들어 있고 면역력 향상에도 도움을 주는 사포닌이 콩의 가공식품 중에는 유바에 가장 많이 들어 있어요.

재료(2인분)
현미밥 1+1/2공기, 김 2장, 유바 2장, 샐러드 채소 6~8장, 보리된장 2큰술, 천일염 약간, 검은깨 약간

Cooking Point
보리된장은 집된장에 비해 짠맛보다는 구수하고 새콤달콤한 약간 들큰한 맛이 나는 것이 특징이에요. 보리된장이 없다면 유바를 손질해서 간장 1큰술, 청주 1작은술, 현미식초 1작은술, 조청 1작은술을 한데 섞어 양념해서 사용하고 집된장의 양은 반으로 줄이세요.

1 유바는 물에 불려 길게 잘라요.

2 샐러드 채소는 잘 씻어 물기를 제거해요.

3 뜨거운 현미밥에 천일염으로 간하고 김 위에 고르게 펴요.

4 3 위에 유바, 샐러드 채소를 올리고, 보리된장을 얹고 검은깨를 뿌려 둘둘 말아 완성해요.

쌉싸래하지만 은근한 맛이 느껴지는

쑥갓 현미 두부 볶음밥

쑥갓은 위를 따뜻하게 하고 장을 튼튼하게 하는 채소예요. 맛이 매우면서도 달아 음식의 향을 살리거나 보조적인 식품으로 사랑받아 왔어요. 쑥갓은 특히 비타민이 풍부한 알칼리성 식품으로 아스파라긴산, 알라닌, 글루타민, 바린, 페닐알라닌 등 우리 건강을 책임지는 영양 성분이 가득하지요.

재료(2인분)
현미밥 2공기, 두부 2/3모, 쑥갓 2줄기, 들기름 1큰술, 천일염 1작은술, 통깨 1큰술

Cooking Point
쑥갓을 데칠 때는 끓는 물에 소금을 넣고 조직이 단단한 줄기부터 먼저 넣고 잎을 나중에 넣어야 고르게 데칠 수 있어요. 뚜껑을 열고 데치는 것이 좋으며 데친 후에는 곧바로 찬물에 헹궈 물기를 짜세요. 그렇지 않으면 수분으로 인해 음식이 질척해지고 간이 덜 배어 맛이 싱거워요.

1 쑥갓은 끓는 물에 소금을 넣고 살짝 데쳐 물기를 짜고 송송 썰어요.

2 불에 달군 팬에 두부와 약간의 천일염을 넣고 나무주걱으로 부수어 저으면서 보슬보슬해질 때까지 볶아요.

3 잘게 썬 쑥갓을 넣고 천일염으로 간을 맞춰요.

4 현미밥, 들기름, 통깨를 넣고 주걱으로 뭉개지지 않도록 잘 볶아 완성해요.

우리는 나들이 갈 때도 건강식을 챙겨 간다!
현미 주먹밥구이

집에서는 그나마 건강한 식생활이 가능하지만 소풍이나 나들이를 갈 때는 난감할 때가 한두 번이 아니에요. 주섬주섬 잔뜩 먹을 것을 싸서 가기도 그렇잖아요. 그런 날을 위해 준비한 메뉴랍니다. 누구나 좋아하는 삼각김밥이 오늘의 주인공이에요.

재료(2인분)
현미밥 2공기, 단호박 1/2개, 참기름 1큰술, 검은깨 1큰술, 천일염 약간
주먹밥 소스 간장 3큰술, 설탕 2큰술, 꿀 1큰술

Cooking Point
볶음밥이나 덮밥과 달리 삼각주먹밥은 따뜻한 밥으로 만들어야 모양이 잘 잡혀요. 손을 물에 살짝 적신 후 만들면 밥이 붙지 않고 간편하게 만들 수 있어요. 좀 더 고소한 맛을 원할 때는 오븐 대신 팬에 식물성 오일을 두르고 구우세요.

1 소스팬에 **주먹밥 소스 재료**를 넣어 끓여서 식혀요.

2 단호박은 씨를 제거하고 찜기에서 찐 다음 껍질째 으깨세요.

3 볼에 2와 현미밥을 담고 참기름, 검은깨를 뿌리고 천일염으로 간해서 고루 섞어요.

4 3의 밥을 삼각 모양으로 만들어 팬에 넣고 1의 소스를 뿌려가며 노릇하게 구워 완성해요.

좋은 사람들과의 특별한 날엔
현미 두부덮밥

이 메뉴는 아는 분들과 조촐하지만 건강에 좋은 음식을 차리고 싶을 때 준비한 음식이에요. 손님을 초대하게 되면 왠지 한 상 떡 벌어지게 차려야 할 것 같지만 그다지 많이 준비하지 않았는데도 고급스럽고 먹음직스러운 상차림이 만들어져요. 켜켜이 쌓는 것이 부담스럽다면 한꺼번에 볶아서 틀로 만들어도 괜찮아요.

재료(2인분)

현미밥 1+1/2공기, 부드러운 두부 1/3모, 단단한 두부 1/3모, 옥수수(통조림) 3큰술, 호두 2큰술, 대파(파란 부분) 1/2대, 양파 1/4개, 생강 1/2톨, 마늘 2쪽, 간장 2+1/2큰술, 참기름 약간, 천일염 약간, 김밥용 김 1/4장

1 부드러운 두부와 단단한 두부는 마른행주에 올려 물기를 제거해요.

2 불에 달군 팬에 1을 넣고 천일염으로 간하고 보슬보슬하게 볶아요.

3 마늘, 대파, 양파, 생강, 옥수수, 호두는 각각 다져서 볶아요.

4 불에 달군 팬에 참기름을 두르고 두부를 볶다가 간장으로 간을 맞춘 다음 옥수수를 넣어 물기가 없도록 졸여요.

5 동그란 틀에 현미밥과 볶은 호두에 천일염으로 간해서 반만 바닥에 깐 다음 4의 두부를 올려 단단히 고정시켜요.

6 5에 볶은 옥수수, 마늘, 대파, 양파, 생강을 올리고, 현미밥의 나머지 반을 올린 다음 접시에 뒤집어서 채 썬 김을 얹어 완성해요.

Cooking Point

두부를 한 가지만 선택해야 한다면 단단한 두부보다는 부드러운 두부 1/2모로 만드세요. 고소한 맛을 좋아하면 호두 2큰술 말고도 아몬드나 해바라기씨, 호박씨와 같은 견과류의 양을 배로 늘려 노릇하게 볶아서 잘 다져서 넣으세요. 육류를 좋아하면 다진 쇠고기 1/2컵에 간장 1큰술, 다진 마늘 1/2작은술, 청주 1작은술, 후춧가루, 참기름으로 양념한 후 볶아서 중간에 한 켜로 넣으세요.

여성 건강의 대표선수 두부의 태평천하
두부 화이트소스 현미도리아

집에 찬밥이 남아돌 때는 정말 난감해요. 이 요리는 식은 현미밥으로 우아하게 즐길 수 있는 저만의 히든카드랍니다. 도리아에 들어가는 버터나 밀가루, 생크림, 스톡 같은 조미료를 사용하지 않아 맛이 정말 깔끔해요. 부드러우면서도 담백한 맛으로 어른들의 입맛에도 잘 맞지만 맛이 너무 밋밋하다고 하는 젊은이들을 위해서는 좀 더 진하게 만들어도 좋아요.

 **재료**
현미밥 1공기, 마늘 2쪽, 양파 1/6개, 당근 1/8개, 셀러리 1/4대, 연근 1/8개,
토마토케첩 2큰술, 포도씨오일 1작은술, 천일염 약간, 현미튀밥 약간, 파슬리 약간
화이트소스 두부 1/2모, 포도씨오일 1큰술, 조청 1큰술, 천일염 1/2작은술,
찹쌀가루 2큰술, 물 6큰술, 레몬즙 1/2작은술

① 마늘, 양파, 당근, 셀러리, 연근은 손질해서 각각 잘게 다져요.

② 달군 팬에 포도씨오일을 두르고 다진 양파, 당근, 셀러리, 연근을 넣어 볶다가 천일염으로 간해요.

③ 2에 현미밥을 넣어 고슬고슬하게 볶아요.

④ 비닐팩에 두부, 포도씨오일, 조청, 천일염을 넣고 손으로 주물러서 으깨요.

⑤ 소스팬에 물과 찹쌀가루를 넣어 끓이다가 걸쭉해지면 레몬즙과 4를 넣어 두부 화이트소스를 만들어요.

⑥ 내열용기에 3의 현미볶음밥을 담고 두부 화이트소스를 올린 다음 현미튀밥을 다져서 뿌려요. 180℃의 오븐에서 5~10분간 겉면이 노릇해지도록 구워 완성해요.

Cooking Point

두부 없이 두유로 화이트소스를 만들고 싶으면 양파 1/2개를 다져서 오일 1큰술을 두르고 팬에 노릇하게 볶다가 현미가루 1/4컵, 천일염 1/2작은술과 두유를 넣어 끓이다가 약한 불로 졸이세요. 단단한 두부로 만들 때는 담백한 맛이 살아나고 두유와 현미가루를 사용해서 만들면 부드러운 맛으로 즐길 수 있어요.

현미밥 요리 121

<small>현미로 속을 꽉 채운</small>

된장 표고버섯 현미밥

현미밥과 표고버섯만 있으면 간단하게 만들 수 있는 요리예요. 그런데 맛만큼은 온갖 진귀한 재료를 섞은 것보다 훌륭해서 입맛을 확 끌어당겨요. 표고버섯은 균열이 많고 갓이 둥글게 모여 있는 것이 좋아요. 표고버섯은 말려서 음식에 사용하는 게 영양 성분이 훨씬 더 풍부해집니다.

재료(2인분)
현미밥 2공기, 표고버섯 10개, 된장 3큰술, 조청 1큰술, 생강 5g, 쪽파 5g, 참기름 1작은술

Cooking Point
손으로 집어 먹을 수 있어 간단한 피크닉 도시락으로 활용하면 좋아요. 오븐을 사용하지 않고 팬에 구울 때는 팬을 달구어 표고버섯을 앞뒤로 노릇하게 색이 나도록 눌러가면서 지지세요. 현미밥은 양념장의 2/3를 넣어 볶아서 구운 표고버섯 안에 채워 넣고 나머지 양념장을 올리세요.

1 표고버섯은 손질해서 기둥을 떼어 잘게 찢어서 다져요.

2 생강과 쪽파도 손질해서 잘게 다져요.

3 된장, 조청, 참기름, 표고버섯 기둥 다진 것, 다진 생강, 다진 쪽파를 한데 섞어 양념장을 만들어요.

4 버섯의 갓 안쪽에 현미밥을 채우고 3의 양념장을 바른 다음 180℃의 오븐에서 5~10분간 표면이 노릇해질 때까지 구워 완성해요.

바다의 월척, 도미의 향이 그대로~
현미 도미밥

일 년 사계절을 보내다 보면 그 시기만 되면 생각나는 음식이 있어요. 추운 겨울에 먹어야 그 맛과 영양이 배가되는 도미를 이용한 요리도 그래요. 도미를 통째 넣고 밥을 지은 후 가시를 발라내고 살을 밥에 섞어 먹는 요리예요. 겨울철 차가운 바다에서 건진 싱싱한 도미로 만들어야 도미의 향과 맛이 현미밥에 퍼져요. 간장양념장을 만들어 슥슥 비벼 먹으면 아이들도 좋아해요.

재료(2인분)
현미 2컵, 도미 1마리(250g), 다시마 우린 물 2+1/2컵, 정종 3큰술, 천일염 1/3작은술, 생강 50g

Cooking Point
이 음식은 도미를 잘 손질해서 넣는 게 중요해요. 도미를 따로 굽거나 찌는 요리가 아니라 밥을 할 때 함께 넣어야 하므로 잘 손질하지 않으면 생선 특유의 비릿한 맛이 밥에 밸 수 있어요. 도미는 비늘을 제거하고 소금물로 씻어야 살이 물러지지 않고 비릿한 냄새도 제거할 수 있어요.

1 도미는 비늘을 벗기고 아가미와 내장을 제거하고 소금을 뿌려 3시간 이상 절인 다음 소금물로 가볍게 씻어요.

2 압력솥에 불린 현미, 다시마 우린 물, 정종을 넣고 천일염으로 간한 다음 도미를 올리고 센 불로 가열해요.

3 압력계기가 올라오면 약한 불로 줄여 20분 정도 더 끓이다가 불을 꺼요. 압력계기가 내려가면 뚜껑을 열어 완성해요.

추 방식의 압력솥은 추가 소리를 내면 약한 불로 줄여 25분 정도 끓이다가 불을 꺼요. 압력이 내려가면 뚜껑을 열어 완성해요.

4 압력솥 뚜껑을 열어 도미의 가시를 발라낸 다음 살을 밥에 잘 섞어 그릇에 담고, 생강을 채 썰어 올려 완성해요.

쓱쓱싹싹 맛있게 비벼볼까요?
현미 비빔밥

처음 현미식을 시작할 때는 백미와 현미를 섞어서 밥을 하죠.
그런데 서서히 현미밥의 매력에 푹 빠져서 100% 현미밥에 도전할 때
추천하는 메뉴예요. 비빔밥 위에 올리는 고명들과 현미밥이
조화롭게 어우러져 훌륭한 맛을 내는데, 약고추장까지 합세하면
그 맛은 소박하지만 한국적인 정서가 담뿍 담긴 특별한 맛을 즐길 수 있어요.
이렇게 현미밥과 친해진다면 건강은 아무 걱정 없겠죠.

 **재료**(2인분)

현미밥 2공기, 참나물 4줄기, 데친 고사리 1/2컵, 데친 콩나물 2컵, 애호박 1/4개, 당근 1/4개, 상추 10장, 참기름 2큰술
약고추장 다진 표고버섯 3큰술, 고추장 3큰술, 다진 마늘 1큰술, 다진 양파 1큰술, 물엿 1큰술, 참기름 1큰술, 멸치가루 약간, 새우가루 약간

1 데친 고사리와 참나물은 5cm 길이로 자르고, 애호박과 당근은 채 썰고, 상추는 먹기 좋은 크기로 찢어요.

2 달군 팬에 참기름을 두르고 애호박과 당근을 천일염으로 간해서 각각 볶아요.

3 달군 팬에 참기름을 두르고 마른 표고버섯을 물에 불려 다져서 볶아요.

4 3이 노릇하게 볶아지면 **약고추장 재료**를 모두 넣어 졸인 다음 그릇에 현미밥과 채소를 돌려 담고 약고추장을 함께 내서 완성해요.

Cooking Point

비빔밥의 고명은 제철 채소를 사용하세요.
봄에는 봄동, 돌미나리, 달래, 냉이, 쑥 등을, 여름에는 부추, 가지, 열무 등을, 가을에는 표고, 느타리, 양송이, 송이 등의 버섯류를, 겨울에는 늙은 호박, 우엉, 연근, 산마 등 제철에 나는 식재료로 충분한 영양과 기운을 충전시키세요.

피부 미인 되기 프로젝트!

현미 율무밥

율무가 우리 몸에 좋다고 하잖아요. 율무는 피부를 곱게 하고, 아토피나 여드름 피부를 완화시키고 다이어트에 효과가 있다고 해요. 하지만 율무를 피해야 하는 분들도 있다고 하네요. 칼슘, 철분, 게르마늄, 코익셀로라이드 등 다른 곡류에는 없는 영양 성분이 많이 들어 있어 몸을 차갑게 하고 체내 수분과 지방 함량을 줄이기 때문에 결혼하지 않은 미혼여성과 임산부는 당분간 드시지 마세요.

재료(2인분)
현미 1컵, 율무 1컵, 물 2+1/2컵, 천일염 약간

Cooking Point

현미나 율무 한 가지로만 밥을 하는 것보다는 현미와 율무를 섞어서 밥을 지으면 단맛이 더 나기 때문에 잡곡을 시작하는 분들에게 권하는 밥 요리예요. 그런데 압력솥을 사용하지 않고 냄비로 밥을 지을 때는 중간 불로 가열해서 끓기 시작하면 약한 불로 줄여 20분 정도 가열한 후 충분히 뜸을 들이세요.

1 현미와 율무는 물에 씻어 3시간 이상 불려요.

2 압력솥에 불린 현미와 율무를 담아요.

3 물을 붓고 천일염으로 간해요.

추 방식의 압력솥은 추가 소리를 내면 약한 불로 줄여 15분 정도 끓이다가 불을 꺼요. 압력이 내려가면 뚜껑을 열어 완성해요.

4 압력솥을 센 불로 가열하다가 압력계기가 올라오면 10분 정도 끓이다가 불을 꺼요. 압력계기가 내려가면 뚜껑을 열어 완성해요.

부모님의 아련한 추억이 담긴
현미 무청시래기밥

현미 무청시래기밥은 어떤 양념장하고도 맛이 잘 어울리는데, 어떤 양념장을 넣느냐에 따라 그 맛이 천차만별이에요. 저는요, 밥이 다 지어지면 먼저 나물밥에 아무것도 넣지 않고 그대로 먹다가 간장 양념장으로 비벼 먹어요. 그런데 된장이나 쌈장 양념장에 비벼 먹어도 그 맛이 특별하고 구수해요. 양념장을 준비하지 못했으면 걸쭉한 된장찌개에 비벼 드세도 좋아요.

재료(2인분)
불린 현미 2컵, 물 1+2/3컵, 무청시래기 1컵, 들기름 1큰술, 천일염 약간

Cooking Point

말린 무청시래기는 물에 충분히 불려 물기를 꼭 짜서 볶으세요. 무청시래기 불린 물은 밥을 지을 때 넣으시고요. 무청이 없으면 봄나물이나 가지, 호박, 호박잎, 아욱 등을 넣고 밥을 지어도 별미랍니다. 혹시 말린 나물이 아니라 생나물로 지을 때는 나물의 수분으로 밥물이 늘어나므로 물의 양을 줄여야 해요. 나물밥은 간장 양념장이나 된장 양념장, 쌈장에 비벼 먹어야 맛있어요.

추 방식의 압력솥은 추가 소리를 내면 약한 불로 줄여 15분 정도 끓이다가 불을 꺼요. 압력이 내려가면 뚜껑을 열어 완성해요.

1 압력솥에 들기름을 두르고 무청시래기를 달달 볶아요.

2 불린 현미를 넣고 천일염으로 간해서 볶아요.

3 잘 볶아진 불린 현미와 무청시래기에 물을 부어 가열해요.

4 압력솥을 센 불로 가열하다가 압력계기가 올라오면 약한 불로 줄여 10분 정도 끓이다가 불을 꺼요. 압력계기가 내려가면 뚜껑을 열어 완성해요.

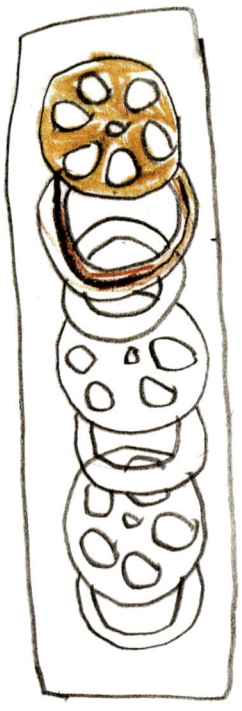

Part 2

현미밥과 함께 즐기는
건강 반찬

음식을 만들 때 사용하는 재료는 가능한 한 제철 재료를 사용해서 조리 시간을 단축하세요. 또 가급적 높은 온도에서 요리하지 않는 건강한 식습관을 갖도록 하세요. 이제 현미밥 짓는 법을 마스터했으니 현미밥과 같이 먹으면 좋은 김치에서부터 즉석에서 만드는 맛깔스러운 반찬, 냉장고에 보관하면서 언제든 꺼내 먹어도 맛있는 밑반찬 등을 손쉽게 만드는 방법을 배워볼까요.

김치

김치를 맛깔스럽게 담그려면요~

'한국인들이 김치 없이 살 수 있을까' 하는 생각을 해보곤 해요.
그만큼 우리 식생활에서 절대적인 위치를 차지하고 반찬 중에서도 으뜸인 김치.
김치는 그 자체가 발효식품인 만큼 상당량의 유산균과 충분한 영양을 지니고 있기에
김치 한 접시는 식탁 위의 보약이라고 할 수 있어요. 김치를 자주 담그지 않는 분들은
김치 담그는 것이 번거롭고 어렵게 생각되겠지만 겁먹지 말고 김치 담그는 것에 도전해보세요.
먼저 좋은 재료를 고르고 분량을 정확히 맞춰 차근차근 만들다 보면 어느새
뚝딱 만들어진답니다. 이렇게 몇 번만 하면 자신감이 생겨 온갖 김치에 도전하고 싶을걸요.

곰삭으면 감칠맛이 나는
부추김치

부추를 좋아하는 제가 즐겨 먹는 음식이에요. 부추김치는 액젓으로 살짝 절여 감칠맛을 내고 양념을 넣어 버무려 만든 김치로 경상도 지역에서 주로 담가 먹었어요. 부추는 길이가 짧고 잎이 통통하고 연한 것이 좋으며, 부추김치는 만들어서 바로 먹어도 맛있지만 곰삭으면 액젓 특유의 감칠맛이 더해져요. '스님은 부추를 먹지 말아야 한다'는 속설이 있을 정도로 남성의 정력에 좋은 재료인 거, 다 아시죠?

재료(4인분)
부추 1단(300g), 멸치액젓 2큰술
양념 설탕 2작은술, 멸치액젓 1큰술, 고춧가루 3큰술, 다진 마늘 1큰술, 다진 생강 1작은술

Cooking Point
부추는 소금에 절이면 수분이 빠져 질겨지므로 액젓을 뿌려 살짝 숨을 죽이는 정도로 절이세요. 특히 액젓에 절이면 생부추에서 나는 풋내도 없어져요.

1 부추는 깨끗이 씻어 물기를 제거한 다음 5cm 길이로 썰어요.

2 부추에 멸치액젓을 뿌려 뒤집어 가며 30분 정도 절여요.

3 양념 재료를 한데 버무려 양념장을 만들어요.

4 부추에 양념장을 넣어 버무려 완성해요.

여름엔 2일, 겨울엔 5일 정도 숙성시키세요.

향긋한 향이 밥을 부르는
깻잎김치

깻잎으로 김치를 담근다고 하면 눈을 동그랗게 뜨고 "어떻게 깻잎으로 침치를 만들어요?" 하고 놀라는 분들이 많아요. 깻잎에는 철분이 시금치의 두 배 이상 함유되어 있고 칼슘 등의 무기질과 비타민 A·C도 풍부해 영양가가 높아요. 향긋한 깻잎의 향과 매콤한 양념이 입맛을 돋운답니다.

재료(4인분)
깻잎 40장, 천일염 3큰술, 물 5컵, 무 1/3개(300g), 실파 4뿌리, 밤 5개, 마늘 5쪽
양념 소금 1작은술, 설탕 1/2큰술, 멸치액젓 1큰술, 고춧가루 3큰술, 다진 생강 1작은술

Cooking Point

무채를 가늘게 썰어 새우젓과 멸치액젓으로 맛을 낸 후 삭힌 깻잎을 2~3장씩 놓고 양념을 켜켜이 끼얹어 담그면 돼요. 깻잎은 향이 강하고 쌉싸래하므로 젓국 맛이 강한 액젓으로 간을 하면 좋아요.

1 깻잎은 깨끗이 씻어 소금물을 뿌려 1시간 정도 절인 다음 물기를 빼요.

2 무는 채 썰고 밤과 마늘은 편으로 썰고 실파는 송송 썰어요.

3 양념 재료를 한데 담아 고루 버무려 2를 넣고 잘 섞어요.

여름엔 2일, 겨울엔 5일 정도 숙성시켜 드세요.

4 깻잎에 3을 넣어 돌돌 말아 완성해요.

아이들도 좋아하는 사각사각~
오이소박이

여름에 담가 먹는 별미 김치로 사각사각~ 씹히는 맛과 부추향이 식욕을 돋워요. 오이소박이는 오이를 굵은소금으로 문질러 깨끗이 씻어서 양 꼭지를 잘라 소금이나 소금물로 절여서 칼집을 넣은 후 소를 넣어 완성해요. 남은 양념에 물을 조금 부어 그릇에 남은 양념을 잘 섞어 보관용기에 뿌리고 서늘한 곳에서 익혀 드세요.

재료(10인분)

조선오이 10개, 부추 1/3단(150g), 쪽파 5뿌리, 소금물(천일염 1컵, 물 5컵)
양념 다진 마늘 1큰술, 다진 생강 1작은술, 새우젓 2큰술, 멸치젓 2큰술, 고춧가루 1/2컵, 설탕 1큰술, 천일염 1/2작은술

Cooking Point

조직의 밀도가 단단하지 않은 오이는 무나 배추에 비해 더 빨리 시어져요. 시어지면 물러지는 경우가 많은데 끝까지 무르지 않고 드시려면 오이를 아삭하게 절이는 것이 중요해요. 오이가 나른하게 절여지면 양 끝을 손으로 눌러보세요. 탄력 있게 눌러지면 알맞게 절여진 것이에요. 다른 김치에 비해 빨리 시고 물러지므로 먹을 만큼만 자주 담가 먹는 것이 좋아요.

1 조선오이는 깨끗이 씻어 물기를 제거하고 천일염으로 겉면을 문지른 다음 소금물을 만들어 1시간 동안 절여요.

2 부추와 쪽파는 깨끗이 씻어 5cm 길이로 자르고 **양념 재료**를 섞어 소를 만들어요.

3 오이를 도마에 올리고, 칼끝을 세워 길이로 길게 칼집을 내요.

여름엔 2일, 겨울엔 5일 정도 숙성시켜 드세요.

4 오이의 칼집 사이로 2의 소를 넣어 완성해요.

제철 채소의 싱싱함을 그대로
쪽파 오이겉절이

재래종 쪽파와 아삭아삭 오이가 어우러진 마치 박하 향처럼 산뜻한 김치예요. 쪽파는 잎이 연하고 줄기 부분이 여러 갈래로 나눠지지 않은 것이 좋으며, 신문지로 싸서 서늘한 곳에 보관하세요. 양이 너무 많으면 미리 썰어서 냉동 보관하고, 오이는 녹색이 선명하고 가시가 있고 탄력과 광택이 있으면서 굵기가 고른 것이 좋아요.

재료(2인분)
쪽파 3뿌리, 오이 1개, 양파 1/2개, 배 1/4개, 천일염 약간
양념 간장 2큰술, 까나리액젓 1큰술, 고추장 1큰술, 고춧가루 1큰술, 조청 2큰술, 현미식초 1큰술, 다진 마늘 1작은술, 참기름 1큰술, 깨소금 약간

Cooking Point
새콤하게 먹겠다고 겉절이에 식초를 너무 많이 넣으면 신맛이 강해 쪽파나 오이 등의 맛을 느낄 수 없어요. 신맛이 느껴지지 않을 정도로 식초를 약간만 넣으면 한결 상큼하게 즐길 수 있는 김치로 배는 쪽파나 양파보다 조금 굵게 채 썰어야 버무릴 때 부서지지 않아요.

1 오이는 5cm 길이로 잘라 4등분 하고, 쪽파와 양파는 5cm 길이로 썰고, 배는 채 썰어요.

2 볼에 1의 재료를 담고 천일염을 뿌려 30분간 절여요.

3 양념 재료를 한데 담아 고루 섞어요.

4 2에 3의 양념장을 버무려 완성해요.

지친 여름 입맛이 살아나는
얼갈이 열무 물김치

얼갈이 열무 물김치를 만들면 저희 집에서는 주말 별식으로 국수를 말아 먹곤 해요. 그 맛이 밖에서 먹는 냉면에 비할 바가 아니죠. 여름철에 시원하게 담근 대표 물김치로 현미찹쌀풀을 쑤어 식혀서 넣으면 열무의 풋냄새를 잡아주고 전분이 당화되어 김치의 젖산균이 생기는 것을 도와 더욱 맛이 좋아요.

재료(4인분)
열무 1단, 얼갈이배추 1/2단, 소금물(천일염 1컵, 물 10컵), 쪽파 5뿌리, 대파 1대, 풋고추 5개, 홍고추 2개, 오이 1개, 양파 1개, 배 1/2개, 현미찹쌀풀(현미찹쌀밥 1컵, 물 3컵)
김치 국물 물 15컵, 고춧가루 1/2컵, 홍고추 간 것 2컵, 천일염 1/2컵, 설탕 1/3컵, 다진 마늘 2큰술, 다진 생강 1작은술

Cooking Point
열무는 풋내가 나지 않도록 조심스럽게 손질해야 해요. 열무를 다듬고 씻을 때 열무를 주물럭거리면 잎과 줄기가 상해 풋내가 나기 쉬워요.

① 열무와 얼갈이배추는 5cm 길이로 썰어 소금물을 뿌려 30분 정도 재운 다음 물에 헹궈 물기를 빼요.

② 쪽파는 5cm 길이로 자르고, 풋고추와 홍고추는 어슷 썰어요.

③ 현미찹쌀밥에 물을 넣어 끓인 다음 블렌더에 넣어 곱게 갈아요. **김치 국물 재료**를 한데 섞어요.

김치 국물의 물은 꼭 끓인 후 식혀서 사용해야 맛있어요.

④ 1과 2를 3에 넣어 간이 배도록 섞고 김치 국물을 부어 완성해요.

여름엔 1일, 겨울엔 5일 정도 숙성시켜 드세요.

신 김치가 실증날 때
상추 배추겉절이

우리 한식은 참 다양한 맛으로 우리를 행복하게 만들어줘요.
김치만 해도 그 종류가 얼마나 다양한지 몰라요.
겉절이는 절인 김치와는 또 다른 신선한 맛으로 입맛을 돋워주지요.
아래의 양념장의 공식만 알고 있으면 어떤 채소라도 그 자리에서
뚝딱 김치를 만들 수 있어요. 어디 한 번 배워볼까요.

 **재료(4인분)**
상추 10장, 배추 5장, 실파 5뿌리, 부추 3줄기, 배추 절임물(물 2컵, 소금 2큰술)
양념 간장 4큰술, 현미식초 2큰술, 물엿 2큰술, 고춧가루 2큰술, 쪽파 1뿌리, 마늘 2쪽, 통깨 1큰술, 참기름 1큰술

1 배추는 배추 절임물에 담가 30분 정도 절여요.

2 상추는 깨끗이 씻어 1의 절인 배추와 함께 물기를 제거해요.

3 마늘은 다지고 쪽파는 송송 썰어요.

4 **양념 재료**를 한데 섞어 배추와 상추를 넣어 고루 버무려 완성해요.

최쌤의 건강한 귀띔

겉절이의 양념장은 고춧가루 양념장, 젓갈 양념장, 간장 양념장으로 나눌 수 있어요.
고춧가루 양념장 고춧가루 2큰술, 간장 4큰술, 조청 2큰술, 현미식초 2큰술, 다진 마늘 1큰술, 다진 파 4큰술, 통깨 1큰술, 참기름 1큰술
젓갈 양념장 까나리액젓 2큰술, 고춧가루 1큰술, 조청 2큰술, 현미식초 2큰술, 다진 파 2큰술, 다진 마늘 1작은술, 통깨 1큰술
간장 양념장 진간장 4큰술, 현미식초 2큰술, 다진 양파 3큰술, 다진 마늘 1/2작은술, 조청 1큰술, 레몬즙 약간, 천일염 약간, 후춧가루 약간

섬유질이 풍부하니까 몸이 가벼워요~
고구마줄기 김치

저도 이 김치를 알기 전까지는 고구마줄기로는 나물만 만들어 먹는 줄 알았어요.
그런데 이렇게 김치 양념을 해서 먹어봤더니 그 맛이 매력적이네요.
고구마줄기는 9월 초순에 나는데 끓는 물에 삶아두었다가 나물이나 김치로 만들어요.
고구마줄기 김치는 껍질을 벗겨 소금물에 데쳐 만드는 법과 소금물에 절여서 만드는 법이 있어요.
데쳐서 담은 김치는 바로 먹을 수도 있고 하루 동안 숙성시킨 다음 먹어도 맛있어요.

 **재료**(4인분)

고구마줄기 1단(400g), 쪽파 10뿌리, 천일염 약간
양념 멸치액젓 6큰술, 홍고추 4개, 고춧가루 4큰술, 대파 1/2대, 마늘 4쪽, 생강 1톨, 설탕 1큰술, 조청 1큰술, 현미밥 2큰술

실온에서 하루 정도 숙성시켜 드세요.

1 고구마줄기는 끓는 물에 소금을 넣고 데쳐 찬물에 헹군 다음 물기를 제거해요.

2 데친 고구마줄기와 쪽파는 5cm 길이로 잘라요.

3 마늘과 대파는 곱게 다져요.

4 남은 **양념 재료**를 블렌더에 넣어 갈아 고구마줄기, 쪽파, 마늘, 대파를 넣어 고루 버무려서 완성해요.

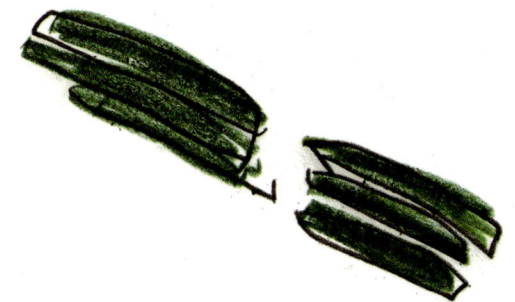

최쌤의 건강한 꿀팁

고구마줄기를 잘못 다듬으면 손이 새까맣게 될 수 있으니 주의하세요.
그렇다고 이렇게 맛있는 음식을 안 먹을 수는 없잖아요.
고구마줄기의 양 끝을 잘라서 잡아당기듯 벗겨내면 쉽게 벗겨져요.

아삭하고 담백하게 씹히는
유기농채소절임

시장에 나갔더니 싱싱한 채소가 어찌나 많은지, 그럴 때는 이런저런 채소를 주섬주섬 장바구니에 넣게 돼요. 집에 오자마자 채소를 하나씩 꺼내 정성스럽게 닦아서 절임을 만들어요. 제철 재료를 넉넉히 준비해 간단하게 만들 수 있는 채소절임은 개운하고 깔끔한 맛으로 어떤 음식과도 잘 어울려요.

🌸 **재료(2인분)**
양배추, 무 1/4개, 오이 1/3개, 당근 1/3개, 방울토마토 3개, 천일염 1/2작은술
절임액 물 1컵, 현미식초 4큰술, 조청 5큰술, 천일염 1작은술, 생강 1톨, 풋고추 1개, 월계수 잎 1장

Cooking Point
절임액을 뜨거울 때 부어야 하므로 소독한 유리 용기에 보관하세요. 숙성을 안 하고 바로 먹어도 좋지만 2일간 숙성시켜서 차갑게 보관하면 더 맛있어요.
예쁜 병에 담아 선물하기에도 좋답니다.

1 양배추, 무, 오이, 당근은 비슷한 크기로 슬라이스하고, 방울토마토는 반으로 잘라요.

2 볼에 1의 채소를 담고 천일염을 뿌려 10~20분간 절여요.

3 소스팬에 풋고추를 어슷 썰어 넣고 **절임액 재료**를 한데 넣어 한소끔 끓여요.

여름엔 2일, 겨울엔 5일 정도 숙성시켜 드세요.
4 밀폐용기에 2의 절임채소를 담고 3을 부어 완성해요.

밑반찬계의 절대강자
깻잎장아찌

어릴 때는 정말 깻잎을 많이 먹었는데요. 우리 아이들도 저처럼 크고 나면 이런 맛을 그리워할까요. 깻잎은 철분과 칼륨 등의 무기질이 풍부한 알칼리성 식품으로 체내에서 해독 작용을 하고 신진대사를 좋게 해주고 비타민 C가 풍부하여 다이어트에도 효과적이에요.

재료(10인분)
깻잎 100장
절임액 물 1컵, 간장 1컵, 현미식초 1/3컵, 맛술 1/2컵, 설탕 1/4컵, 다진 마늘 1큰술, 양파 1/2개, 대파 1대, 국멸치 5마리, 다시마(5×5cm) 1장

Cooking Point
깻잎은 이렇게 깻잎장아찌로 만들어도 좋지만, 냄비에 타지 않게 찌면 깻잎찜이 돼요. 깻잎이 켜켜이 쌓여 있으면 떼어내기가 번거로우므로 5장씩 지그재그로 올리는 것이 포인트예요.

1 깻잎은 흐르는 물에 깨끗이 씻어 물기를 제거해요.

2 소스팬에 **절임액 재료**를 한데 넣어 센 불로 끓이다가 중간 불로 줄여 10분 정도 졸여요.

3 끓인 절임액을 체에 밭쳐 국물만 받아 식혀요.

2주 정도 냉장 보관해서 드세요.

4 밀폐용기에 깻잎을 3~4장 깔고 절임액을 고루 발라 켜켜이 담아 완성해요.

쏙쏙 빼 먹는 재미가 쏠쏠한
통마늘장아찌

상큼하고 개운한 맛에 쏙쏙 빼 먹는 재미까지 쏠쏠한 마늘장아찌는 마늘의 알이 단단하고 잘 여문 육쪽마늘로 만들어요. 마늘의 알리신이라는 매운 성분은 강력한 살균 효과와 콜레스테롤 저하, 항암, 항응고 등의 효과가 있어요. 대표적인 항암식품으로 알려진 마늘을 이용해 입맛을 확 살려주는 장아찌를 만들면 밥도둑이 따로 없지요.

재료(10인분)
통마늘 15통
절임액 마른 홍고추 3개, 간장 2컵, 물 2컵, 설탕 2컵, 현미식초 2컵

Cooking Point

마늘의 꼭지와 밑동을 먼저 자르고 씻으면 안 되고 꼭 씻은 다음 손질해야 맛있게 만들 수 있어요. 끓는 물에 열탕 소독한 유리병에 식초를 넣어 1차로 삭히고 식초를 꺼내 절임액을 끓인 다음 식혀서 부어요. 빨리 만들고 싶으면 절임액이 한소끔 끓으면 중간이나 약한 불로 졸인 후 사용하세요.

① 통마늘은 흐르는 물에 씻어 물기를 제거하고 꼭지와 밑동을 잘라요.

② 열탕 소독한 유리병에 통마늘을 담고 현미식초를 부어 20일 후 국물을 따라내요.

③ 소스팬에 2의 식촛물을 담고 나머지 **절임액 재료**를 한데 넣어 끓이다가 중간 불로 5분 정도 졸여요.

여름엔 2주, 겨울엔 4주 정도 실온에서 숙성시켜 드세요.

④ 끓인 장아찌 절임액을 체에 밭쳐 국물을 식힌 다음 통마늘을 넣어 완성해요.

기름진 고기 요리와 세트 메뉴
마늘피클

고기를 먹을 때 없으면 섭섭한 새콤달콤한 피클이에요. 냉장고에 있는 재료들로만 만들어도 푸짐해요. 마늘 대신 오이를 넣어도 아삭아삭하고 콜리플라워로 상큼한 맛을 낼 수도 있어요. 매운 것을 좋아하는 분들은 청양고추를 넣어 알싸하고 매콤한 고추피클로 즐길 수도 있고요.

재료(10인분)
마늘 2컵, 홍고추 2개, 풋고추 2개, 월계수 잎 2장, 클로브 1작은술, 씨머스터드 1작은술
절임액 간장 1컵, 설탕 1컵, 와인 1컵, 현미식초 1컵

Cooking Point
맛내기 비법은 맛이 잘 배도록 단촛물을 두 번 끓이는 거예요. 두 번 끓이면 염도도 올라가 숙성시키는 시간을 줄일 수도 있어요. 피클이 먹음직스러워 보이도록 색을 내고 싶을 때는 레드와인을, 깔끔한 식재료의 선명함을 강조하고 싶을 때는 화이트와인을 사용해도 좋아요.

1 마늘은 깨끗이 씻어 꼭지를 잘라요.

2 홍고추와 풋고추는 1cm 길이로 잘라요.

3 볼에 **절임액** 재료를 한데 담고 잘 저어 설탕입자를 녹여요.

2주 정도 냉장 보관해서 드세요.

4 밀폐용기에 1과 3을 담아 완성해요.

건강 반찬 143

볶음·구이·전

맛깔스럽게 볶으려면요~

볶음 요리는 센 불에서 최대한 짧은 시간에 볶는 것이 맛을 좌우해요.
불 조절이 중요하다는 말인데, 볶다 보면 채소에 물기가 흥건하게 나오기도 하고,
다 볶았는데 채소의 색이 죽어 맛이 없어 보이기도 해요. 팬을 달구면 채소를 넣은
순간부터 익기 시작하는데 팬의 온도가 떨어지면 채소의 수분이 빠져나오게 돼요.
센 불로 단시간에 볶아내는 것이 포인트이고, 다 볶아졌을 때에는 바로 접시에 담아
볶음팬에 남아 있는 열 때문에 채소의 숨이 죽는 것을 방지해야 해요.
쇠고기나 돼지고기, 닭고기 등의 육류는 재료의 밀도 때문에 볶는 도중 간을 하면
간이 골고루 배지 않아요. 양념에 재워두었다가 볶는 것이 좋고, 해산물은 익는 도중
수분이 가장 많이 나오는 재료예요. 오징어와 낙지는 너무 센 불에 볶으면 육질이 단단해지고,
약한 불로 볶으며 수분이 빠져나오므로 이런 볶음 음식은 바닥이 두꺼운 팬으로 볶아
딱딱해지거나 수분이 나오지 않도록 볶는 것이 포인트예요. 볶음류의 양념은
재워놓은 재료를 제외하고는 거의 다 익었을 때 넣고, 참기름은 조리가 끝난 직후
불을 끄고 넣어야 향과 맛이 살아나요.

아작아작~ 입안에 단맛이 느껴져요

마늘종볶음

아이들은 이렇게 맛있는 음식을 왜 안 먹는지 몰라요. 저도 그때는 이런 깊은 맛을 미처 몰랐을 거예요. 마늘종은 예부터 자양강장 효과가 있어 먹으면 체내에서 신진대사가 활발히 일어난다고 해요. 스태미나 강화와 차가운 몸을 따뜻하게 해주고 혈액순환도 촉진하며 혈액을 정화해요.

재료(4인분)
마늘종 1묶음(200g), 포도씨오일 1큰술
양념 간장 3큰술, 고춧가루 1/2큰술, 물엿 1큰술, 설탕 1큰술, 천일염 약간, 통깨 약간, 참기름 약간

Cooking Point
마늘종의 시든 부분은 다듬고 적당한 크기로 잘라 신문지나 종이에 싸서 냉장 보관하세요. 장기간 보관할 때는 씻어서 물기를 제거하여 적당한 크기로 잘라 냉동 보관하면 몇 달이 지나도 먹을 수 있어요. 건새우와 함께 고추기름으로 볶는 밑반찬도 맛있지만 고추장 양념에 오징어와 함께 볶아도 별미예요.

① 마늘종은 깨끗이 씻어 5cm 길이로 잘라요.

② 볼에 통깨와 참기름을 제외한 볶음 **양념 재료**를 담고 설탕과 물엿이 잘 섞이도록 저어요.

③ 불에 달군 팬에 포도씨오일을 두르고 마늘종을 넣어 천일염으로 간한 다음 센 불로 2분 정도 볶아요.

④ 2의 양념장을 넣어 볶다가 양념이 졸면 불을 끄고 통깨와 참기름을 뿌려 완성해요.

선조들의 미각에 감탄이
고구마줄기볶음

어떻게 고구마가 아니라 고구마줄기를 먹을 생각을 했을까, 생각하면 우리 조상들의 지혜와 미각에 감탄이 나와요. 고구마줄기는 맛이 달고 성질이 평이해 어떤 체질이나 잘 맞아요. 칼륨은 혈액 속의 여분의 나트륨을 소변과 함께 배출시켜 고혈압이나 성인병 예방에 좋고 섬유질은 변통을 부드럽게 해주어 변비 예방에도 좋아요.

재료(4인분)
고구마 줄기 2/3단(300g), 다진 마늘 1큰술, 다진 파 1큰술, 국간장 2큰술, 참기름 1큰술, 통깨 1큰술, 천일염 약간

Cooking Point
고구마줄기를 손질할 때에는 잎이 달린 쪽부터 꺾어 붉은빛의 껍질을 벗기고 중간 부분의 줄기를 벗겨 소금물에 데치세요. 줄기를 제대로 벗겨내지 않으면 너무 질겨서 식감을 떨어뜨려요.

1 고구마줄기는 깨끗이 씻어 끓는 물에 소금을 넣고 데쳐 찬물에 헹군 다음 물기를 빼서 5cm 길이로 잘라요.

2 볼에 고구마줄기, 다진 파, 다진 마늘, 국간장을 넣어요.

3 고구마줄기에 간이 잘 배도록 조물조물 무쳐요.

4 팬에 참기름을 두르고 양념한 고구마줄기를 볶다가 천일염으로 간하고 통깨를 뿌려 완성해요.

어릴 적 외할머니가 해주시던 그 맛
들기름 김치볶음

김치는 이제 우리 국민뿐 아니라 세계인이 열광하는 글로벌한 건강 음식이에요. 면역력 강화제인 김치는 〈타임〉지에서 아시아의 보약으로 극찬하며 항산화 작용과 변비 및 대장암 예방, 노화 방지에 효과가 있다고 소개했어요. 김치를 좀 더 다양하게 즐기는 방법으로 김치볶음을 추천해요.

재료(4인분)
신 배추김치 1/2포기, 양파 1/2개, 멸치가루 1큰술, 표고버섯가루 1큰술, 들기름 2큰술, 물 1/2컵, 물엿 1큰술, 통깨 1큰술

Cooking Point
들기름을 사용하여 고소한 맛을 높여주고 아삭하게 씹히는 식감을 더하려면 센 불에 단시간에 볶으세요. 부드러운 맛을 원할 때는 김치를 볶다가 물을 넣어 자작하게 졸이세요. 김치를 볶을 때는 쇠고기, 돼지고기, 닭고기, 참치와 꽁치 통조림 등 집에 있는 육류나 통조림을 팬에 넣고 천일염, 후춧가루, 맛술로 밑간해서 볶다가 김치를 넣고 볶으세요.

1 배추김치의 소를 털어내고 김치 국물을 짜요.

2 김치는 송송 썰고, 양파는 채 썰어요.

3 불에 달군 팬에 들기름을 두르고 김치를 볶다가 멸치가루와 표고버섯가루를 넣어요.

4 물과 물엿을 넣어 국물이 자작해지면 통깨를 뿌려 완성해요.

몸을 따뜻하게 하는 밑반찬
우엉잡채

뿌리채소가 몸에 좋다고 해서 저는 우엉과 연근을 자주 먹으려고 해요. 우엉은 지름이 2cm 정도로 껍질에 흠이 없고 틈이 갈라지지 않은 것이 좋아요. 시들시들한 것은 심지가 생겨서 질기고 맛이 없으니 꼭 만져보고 구입하세요. 우엉은 식이섬유가 풍부하고 신장 기능을 도와 몸에 쌓여 있는 노폐물을 몸 밖으로 배출해요. 우엉은 주로 조림으로 먹지만 된장에 박아서 장아찌로 만들어도 맛이 좋아요.

재료(4인분)
우엉 1대, 풋고추 3개, 간장 2큰술, 물 2큰술, 올리브오일 적당량

Cooking Point
우엉은 잘 씻어 껍질째 채 썰어 식촛물에 담가 떫은맛을 제거하고 요리하세요. 우엉을 찜으로 응용하면 따로 삶거나 데치지 않아 조리 시간을 단축할 수 있어요. 하지만 우엉의 섬유질이 철분 흡수를 방해하기 때문에 바지락과 같은 철분이 함유되어 있는 식품과 함께 조리하지는 마세요.

1 우엉은 깨끗이 씻어 껍질을 벗기고 물기를 제거하여 5cm 길이로 가늘게 채 썰어요.

2 풋고추는 반으로 갈라 씨를 털어내고 우엉과 같은 길이로 가늘게 채 썰어요.

3 불에 달군 팬에 올리브오일을 두르고 채 썬 우엉을 넣어 2분 정도 볶다가 약한 불로 줄여 간장과 물을 넣고 졸여요.

4 우엉에 간이 배면 중간 불로 올려 채 썬 고추를 넣고 30초 정도 볶아 완성해요.

천연조미료로 맛을 낸
숙주잡채

콩나물 친구 숙주는 녹두에 싹을 틔워 만든 나물이에요. 숙주에는 몸 속 중금속을 해독해주고 배출해주는 비타민이 풍부합니다.
비타민 A·B·C도 풍부해 피부에도 좋다고 하니 숙주먹고 예뻐지세요.

재료(4인분)

숙주 100g, 느타리버섯 3줄기, 송이버섯 2개,
양파 1/4개, 빨강 파프리카 1/4개, 노랑 파프리카 1/4개,
마늘 4쪽, 청경채 2포기, 포도씨오일 2큰술,
고추기름 1큰술, 현미식초 1큰술, 물엿 1큰술,
녹말물 1큰술, 참기름 1큰술, 새우가루 1큰술, 통깨 약간

Cooking Point

숙주를 중간 불에서 오래 볶으면 숨이 죽어 맛이 없어 보이고 아삭한 맛을 살릴 수 없어요. 숙주뿐만 아니라 채소를 볶을 때는 센 불에서 재빨리 볶아야 채소 특유의 선명한 색상도 살고 아삭아삭 씹히는 식감도 느낄 수 있어요.

1 청경채는 밑동을 잘라내서 채 썰고, 느타리버섯은 손으로 찢고 송이버섯은 길이로 채 썰어요.

2 마늘은 편으로 썰고, 파프리카와 양파는 길이로 채 썰어요.

3 불에 달군 팬에 포도씨오일과 고추기름을 두르고 채소를 모두 넣어 센 불에 1분 정도 볶아요.

4 현미식초, 물엿, 새우가루를 넣어 볶다가 녹말물을 풀어 걸쭉해지면 불을 끄고 통깨와 참기름을 뿌려 완성해요.

건강 반찬

몽실몽실 오동통통 오징어 한 마리요~
오징어불고기

고단백 저칼로리 오징어는 예부터 기를 보호하고 생리불순을 치료하는 것으로 알려진 건강 음식이에요. 자양강장에 효과가 있는 타우린이 쇠고기의 32배나 들어 있답니다. 몸의 기력이 떨어지신 분은 오늘 당장 가족 건강을 위해 식탁에 오징어불고기를 올려보세요.

재료(4인분)
오징어 1마리, 포도씨오일 1큰술
양념장 고추장 3큰술, 고춧가루 1큰술, 간장 1큰술, 물엿 1큰술, 맛술 1큰술, 양파 1/4개, 대파 1대, 마늘 3쪽, 통깨 약간, 참기름 1큰술

Cooking Point
오징어에 콜레스테롤이 많이 들어 있어 꺼려하는 분들이 많은데, 콜레스테롤의 체내 흡수를 억제하는 타우린 또한 오징어에 많이 들어 있어 그런 염려는 하지 않아도 돼요. 다만 강한 산성 식품이기 때문에 대파나 양파, 마늘 등을 듬뿍 넣어 조리하면 좋아요.

1 오징어는 깨끗이 씻어서 내장을 제거하고 껍질째 먹기 좋은 크기로 썰어요.

2 양파, 파, 마늘을 다져서 다른 **양념장 재료**와 고루 섞어 양념장을 만들어요.

3 오징어에 양념장을 넣어 고루 무쳐 30분~1시간 동안 재워요.

4 불에 달군 팬에 포도씨오일을 두르고 양념한 오징어를 볶아 완성해요.

돼지가 과일에 빠진 날
돼지갈비구이

천연 중금속 해독제인 돼지고기에 들어 있는 지방은 체내에 축적되어 있는 중금속과 흡착되어 몸 밖으로 배설하는 건강 식재료예요. 특히 돼지고기의 융점은 사람의 체온보다 낮아 몸 안에서 잘 녹으며 비타민 B군이 풍부하고 단백질, 인, 칼륨 등 각종 미네랄이 풍부해 성장기 어린이, 수험생의 영양식으로 좋아요.

재료(4인분)
돼지고기 목살 1kg, 레드와인 3컵
과일 소스 사과 1/2개, 키위 2개, 양파 1/2개, 대파 1대
간장 양념장 물 1컵, 간장 1컵, 맛술 1/4컵, 설탕 2큰술, 물엿 2큰술, 다진 마늘 2큰술, 다진 생강 1큰술, 참기름 1큰술, 천일염 약간, 후춧가루 약간

Cooking Point
돼지고기의 철분 함량은 다른 육류와 비슷하지만 부드러운 육질로 흡수율이 두세 배 높아요. 돼지고기와 어울리는 궁합 식품은 바로 와인과 녹차, 김치인데 와인을 넣어 재우면 지방 함량을 낮춰주고 육질이 더욱 부드러워져요.

1 돼지고기에 레드와인을 부어 1시간 동안 재워 잡냄새를 제거해요.

2 **과일 소스 재료**를 블렌더에 넣고 곱게 갈아 체에 내리고 **간장 양념장 재료**도 한데 섞어요.

3 소스팬에 과일 소스와 간장 양념장을 넣어 끓이다가 국물이 반으로 졸면 불을 끄고 식혀요.

4 3에 돼지고기에 넣어 재운 다음 팬에 구워 완성해요.

우리 집의 인기 스테디셀러 메뉴
된장삼치구이

담백한 맛의 대명사 삼치는 살이 부드러워 포를 뜨기가 어려워서 살짝 얼려서 썰어요. 찜이나 구이, 튀김 등을 만들 수 있는데, 지방 함량이 높은 편이지만 불포화지방산이기 때문에 동맥경화, 뇌졸중, 심장병 예방에 도움이 돼요. DHA 성분이 풍부한 고단백질 식품인 삼치를 된장 소스에 재워 구운 색다른 요리로 식탁을 차려보세요.

재료(4인분)
삼치 1마리, 포도씨오일 1큰술, 소금물 2컵
된장 소스 된장 3큰술, 조청 2큰술, 청주 1큰술, 깨소금 2큰술

Cooking Point
된장 소스에 재워 센 불에 구우면 속까지 익지 않고 탈 수 있으므로 주의하세요. 된장 소스에 조청 대신 유자청을 넣어도 맛이 색다르고, 간장 3큰술, 청주 3큰술, 조청 3큰술, 생강즙 3큰술을 섞어 간장 소스를 만들어 2시간 이상 재웠다가 구우면 삼치 생강간장구이가 돼요.

1 삼치는 머리와 내장을 제거하고 소금물에 씻어 물기를 제거한 다음 먹기 좋은 크기로 토막 내요.

2 볼에 **된장 소스 재료**를 넣고 조청이 풀리도록 잘 섞어요.

3 삼치에 2의 된장 소스를 고루 발라 간이 배도록 3시간 이상 재워요.

4 불에 달군 팬에 포도씨오일을 두르고 참치를 넣어 중간 불에서 앞뒤로 노릇하게 구워 완성해요.

뇌기능을 향상시키는 기특한 메뉴
카레 고등어구이

"건강하게 오래 살려면 하루에 두 끼 이상 생선을 먹어라"라는 말이 있는데 고등어는 높은 영양가에 비해 값이 싼 편이라 자주 먹을 수 있어요. 가을에서 겨울철에는 고등어의 고소한 맛과 영양이 풍부해서 더욱 맛이 좋은데 뇌 기능을 향상시켜주는 오메가3지방산 함유량 또한 높아요.

🌸 **재료**(4인분)

고등어 1마리, 다진 마늘 1큰술, 카레가루 2큰술, 천일염 약간, 포도씨오일 2큰술, 송송 썬 실파 1큰술, 소금물 2컵, 현미가루 3큰술, 카레가루 1큰술
양념장 간장 2큰술, 발사믹식초 1큰술, 레몬즙 1큰술

Cooking Point

영양분이 가득한 등 푸른 생선은 지방 함량이 많아 부패하기 쉬운데 고등어를 손질할 때에는 소금물로 씻어야 신선한 상태를 유지할 수 있어요. 비린내는 강황이 많이 들어간 카레가루를 뿌려 제거하고 굽기 전에 현미가루를 입혀 구우면 밀가루를 입힌 것보다 담백한 맛을 즐길 수 있어요.

1 고등어는 머리와 내장을 제거하고 소금물에 씻어 물기를 제거한 다음 먹기 좋은 크기로 토막 내서 중간 중간 칼집을 내요.

2 고등어에 천일염을 뿌려 간하고 카레가루 1큰술을 뿌린 다음 칼집에 다진 마늘을 넣어요.

3 현미가루와 카레가루 1큰술을 고루 섞어 고등어에 발라요.

4 팬에 포도씨오일을 두르고 고등어를 노릇하게 구워 실파를 올려서 완성해요. **양념장 재료를** 한데 섞어 양념장을 함께 내요.

건강 반찬

언제나 그리운 엄마의 손맛~
고추장 황태구이

밖에 나가면 황태구이는 몸값이 꽤 나가는 고급 음식이에요. 그런데 그 맛은 또 얼마나 고급인지 몰라요. 황태는 명태를 말리는 과정에서 살이 노랗고 솜방망이처럼 부풀어 오른 것으로 간을 보호하는 메티오닌, 리신, 트립토판 같은 필수아미노산이 많이 들어 있어 숙취 해소에 효과가 있어요. 황태는 성질이 따뜻하여 소화 기능이 약한 사람한테 정말 좋아요.

재료(4인분)
황태포 1마리, 포도씨오일 1큰술
양념장 고추장 2큰술, 고춧가루 2큰술, 간장 1큰술, 조청 2큰술, 맛술 1작은술, 다진 파 1작은술, 다진 마늘 1큰술, 다진 양파 1큰술, 깨소금 약간, 참기름 약간

Cooking Point
황태를 불릴 때 물을 너무 많이 붓고 오랫동안 불리면 감칠맛이 빠질 수 있어요. 또 불린 황태의 물기를 짜지 않으면 양념장이 겉돌 수 있으니 꼭 물기를 제거하세요. 황태의 껍질 부분에 칼집을 넣지 않으면 구울 때 말려서 황태의 모양이 흐트러질 수 있어요.

1 황태는 찬물에 불려서 물기를 제거해요.

2 황태의 잔가시와 아가미를 손질하고 뒷면에 칼집을 내요.

3 분량의 **양념장 재료**를 한데 섞어 양념장을 만들어 황태에 골고루 바른 다음 30분 정도 재워요.

4 팬에 포도씨오일을 두르고 양념한 황태를 중간이나 약한 불로 구워 완성해요.

한국인의 위 보호 프로젝트
부추연근전

부추와 연근의 만남이라, 조금 의외의 조합처럼 느껴지실 거예요. 재료에서 느껴지듯 말 그대로 건강 요리예요. 부추는 간 기능을 강화하고 해독 작용을 하며 몸을 따뜻하게 하고 위와 장 기능을 강화하고 촉진해요. 배가 냉해져서 설사와 복통이 많을 때 먹으면 효과가 좋으며 특히 음주 후 설사에 효과가 있다고 알려져 있어요.

재료(4인분)
연근 1개, 홍고추 1/2개, 녹말가루 2큰술, 부추 10줄기, 천일염 1작은술, 식촛물(물 4컵, 현미식초 3큰술)

Cooking Point
부추 대신 봄에는 달래나 두릅을 넣어도 좋아요. 여름에는 부추나 양파, 가을에는 밤이나 버섯을, 겨울에는 참마나 미역을 넣어 조리하면 좋아요. 블렌더가 없으면 칼로 거칠게 다지거나 강판에 갈아서 준비하세요.

1 연근은 껍질째 깨끗이 씻어 식촛물에 1시간 정도 담가 아린 맛을 제거한 다음 블렌더에 넣어 곱게 갈아요.

2 부추와 홍고추는 잘게 다져요.

3 1과 2를 잘 섞은 다음 천일염과 녹말가루를 넣어 반죽해요.

4 팬에 포도씨오일을 두르고 연근반죽을 떠 넣어 앞뒤로 노릇하게 구워 완성해요.

체내 칼슘 흡수율을 높여주는
표고버섯전

어떤 분은 표고버섯의 향을 너무 좋아하시는데, 또 어떤 분은
그 특유의 향을 싫어하기도 해요. 이렇게 생김새만큼이나
식성이 제각각이라는 사실이 재밌어요. 생표고버섯은 갓 표면이 갈색으로
매끄럽고 뒷면의 살이 거뭇하지 않고 흰빛을 띠는 것이 좋아요.
표고버섯은 맛이 달고 성질이 온화하여 체질에 상관없이
누구나 즐길 수 있는 저칼로리 식품이랍니다.

🌸 **재료(4인분)**
표고버섯 8개, 청주 3큰술, 현미가루 1/4컵, 달걀 1개, 포도씨오일 적당량
속 두부 1/3모, 다진 쇠고기 3큰술, 천일염 1작은술, 참기름 1큰술, 후춧가루 약간

1️⃣ 두부는 물기를 제거해서 손으로 으깬 다음 쇠고기, 참기름, 소금, 후춧가루를 넣고 반죽해요.

2️⃣ 표고버섯은 기둥은 떼어서 잘게 다지고 갓 부분은 청주에 살짝 재워요.

3️⃣ 1과 2를 한데 섞어 속 반죽을 만들어요.

현미가루가 없으면 통밀가루로 대신하세요.

4️⃣ 표고버섯의 갓 안쪽에 현미가루를 묻혀 3의 속 반죽을 채워 넣어요.

5️⃣ 속 반죽을 채운 표고버섯에 현미가루를 골고루 발라 달걀물에 담가요.

6️⃣ 팬에 포도씨오일을 두르고 표고버섯을 넣어 앞뒤로 노릇하게 지져 완성해요.

최쌤의 건강한 귀띔

표고버섯에 청주를 넣어 요리하면 혈액순환에 좋고 숙면에도 도움이 돼요. 청주에 생표고버섯을 넣어 따뜻하게 데워 먹거나 청주에 말린 표고버섯을 넣어 1개월 정도 숙성시킨 후 마셔도 좋아요. 또한 말린 표고버섯을 넣은 청주는 음식을 만들 때 조리용 술로 사용하면 음식의 맛이 한층 깊어져요.

조림·찜

맛깔스럽게 조리려면요~

조림 국물의 맛과 간이 제대로 식재료에 스며들어야 하는데, 식재료가 어떤 것이라도 상관없이
조림장은 적당히 끓여 맛이 깊어지면 재료를 넣어 졸이세요. 쇠고기와 돼지고기는
약한 불에서 졸여야 육질이 부드럽고 고기가 적당히 무른 다음 간을 해야 딱딱해지지 않아요.
닭고기는 겉면을 먼저 굽고 나서 조려야 겉은 쫄깃하고, 안은 육즙이 빠져나가지 않아
부드럽게 요리돼요. 생선류도 조림 국물을 끓이다가 생선을 넣고 끓여야 맛이 제대로 배고
오랜 시간 가열하지 않아도 되므로 부드러워요. 감자와 당근, 무 등은 돌려깎아야 부서지지 않고
우엉이나 연근 등의 단단한 뿌리채소 등은 데쳐서 조리면 아삭하고 깔끔한 조림을 만들 수 있어요.
다른 조리방법보다 조림은 냄비의 바닥이 중요해요. 열을 받는 바닥의 두께가 두꺼울수록
열 보유력이 높아지고 식재료의 부피와 상관없이 온도를 잡아주어 수분이 빠져나오지도,
소스가 타는 일도, 간이 잘 안 배는 일이 없어요. 맛있는 조림을 위해서는 이것만 주의하세요.
식재료 살짝 익히기, 조림 국물 끓이기, 뚜껑 덮고 간이 배도록 조리기, 뚜껑 열고 수분 날리기예요.

알알이 포슬포슬하게 맛있어요
알감자조림

감자가 그냥 탄수화물 덩어리인 줄 아시는 분이 많아요. 그런데 놀랍게도 알칼리 식품인 감자에는 칼륨이 밥보다 16배나 많고, 비타민 C는 다른 채소와 달리 삶아도 파괴되지 않는 특성이 있어요. 햇감자는 그대로 굽거나 삶아서 요리하고, 묵은 감자는 갈아서 옹심이나 감자 송편 등을 해먹거나 부침개를 만들어도 좋아요.

 재료(4인분)
알감자 10~12개, 포도씨오일 2큰술, 통깨 약간
조림장 물 1컵, 간장 1/4컵, 설탕 1큰술, 조청 2큰술, 천일염 약간

최쌤의 건강한 귀띔

알감자는 볶음이나 탕, 찜 요리보다는 조려 먹는 것이 가장 맛있는데 속까지 부드럽게 익힌 알감자조림은 감자를 물에 데쳐서 조리면 감자 특유의 포슬포슬한 맛이 살아나요. 뜨거울 때 냉장 보관하면 감자가 쭈글거리므로 식혀서 냉장 보관하세요.

1 알감자는 껍질째 깨끗이 씻어 물기를 제거해요.

2 팬에 포도씨오일을 두르고 알감자를 넣어 중간 불에서 표면이 옅은 갈색이 될 때까지 굴려가며 익혀요.

3 조림장 재료를 한데 섞어 2에 넣고 센 불로 끓이다가 끓어오르면 약한 불로 줄여요.

4 감자가 속까지 익으면 통깨를 뿌려 완성해요.

고추와 새우의 소개팅
꽈리고추 마른새우조림

비록 생김새는 볼품없지만 영양만큼은 무시할 수 없는 꽈리고추는 비타민 A와 C는 물론 성인에게 부족하기 쉬운 섬유질이나 칼슘, 철분, 무기질 등이 풍부하게 들어 있는 영양의 균형이 잘 이루어진 식품이에요. 특히, 베타카로틴이 들어 있어 기름에 볶으면 체내 비타민 흡수율이 좋아지고 호흡기 감염에 대한 저항력을 높이고 면역력을 증진시켜요.

🌸 **재료**(4인분)
꽈리고추 2컵, 마른새우 1컵, 포도씨오일 1큰술
양념장 간장 2큰술, 포도씨오일 1큰술, 설탕 1큰술, 조청 1큰술, 다진 마늘 1큰술, 물 2큰술, 참기름 1작은술, 통깨 약간

Cooking Point
꽈리고추는 꼭지를 떼고 바늘로 한 번 찔러 간이 배도록 하세요. 바늘로 찌르는 것이 귀찮으면 손끝으로라도 상처를 내서 조리하세요. 마른새우를 먼저 볶다가 꽈리고추를 넣고 고추의 색이 선명해질 때까지만 볶으세요.

1 꽈리고추는 씻어서 꼭지를 떼고 바늘로 한 번씩 찌르고 물기를 제거해요.

2 달군 팬에 포도씨오일을 두르고 꽈리고추와 마른새우를 넣어 볶아요.

3 참기름과 깨소금을 제외한 **양념장 재료**를 한데 섞어요.

4 2에 3의 양념장을 넣어 볶다가 꽈리고추와 마른새우에 양념이 배면 불을 끄고 통깨와 참기름을 뿌려 완성해요.

여러 가지 콩으로 만들어보세요
콩조림

콩은 밭에서 나는 쇠고기라고 해요. 콩은 질 좋은 단백질과 지방, 비타민이 풍부한 완전식품으로 검은콩, 메주콩, 쥐눈이콩, 병아리콩, 강낭콩, 완두콩 등 그 종류도 정말 다양해요. 콩은 우리 식생활에서 정말 다양한 조리방법으로 사용되는데, 콩류와 돼지고기와 함께 볶으면 콩류의 이로운 성분을 섭취할 수 없다고 해요.

재료(4인분)

쥐눈이콩 1컵, 메주콩 1컵, 물 2~3컵, 호두 1/2컵, 잣 1/2컵, 간장 2/3컵, 설탕 3큰술, 조청 2큰술, 천일염 약간, 올리브오일 1큰술

Cooking Point

압력솥으로 콩조림을 할 때는 압력솥에 콩 1컵, 물 1/3컵, 간장 1/3컵, 설탕 2큰술, 조청 1큰술과 천일염을 약간 넣은 후 압력솥의 압력계기가 올라가면 불을 끄고 계기가 내려가면 뚜껑을 열고 볶아둔 호두와 잣을 넣어 졸여요.

1 냄비에 쥐눈이콩과 메주콩은 잘 씻어서 넣고 물 2~3컵을 부어 천일염으로 간한 다음 뚜껑을 덮고 중간 불로 20분 정도 삶아요.

2 볼에 간장, 설탕, 조청을 넣어 설탕입자가 녹을 수 있도록 잘 저어요.

3 1에 2를 넣고 냄비 뚜껑을 열고 조려요.

4 콩조림에 점성이 생기고 갈색이 돌면 호두와 잣을 넣어 바특해질 때까지 조린 다음 불을 끄고 올리브오일을 둘러 완성해요.

고소한 맛에 영양까지 챙기는
아몬드 우엉조림

일상에서 견과류를 규칙적으로 먹기가 쉽지 않아요. 그래서는 저는 볶음 요리를 할 때 일부러 견과류를 넣곤 해요. 또 우엉은 몸을 따뜻하게 하는 식재료로 식물성 섬유질이 많고 장내 유익한 세균 번식을 활발하게 해 비타민 합성을 도와요. 몸에 좋은 우엉과 견과류 중에서 비타민 E, 칼륨, 인, 칼슘 등이 풍부한 아몬드가 만나서 서로 시너지 효과를 일으켜요.

재료(4인분)
우엉(60cm) 1토막, 아몬드 1컵, 식촛물(물 2컵, 현미식초 2큰술)
조림장 포도씨오일 1큰술, 물 1/2컵, 간장 6큰술, 맛술 6큰술, 조청 3큰술

1 우엉은 껍질째 깨끗이 씻어 연필을 깎듯 비스듬히 깎아 식촛물에 잘 씻어서 물기를 제거해요.

2 불에 달군 팬에 아몬드를 넣어 노릇하게 구워요.

3 불에 달군 팬에 1의 우엉을 넣어 볶다가 **조림장 재료**를 섞어 넣고 조려요.

4 2의 구운 아몬드를 넣어 양념이 배도록 조려 완성해요.

Cooking Point
우엉은 보통 1~3월이 제철로 이때 나온 우엉은 억세지 않고 부드러워요.
우엉은 굵기가 지름 2cm 정도가 좋으며 뿌리에 힘이 있고 단단한 것이 신선해요.
우엉을 손질할 때 힘들게 가늘게 채 써는 분들이 많은데 우엉을 도마 위에 비스듬히 세우고 연필을 깎듯이 칼을 바깥쪽으로 향하게 하여 썰면 손쉽게 돌려가며 썰 수 있어요.
한꺼번에 썰어서 식촛물에 담갔다가 살짝 데쳐 냉장고에 두면 2~3일은 보관이 가능해요.
아몬드와 같은 견과류는 냉장이나 냉동 보관해서 꺼내면 기름에 찌든 맛이 나요.
이때는 팬을 달구어 노릇하게 볶으면 견과류의 고소한 맛이 살아나죠.

쭉쭉 찢어 국물에 비벼 먹자
쇠고기장조림

갓 지어 김이 솔솔 나는 따뜻한 현미밥 한 숟가락에 손으로 쭉쭉 찢은 장조림을 올려 한입 가득 씹다 보면 어린 시절의 추억이 솔솔 떠올라요. 보통 장조림은 홍두깨살로 만들지만, 사태를 이용하면 약간의 기름이 있지만 더욱 부드러운 맛을 즐길 수 있어요. 또 쇠고기 대신 표고버섯 기둥을 쭉쭉 찢어 만들면 맛이 담백해서 더욱 특별해요.

재료(4인분)
쇠고기 홍두깨살(또는 우둔살) 1근(600g), 달걀 2개, 대파 1대, 마늘 3쪽, 생강 1/2톨, 마른 고추 2개, 간장 1컵, 물 4컵, 조청 1/3컵

Cooking Point

장조림을 덩어리째 만들면 먹을 때마다 손으로 찢거나 썰어야 하는 번거로움이 있어요. 장조림 국물이 반으로 졸면 달걀은 그대로 두고 쇠고기를 손으로 잘게 찢어 다시 냄비에 넣고 바글바글 끓여서 식힌 후 먹을 만큼만 데워 먹으세요. 잘게 찢은 다음에는 반드시 바글바글 끓여야 장조림이 상하지 않아요.

1 쇠고기는 찬물에 담가 핏물을 빼고 달걀은 완숙으로 삶아 껍질을 벗겨요.

2 생강은 얇게 저미고 대파는 어슷 썰고 마른 고추는 반으로 갈라 씨를 제거해요.

3 냄비에 물, 간장, 대파, 마늘, 마른 고추, 생강을 넣어 고기가 익을 때까지 푹 삶아요.

4 양념 국물이 3분의 1이 될 때까지 졸이다 조청을 넣어 한소끔 끓여 완성해요.

날씬한 사람들의 식습관
두부조림

콩으로 두부를 만들면 단백질 함량은 다소 줄어들지만 열량은 1/5로 줄어 저칼로리 중의 저칼로리 음식이 돼요. 또 콩의 체내 흡수율은 60%인 반면 두부는 95%라 영양면에서도 상당히 우수해요. 두부의 사포닌은 체내에서 지방의 합성과 흡수를 억제하고 지방 분해를 촉진한다고 하니 다이어트에 효과적이겠죠.

재료(4인분)
두부 1모, 천일염 약간
양념장 간장 3큰술, 고춧가루 1큰술, 조청 1작은술, 물 3큰술, 다진 파 1큰술, 다진 마늘 1큰술, 참기름 1큰술, 통깨 약간

Cooking Point
습관적으로 팬에 오일을 듬뿍 두르고 두부를 지지는 경우가 많은데, 이럴 경우 두부의 신선한 맛을 해치는 것은 물론 고유한 맛을 살릴 수가 없고 칼로리도 높아져요. 참고로 두부와 시금치를 함께 요리하면 시금치의 수산과 두부의 칼슘이 결합하여 수산칼슘이 만들어져서 결석을 일으킬 수 있으니 주의하세요.

1 두부는 씻어서 물기를 제거하고 일정한 간격으로 자른 다음 천일염을 뿌려 밑간해요.

2 팬에 오일을 두르지 말고 두부를 넣어 앞뒤로 노릇하게 구워요.

3 참기름을 제외한 **양념장 재료**를 한데 섞어요. 냄비에 두부를 담고 양념장을 올리는 식으로 두부를 켜켜이 담고 남은 양념장을 끼얹어요.

4 양념장 국물이 졸아서 윤기가 돌면 참기름을 둘러 완성해요.

피곤해 하는 남편과 아이들을 위해

오징어 연근조림

많이들 피곤하시죠? 현대인은 누구나 피곤하다는 말을 입에 달고 살아요. 오징어에는 자양강장 효과가 있는 타우린이 쇠고기에 비해 최고 25~32배 정도 많이 들어 있어 피로회복에 좋은 식재료로 알려져 있어요. 타우린은 특히 오징어 껍질에 많이 들어 있으므로 되도록 껍질째 조리하는 것이 좋아요. 연근 또한 피로회복을 돕는 식재료로 스트레스로 인한 불면증에 효과가 있어요. 이런 오징어와 연근을 이용한 조림이 바로 가족들의 피로회복제랍니다.

재료(4인분)

오징어 1마리, 연근 1/2개(150g), 물 2 컵, 현미식초 1큰술
조림장 물 1컵, 간장 3큰술, 맛술 1큰술, 조청 2큰술, 설탕 1작은술

Cooking Point

연근은 겉면의 흙을 잘 털고 껍질째 썻어서 끓는 식촛물에 살짝 데쳐 사용하면 연근의 사각거리는 식감이 살아나요. 오징어와 연근은 너무 높은 온도에서 졸이면 오징어의 식감이 딱딱해지므로 조림장을 끓인 다음 낮은 불로 은근히 조리는 것이 비법이에요.

1 오징어는 내장을 제거해서 손질하고 껍질째 0.5cm 두께의 링 모양으로 썰어요.

2 연근은 잘 씻어서 껍질째 0.5cm 두께로 썰어 끓는 식촛물에 살짝 데쳐요.

3 볼에 **조림장 재료**를 한데 섞어 조청과 설탕이 잘 풀어지도록 저어요.

4 냄비에 조림장과 연근을 넣어 중간 불로 조리다가 연근에 양념이 배면 오징어를 넣고 조려서 완성해요.

황사도 두렵지 않아
흑돼지 묵은지찜

언제부터인가 봄만 되면 외출하기조차 두려울 만큼 황사가 심해지고 있어요. 그렇게 황사가 오면 가장 많이 팔리는 식재료 중 하나가 돼지고기 삼겹살이에요. 돼지고기가 공기 중의 미세 먼지와 중금속을 흡착하여 폐에 손상을 주거나 체내에 축적될 수 있는 독성 물질을 몸 밖으로 배출시키기 때문이에요.

재료(4인분)
제주산 흑돼지(보쌈용 오겹살) 800g, 묵은지 1/3포기, 양파 1개, 대파 1대, 마늘 4쪽, 생강 1톨, 쌈채소(상추, 근대, 신선초, 갓 등) 적당량
양념장 된장 3큰술, 간장 1작은술, 꿀 1큰술, 월계수 잎 5장, 커피 1큰술

Cooking Point
고기를 불에 직접 닿게 구우면 벤조피렌이라는 강력한 발암물질이 생성되어 암을 일으킬 수 있으므로 찜으로 조리하는 방법을 권해요.

1 양파는 반으로 갈라 채 썰고, 대파는 양파와 비슷한 크기로 어슷 썰어요.

2 마늘과 생강은 곱게 다져서 **양념장 재료**와 한데 섞어요.

3 압력솥에 1의 양파와 대파를 깔고 돼지고기를 올린 다음 양념장을 부어 20분 동안 익혀요.

4 압력솥의 압력계기가 내려가면 뚜껑을 열고 묵은지를 넣어 한 번 더 끓여 완성해요. 쌈채소와 함께 내요.

보양식계의 절대 강자
전복 약선 갈비찜

흔히들 몸이 허하면 "보약 한 재 지어 먹어야겠다"고 말하잖아. 그런데 제주도에서는 "자연산 전복을 먹어야겠다"고 말할 만큼 전복을 보양에 좋은 최고의 식재료로 여긴다나 봐요. 산모의 젖이 나오지 않을 때도 전복을 푹 고아 먹였다고 하는데 전복에는 비타민, 칼슘, 인 등이 풍부하여 간장 보호, 피로 회복, 시력 보호 등에 효과가 있어요.

🌸 **재료**(4인분)

전복 4개, 쇠갈비 800g, 물 5컵, 청주 2큰술,
수삼 1뿌리, 무 1/4개, 당근 1개, 밤 5개, 대추 3개,
은행 8알, 대파 1대, 마늘 6쪽
양념장 간장 1컵, 배 간 것 1/4개분, 양파 간 것 1/2개분,
조청 4큰술, 다진 마늘 1큰술, 다진 파 1큰술,
참기름 1큰술, 깨소금 1큰술, 후춧가루 약간, 천일염 약간

Cooking Point

압력솥을 이용할 때는 물의 양을 줄여 물 1컵에 양념장을 섞고 압력솥에 모든 재료를 넣고 끓여요.

1 쇠갈비는 5cm 길이로 토막 낸 것으로 준비해 찬물에 담가 핏물을 빼고 전복은 깨끗이 씻어 손질해요.

2 수삼은 어슷 썰고 무와 당근은 같은 크기로 돌려깎아요.

3 냄비에 물, 청주, 대파, 마늘을 넣어 끓인 다음 1의 갈비를 넣고 푹 삶아요.

양념장은 미리 만들어 두세요.

4 3의 국물 2컵에 **양념장** 재료를 모두 섞은 다음 갈비를 익히다가 전복과 2를 넣어 국물을 자작하게 졸여 완성해요.

노폐물과 유해 물질을 배출시키는
총각무찜

총각김치는 익혀서 날로만 먹는 줄 알았어요. 그런데 총각김치를 좋아하시는 아는 분께서 신 총각김치를 찜으로 만들어 드신다고 하더라고요. 맛도 맛이지만, 총각무가 시어지면 유산균의 함량이 높아지고 식욕을 증진시키지만 불필요한 에너지의 축적은 막고 노폐물이나 유해 물질의 배출을 도와 다이어트에도 도움이 된다고 해요. 천연 소화제로 알려진 무는 디아스타제라는 전분 분해 효소가 있어, 변비를 개선하며 장내 노폐물을 청소해줘요.

재료(4인분)
신 총각김치(총각무) 5~6개(400g), 들기름 2큰술
양념장 된장 1큰술, 간장 1작은술, 조청 3큰술, 물 1+1/2컵, 다진 마늘 1큰술, 표고버섯가루 1큰술, 멸치가루 1/2큰술

Cooking Point

총각무는 조직이 강하여 익혀도 쉽게 물러지지 않으며 끓일수록 깊은 맛이 살아나요. 천연조미료인 표고버섯가루, 멸치가루, 새우가루 등을 넣으면 더욱 감칠맛이 좋아요.

1 신 총각김치는 씻어 물에 3시간 이상 담갔다가 물기를 빼요.

2 볼에 **양념장 재료**를 한데 섞어 된장이 잘 풀어지도록 저어요.

3 냄비에 들기름을 두르고 1의 총각무를 넣어 무청이 타지 않게 볶아요.

양념장은 미리 만들어 두세요.

4 양념장을 넣어 국물이 바특해질 때까지 조려서 완성해요.

따끈한 현미밥의 절친
깻잎찜

보통 들깨의 잎을 '깻잎'이라고 하는데 초여름부터 서리가 내리기 전까지가 제철이에요. 잎이 너무 큰 것은 질기므로 적당한 크기의 옅은 녹색을 띤 어린잎을 고르는 것이 좋아요. 비타민 A와 C가 풍부하지만 다른 채소에 비해 철분 함유량이 풍부하고 칼슘과 비타민 K가 많아 내장의 점막을 보호하고 빈혈을 개선하고 병에 대한 저항력을 키워주는 식재료가 바로 값도 저렴한 깻잎이랍니다.

재료(10인분)
깻잎 70장
양념장 물 1/2컵, 간장 1/2컵, 조청 2큰술, 다진 파 2큰술, 다진 마늘 2큰술, 고춧가루 1큰술, 통깨 1큰술, 들기름 1큰술, 홍고추 1개, 멸치가루 1큰술

Cooking Point
음식에 깻잎을 넣을 때는 조리의 맨 마지막에 넣어야 특유의 향과 맛을 즐길 수 있어요.

1 깻잎은 깨끗이 씻어 물기를 제거해요.

2 **양념장 재료**를 한데 섞고 홍고추는 다져서 넣어요.

3 냄비에 깻잎을 3~4장씩 담고 양념장을 올리는 식으로 깻잎을 켜켜이 담고 남은 양념장을 뿌려요.

4 냄비의 뚜껑을 닫고 약한 불이나 중간 불로 5분 정도 끓여서 완성해요.

짭조름하면서 푸짐한 음식이 그리울 때
고등어 김치찜

제 주변을 살펴보면 고등어는 호불호가 뚜렷한 생선 같아요. 좋아하시는 분들도 있지만 생선 특유의 비린내로 싫어하시는 분들도 있는데, 그런 분들께 감히 추천하는 메뉴예요. 가을에서 겨울에는 고등어가 맛이 고소할뿐더러 영양 또한 가득해요. 고등어의 오메가3지방산 가운데 EPA는 혈관에 노폐물이 쌓이는 것을 막고 혈관 건강을 지켜줘요. 김치는 비타민 C와 베타카로틴이 풍부해 몸의 저항력을 높여줘요. 고등어의 느끼한 맛을 김치가 잡아주니 믿고 드셔보세요.

🌸 **재료**(4인분)
고등어 1마리, 배추김치 1/4포기, 소금물(물 3컵, 천일염 3큰술)
양념장 물 1컵, 간장 1큰술, 고춧가루 1큰술, 표고버섯가루 1/2큰술

Cooking Point

고등어는 천일염을 넣은 소금물로 씻으면 육질의 탄력이 떨어지지 않아요. 자반고등어는 살짝 물에 담가 짠맛을 제거하고 양념장은 약간 심심하게 조절하세요.

① 고등어는 머리와 내장을 제거하고 먹기 좋은 크기로 토막내서 소금물로 씻어요.

② 김치는 소를 털어내고 5cm 길이로 썰어요.

③ 냄비에 **양념장 재료**를 모두 넣어 섞고 김치를 넣어 끓여요.

④ 3이 한소끔 끓어오르면 고등어를 넣어 중간 불로 은근하게 조려 완성해요.

무침

나물을 맛깔스럽게 무치려면요~

무침 요리에는 재료를 익혀서 무치는 숙채와 생으로 무치는 생채가 있어요.
숙채는 간장, 다진 파, 다진 마늘, 깨소금, 참기름의 양념이 기본으로 들어가고,
생채는 현미식초, 천일염, 조청이 기본이에요. 양념은 하나씩 직접 재료에 넣으면
어떤 양념이 많이 들어갈 수도 있으므로 양념을 한데 섞어서 무치는 것이 기본이며
재료를 익혔을 때 물기를 제거하지 않으면 양념이 겉돌고 질척해질 수 있어요.
숙채의 경우 데칠 때는 채소가 살아 있었는데 무치고 나서 색이 죽는 경우가 있는데,
그것은 온도의 영향 때문이에요. 데친 재료는 재빨리 식혀야 재료가 가지고 있던
잔열로 인한 오버쿠킹을 막을 수 있어요. 씻어내는 것이 목적이 아니라 식히는 것이 목적이므로
이 점을 주의하세요. 마지막으로 각각의 식재료를 비슷한 크기로 썰어서 버무려야
요리가 깔끔하고 정갈해 보여요.

빛깔이 곱고 매콤한
오징어채무침

사실 밑반찬은 거기서 거기일 때가 많아요. 바다에서 나는 재료를 살펴봐도 멸치, 오징어채, 마른새우 정도가 고작이에요. 그래도 제가 만드는 오징어채는 차원이 다른 아주 스페셜한 반찬이랍니다. 오징어채는 오징어를 말려서 얇게 편 것으로 잘 마르고 색이 일정한 것이 좋아요. 그런데 냄새를 맡아보아 쿰쿰한 냄새가 나면 스팀에 쪄서 다시 말려 사용하세요.

재료(4인분)
마른 오징어채 200g, 물 2큰술, 포도씨오일 1큰술, 참기름 1큰술, 통깨 1큰술
양념장 고춧가루 1큰술, 간장 1큰술, 다진 마늘 1작은술, 조청 2큰술, 맛술 3큰술, 천일염 약간

Cooking Point

가는 오징어채는 불을 최대한 약하게 해서 오징어채가 오그라들기 시작하면 곧바로 불을 끄고 냄비에 남아 있는 열로 조리하세요. 두꺼운 오징어채는 약간 딱딱하면 오렌지주스에 담갔다가 꼭 짜서 요리하면 부드러워져요.

1 마른 오징어채는 물 2큰술을 뿌려 촉촉하게 만들어요.

2 팬에 포도씨오일을 두르고 오징어채를 살짝 볶아요.

3 양념장 재료를 한데 섞어 2에 넣어 오징어채를 볶은 다음 불을 꺼요.

4 참기름과 통깨를 뿌려 완성해요.

겨울철 영양 공급을 담당할 해조류의 왕
김무침

어릴 적에는 들기름에 구운 김만 있어도 진수성찬이 부럽지 않았어요. 김에는 세포 손상을 막고 노화를 예방하는 항산화물질이 다량 함유되어 있어요. 성인병과 치매를 방지하며, 빈혈에 좋고 체내의 유해 성분을 배출한다고 알려져 있어요. 우리나라의 대표 특산물 중의 하나인 김은 김씨 성을 가진 사람이 제일 먼저 발견했다고 해서 붙여진 이름이라고 하는데, 너무 재미있죠?

재료(4인분)
김 7장, 참기름 1큰술
양념장 간장 2큰술, 조청 1큰술, 고춧가루 1작은술, 다진 마늘 1작은술, 깨소금 1큰술

Cooking Point
김은 잘못 보관하면 금세 눅눅해지는데, 한 번 눅눅해지면 바삭하게 굽는 게 어려워요. 하지만 수분을 날려버린 후 팬에 구워 무침으로 만들면 눅눅한 김이 화려한 변신을 해서 맛 좋은 김무침이 완성돼요.

1 팬을 달구어 김을 구워요.

2 볼에 구운 김을 먹기 좋은 크기로 손으로 잘라서 담아요.

3 참기름을 넣어 살살 버무려요.

4 양념장 재료를 한데 섞어 김에 넣고 고루 무쳐 완성해요.

껍껍에 담긴 생명력의 비밀
발사믹 미역양파

언제부턴가 양파가 건강식품으로 주목받기 시작했어요. 양파즙을 유행처럼 드시기도 하고요. 양파는 원기회복에 으뜸인데 혈액 속의 불필요한 지방과 콜레스테롤의 축적을 억제하는 등 동맥경화와 고지혈증을 예방하는 데 상당히 좋아요. 칼슘과 철분이 풍부하여 강장 효과가 뛰어날 뿐만 아니라 비타민 B_1의 흡수를 촉진시켜 신진대사를 원활하게 하고 피로회복에도 좋다고 하네요. 그러니 양파를 많이들 드세요!

재료(2인분)
마른미역 1큰술(12g), 양파 1/2개, 발사믹식초 2큰술, 간장 1/2작은술, 조청 1/2작은술, 유부 1/4장, 천일염 약간

Cooking Point
양파는 겉껍질까지 모두 조리하는 것이 좋아요. 겉껍질에는 녹차의 카테킨과 토마토의 라이코펜에 상응하는 강력한 항산화물질인 쿼르서틴이 있어요. 양파의 쿼르서틴은 열에 강하기 때문에 익혀 먹어도 효과가 동일해요.

1 마른미역은 물에 불려 물기를 빼서 3cm 길이로 썰고 유부는 슬라이스해요.

2 양파는 채 썰어 천일염으로 간해요.

3 불에 달군 팬에 유부와 미역, 양파를 넣어 볶아요.

4 발사믹식초와 간장, 조청을 섞어 넣고 30초 정도 볶아 완성해요.

건강 반찬

제철의 싱싱함을 그대로
얼갈이배추 쑥갓무침

쑥갓은 위를 따뜻하게 보호하고 장을 튼튼하게 하는 채소로 비타민 A·B·C를 비롯해 칼슘, 철분, 칼륨 등 무기질이 다른 녹황색채소에 비해 많아요. 잎이 많고 줄기를 손으로 꺾어보아 부러지는 것이 신선한 것으로 잎이 길고 줄기가 굵고 뻣뻣하고 긴 것은 피하세요. 쑥갓은 살짝 숨만 죽이듯 데쳐서 맑게 나물로 무쳐도 그 맛이 향긋하고 입맛을 돋워요. 저는 세상의 모든 채소가 이렇게 좋으니, 이것도 병인가 봐요!

재료(4인분)
얼갈이배추 1/2단, 쑥갓 5줄기(80g), 된장 2큰술, 간장 1작은술, 다진 파 1큰술, 다진 마늘 1작은술, 레몬즙 1큰술, 맛술 1큰술, 천일염 약간

Cooking Point

쑥갓은 조금만 건조해도 시들기 때문에 사온 즉시 조리하고 분무기로 물을 뿌려서 신문지나 키친타월에 싸서 보관하세요.

1 얼갈이배추는 한 잎씩 떼어 씻어서 끓는 물에 천일염을 넣고 살짝 데쳐요.

2 데친 얼갈이배추는 찬물에 헹궈 물기를 꼭 짜요.

3 쑥갓은 깨끗이 씻어 먹기 좋은 크기로 잘라 물기를 제거해요.

4 2의 얼갈이배추에 된장, 다진 파, 다진 마늘, 간장, 맛술을 넣어 버무린 다음 쑥갓을 넣고 레몬즙과 천일염으로 간해서 완성해요.

잃었던 입맛이 확 살아나는
쑥갓 잣무침

쑥갓의 독특한 향기는 비위를 편안하게 하고 위와 장을 따뜻하고 튼튼하게 하며 입맛을 돋워 소화를 촉진해요. 쑥갓의 식물성 섬유는 장을 자극해 변비가 있는 사람이 먹으면 좋아요. 쑥갓에 잣을 넣어 고소함을 더한 무침이에요. 저는 몸에 좋은 견과류를 많이 먹기 위해 나물을 무칠 때도 견과류를 넣곤 하는데, 맛도 고소하고 건강까지 챙길 수 있어 너무 좋아요.

재료(4인분)
쑥갓 1/4단, 잣 2큰술, 표고버섯가루 1작은술, 참기름 약간, 천일염 약간

Cooking Point
쑥갓을 데칠 때는 천일염을 조금 넣은 물에 엽록소 파괴를 막기 위해 뚜껑을 열고 살짝 데친 후 바로 찬물에 헹구세요. 물기를 꼭 짜서 간이 싱거워지지 않도록 하세요.

1 쑥갓은 깨끗이 씻어요.

2 물이 끓으면 천일염을 넣어 쑥갓을 파랗게 데친 다음 찬물에 헹궈 물기를 빼요.

3 잣은 키친타월 위에 올려 곱게 다지고 쑥갓은 먹기 좋은 크기로 잘라요.

4 데친 쑥갓에 표고버섯가루와 잣, 참기름을 넣고 고루 무쳐 완성해요.

천연 칼슘 영양제
부추 멸치젓무침

부추는 어느 젓갈을 넣어도 감칠맛이 돌아 밥 한 그릇 뚝딱 비우게 해요. 저는 시장에 가서 부추만 보면 왠지 장바구니에 넣어야 할 것만 같아요. 멸치는 대개 뼈째 먹는데 단백질을 비롯해 골격 형성에 필수적인 칼슘과 인, 항암작용을 하는 나이아신 등이 풍부하게 들어 있어요. 간 기능을 강화하고 해독작용을 돕는 부추와 함께 조리하면 신진대사를 활발히 도와 상승 효과를 가져와요.

🌸 **재료**(4인분)
부추 1/2단, 홍고추 1개
양념장 멸치액젓 1큰술, 조청 1큰술, 통깨 2큰술, 현미식초 1작은술

Cooking Point
부추를 생으로 먹을 때는 연한 재래종 부추를 사용하세요. 또 멸치젓과 다진 마, 고춧가루, 풋고추 등을 썰어 잘 섞은 다음 참기름을 뿌리면 쌈장으로 제격인 멸치젓 쌈장이 완성돼요.

① 부추는 4~5cm 길이로 잘라요.

② 부추는 찬물에 씻어 물기를 빼요.

③ 홍고추는 반으로 갈라 씨를 제거하고 잘게 다져요.

④ 볼에 부추와 홍고추를 넣고 **양념장** 재료를 모두 넣고 무쳐 완성해요.

집 나간 입맛 찾기
가지나물무침

요즘에는 가지가 시도 때도 없이 시장에 나와 있어 저를 헷갈리게 해요. 아무리 그래도 가지는 여름에 먹어야 제맛이죠. 가지는 표면이 탱탱하고 꼭지가 마르지 않고 겉 표면이 짙은 검은색을 띠는 것이 좋으며 꼭지에 가시가 많으면 씨가 많아 맛이 없어요. 가지는 찬바람이 나면 씨가 없어지고 단맛이 생기기 때문에 이때 가지를 말려 마른 나물로 먹으면 좋아요.

재료(4인분)
가지 2개, 쪽파 2뿌리, 실고추 약간, 송송 썬 쪽파 약간
양념장 간장 1큰술, 고춧가루 1/2큰술, 깨소금 1큰술, 참기름 1큰술, 다진 마늘 1/2큰술, 천일염 약간

Cooking Point
가지는 성질이 차갑기 때문에 열이 있는 양성 체질인 태양인이나 소양인이 먹으면 좋고, 식물성 기름을 써서 요리하면 리놀레산과 비타민 E를 많이 섭취할 수 있어요.

1 가지는 깨끗이 씻어서 길이로 2등분 한 다음 찜기에 쪄요.

2 찐 가지는 손으로 먹기 좋게 찢어요.

3 볼에 **양념장 재료**를 한데 섞은 다음 가지를 넣어 무쳐요.

4 가지무침을 접시에 담고 송송 썬 쪽파와 실고추를 올려 완성해요.

너무너무 맛깔스러워서
대하 잣무침

예전에는 대하가 참 귀한 생선이었는데, 요즘에는 흔하게 볼 수 있어요. 대하는 단백질과 무기질이 풍부하며 튀김이나 구이로 먹는 경우가 많지만 자체 수분으로 굽거나 쪄서 조리해도 참 맛있어요. 잣은 칼슘이 적은 산성 식품이기 때문에 해조류와 함께 먹으면 좋고요. 잣이나 바나나와 함께 먹으면 변비에 좋고 생강과 함께 달여 먹으면 설사 치료에 도움이 된답니다.

재료(2인분)
새우(대하) 3마리, 아스파라거스 3대
양념장 잣 2큰술, 다진 마늘 1작은술, 천일염 약간, 후춧가루 약간, 참기름 약간, 깨소금 약간

Cooking Point

아스파라거스와 대하는 살짝 데쳐서 조리하는데, 끓는 물에 천일염을 넣고 30초 이내에 조리하거나 물을 조금 넣고 저수분으로 조리하면 수용성 비타민이 빠지는 것을 막을 수 있으며, 감칠맛을 그대로 느낄 수 있어요.

1 새우는 껍질째 깨끗이 씻어 팬에 담아 저수분으로 데쳐요.

2 익힌 새우는 껍질을 벗겨 반으로 잘라요.

3 아스파라거스는 밑동을 자르고 새우 길이로 자른 다음 다시 길이로 반 잘라요.

잣은 키친타월 위에 놓고 다져서 양념장에 넣어요.

4 볼에 새우와 아스파라거스를 담고 **양념장 재료**를 한데 섞어 넣고 고루 무쳐 완성해요.

더덕의 변신은 무죄
삼색 더덕생채

언젠가 아는 분이 더덕이 가득 담긴 바구니를 보내주셨는데, 정말 원 없이 더덕의 향에 취해 지냈어요. 더덕은 호흡기능을 보강해주는 효과가 있어 기침, 가래가 심할 때 약으로도 쓰여요. 나물로 먹으면 좋고 오래 묵어 진득진득한 노란 물이 가득 든 더덕은 산삼 못지않은 효과가 있다고 해요.

재료(4인분)

더덕 600g
소금 양념장 다진 파 1큰술, 다진 마늘 1/2작은술, 현미식초 1큰술, 조청 1큰술
간장 양념장 간장 1/2큰술, 다진 파 1큰술, 다진 마늘 1/2작은술, 참기름 1작은술, 다진 실파 약간
고추장 양념장 고추장 1큰술, 간장 1큰술, 고춧가루 1/2큰술, 다진 파 1큰술, 다진 마늘 1/2작은술, 현미식초 1큰술, 조청 1큰술, 참기름 1큰술

Cooking Point

더덕은 사포닌 성분으로 아린 맛이 강하기 때문에 소금물에 담가 쓴맛을 없애고 조리기도 해요.

1 더덕은 껍질을 벗기고 길이로 반 갈라 방망이로 납작하게 두드려요.

2 더덕은 결을 따라 손으로 잘게 찢어요.

3 3개의 볼에 각각 **소금 양념장 재료, 간장 양념장 재료, 고추장 양념장 재료**를 넣고 3가지 양념장을 만들어요.

4 2의 더덕을 3개의 볼에 나누어 담고 3의 3가지 양념장을 넣어 각각 버무려 완성해요.

반찬계의 귀족
해산물 수삼냉채

저는 전복은 죽으로만 끓여 먹는 줄 알았어요. 큰마음 먹고 전복을 사면 가족들 죽을 끓이곤 했거든요. 그런데 날로 먹어보니 그렇게 맛있을 수가 없어요. 입안에서 오돌오돌 씹히는 식감은 물론이고 향긋한 향과 감칠맛이 그만이더라고요. 수삼은 우유에 넣어 갈아서 섭취하는 경우가 많은데, 냉채에 넣으면 사포닌 성분이 감칠맛을 살려준답니다.

재료(2인분)
전복 2개, 관자살 2개, 수삼 1뿌리, 샐러드 채소 적당량
소스 배 1/2개, 오렌지 1개, 키위 1개, 겨자 1큰술, 현미식초 3큰술, 조청 1큰술, 천일염 1작은술

Cooking Point
전복과 관자살은 너무 오래 데치면 맛이 싱거워지고 질겨지므로 살짝만 데치세요. 또 너무 높은 온도에서 데치면 딱딱해지므로 저수분으로 살짝 데치세요.

1 수삼은 뿌리가 손상되지 않도록 잘 손질해서 물로 씻어 물기를 제거해요. 전복과 관자살도 손질해요.

2 전복과 관자살은 끓는 물에 천일염을 넣고 살짝 데쳐요.

3 수삼은 얇게 어슷 썰고, 관자살과 전복도 어슷 썰어요.

4 **소스** 재료를 한데 섞어 소스를 만든 다음, 접시에 샐러드 채소를 담고 전복과 관자살, 수삼을 올리고 소스를 뿌려요.

도토리는 양념을 좋아해
도토리묵무침

도토리에는 전분, 단백질도 풍부하지만 타닌과 폴리페놀도 풍부하기 때문에 소화를 방해할 수도 있어요. 도토리를 곱게 간 후 걸러내면 도토리가루 속의 섬유소와 전분이 분리되므로 여러 번 물을 갈아주면 타닌이 빠져나가요. 이렇게 만든 도토리가루를 물과 섞어 걸쭉한 농도가 되도록 끓여서 굳히면 다이어트에 그만인 도토리묵이 완성돼죠.

재료(4인분)
도토리묵 1/2모, 오이 1/2개, 상추 3장, 치커리 3줄기
양념장 간장 2큰술, 고춧가루 1큰술, 다진 마늘 1/2큰술, 다진 파 1큰술, 조청 1/2큰술, 천일염 약간, 통깨 약간, 후춧가루 약간

Cooking Point
도토리묵은 너무 오래 끓이면 딱딱해지므로 주의하세요. 또 채소를 잘 씻어서 물기를 제거하지 않으면 양념이 겉돌 수 있어요.

① 도토리묵은 먹기 좋은 크기로 채 썰어요.

② 오이는 반으로 갈라 어슷 썰어요.

③ 상추와 치커리는 씻어 물기를 제거하고 먹기 좋은 크기로 손으로 뜯어요.

④ **양념장 재료**를 한데 섞어 준비한 재료를 모두 넣고 무쳐 완성해요.

톡 쏘는 맥주의 맛!
돼지고기 겨자냉채

성장기 아이들은 고기를 먹어야 하잖아요.
돼지고기는 부위별로 맛과 영양이 다른데
삼겹살만 열량이 높을 뿐 다른 부위는
다른 육류와 비교해도 열량이 높지 않은 편이에요.
특히 안심의 경우, 단백질 함량은
쇠고기나 우유보다 높아
저칼로리 다이어트 음식으로도 좋아요.

재료(2인분)

돼지고기 안심(얇게 썬 것) 1/2근(300g), 겨자채 10장, 양파 1/2개, 맥주 1캔
양념장 두부 마요네즈 3큰술, 겨자 1작은술, 조청 2큰술, 다진 마늘 1작은술, 레몬즙 2큰술, 천일염 약간, 후춧가루 약간
두부 마요네즈 단단한 두부 으깬 것 1/2컵, 포도씨오일 1큰술, 현미식초 1큰술, 머스터드 1작은술, 조청 1작은술

1 냄비에 맥주를 붓고 끓어오르면 얇게 썬 돼지고기를 하나씩 넣어 익혀요.

2 겨자채는 씻어서 물기를 제거한 다음 채 썰고, 양파도 채 썰어요.

3 두부 마요네즈 재료를 한데 섞어요.

4 3에서 만든 두부 마요네즈 3큰술과 나머지 **양념장 재료**를 한데 섞은 다음 1과 2를 넣고 버무려 완성해요.

Cooking Point

맥주가 끓기 시작하면 바로 끓어 넘칠 수 있으므로 불을 줄이고 너무 많은 양의 고기를 넣지 말고 조금씩 넣으면서 충분히 익히세요. 두부 마요네즈는 찍어 먹는 소스로도 이용하지만 너무 담백할 때는 레몬즙의 양을 늘려 새콤한 맛을 살려도 좋아요.

Part 3

현미밥과 찰떡궁합인
국물 요리

'오늘은 무슨 국을 끓일까' 늘 고민되시죠?
신선한 제철 재료로 시원하고 얼큰하게 끓여낸 속 풀이 국부터,
즉석으로 끓여 먹어야 제맛인 푸짐한 전골까지…
국물 맛 제대로 살리는 노하우를 살짝 알려드릴게요.
감칠맛 나는 기본 국물만 만들어놓으면 맛있는 국물 요리를
언제든 후다닥 준비할 수 있어요. 전골의 남은 국물에는
현미밥을 볶아 먹거나 현미밥을 넣어 죽을 끓여도 별미랍니다.

국

끝내주는 국물을 만들려면요~

싱싱한 재료와 양념을 모두 넣고 끓였는데 국물 맛이 잘 안 난다고 조미료를 넣어본 적 많으시죠?
유명하다는 해장국집에 가서 주방을 살펴보다가 해장국솥에 5kg짜리 조미료를
반 이상 쏟아붓는 것을 보고 정말 많이도 놀랐던 경험이 있는데요.
인공조미료에 의존하지 말고 천연조미료를 사용해서 맛을 내보세요. 다시마, 멸치, 새우,
표고버섯을 가루 내어 사용하면 넣기도 간단하고 국물 내기도 쉽고 영양소를 모두 섭취할 수 있어서 좋아요.
중간에 데워 먹어야 하기 때문에 처음 끓일 때 간을 싱겁게 맞추는 것이 좋고요.
시원한 맛을 내기 위해 넣는 무는 잘게 썰지 말고 통으로 넣어 물러지기 전에 꺼내야 국물이 맑아요.
현미의 미강을 사용하면 국물 맛이 고소해져요.
여러 가지 재료로 육수를 끓였다면 한 번씩 먹을 분량을 포장해서 냉동 보관하면 요리하기가 많이 편해요.
개운한 다시마 국물을 기본으로 담백한 멸치 국물, 시원한 조개 국물, 구수한 쇠고기 국물, 감칠맛 도는
가다랑어 국물, 진한 사골 국물 등을 이용해서 어떤 국물 요리든 자신 있게 만들어보세요.

온 국민의 영양을 책임지는
미역국

우리 국민 중에 미역국을 싫어하는 분도 있을까요? 마땅한 찬이 없을 때 만만하게 상에 올릴 수 있는 국이에요. 특히 어린아이가 있는 집에서 자주 끓이게 돼요. 국물 맛이 부드럽고 깔끔해 누구나 좋아하는 국민 영양국, 쇠고기와 미역만 있으면 간단하게 끓일 수 있어요. 쇠고기가 없으면 해조류를 넣어 끓여도 좋답니다.

재료(4인분)
물 5컵, 쇠고기 등심(채썬 것) 1/2컵(100g), 마른미역 3큰술(50g), 들기름 2큰술, 다진 마늘 1큰술, 국간장 1+1/2큰술, 천일염 약간, 후춧가루 약간

Cooking Point
양념한 쇠고기를 달달 볶다가 미역을 넣어 미역색이 옅어질 때까지 볶다가 물을 붓고 끓이면 돼요. 재료에 따라 다르지만 쇠고기 대신 멸치 국물을 넣어도 되고, 홍합이나 재첩으로 국물을 내도 좋아요. 쇠고기로 국물을 내는 대신 사골 국물을 넣어도 좋아요.

1 마른미역은 찬물에 담가 불린 다음 물기를 빼고 냄비에 들기름을 두르고 볶아요.

2 미역의 색이 옅어지면 채 썬 쇠고기와 마늘을 넣어 볶아요.

3 물을 붓고 끓여요.

4 국이 끓어오르면 국간장과 천일염으로 간하고 후춧가루를 뿌려 완성해요.

속 풀이 해장국의 대명사
북엇국

저는 마땅한 국거리가 없을 때 북엇국을 자주 끓여 먹어요. 아침에 입맛이 없거나 술 마시고 난 다음 날 아침이면 저희 집 주방에는 고고한 참기름 냄새가 식욕을 마구 자극한답니다. 이런 아침에는 항상 북엇국이 상에 오르지요. 북엇국과 잘 익은 김치만 있으면 돈이 든든한 하루를 맞이할 수 있어요.

재료(4인분)
북어채 1컵(100g), 무(작은 것) 1/2토막(50g), 물 5컵, 다진 마늘 1작은술, 대파 1/4대, 달걀 1개, 참기름 1큰술, 국간장 1작은술, 천일염 약간, 후춧가루 약간

Cooking Point
북어를 충분히 불리지 않고 국을 끓이면 북어가 겉돌아 맛있는 성분이 바깥으로 빠져나오지 않아요. 또 북어를 불린 물은 버리지 말고 국에 넣어 끓이면 좋아요. 불린 북어를 참기름과 국간장에 무쳐 조리하면 깊은 맛이 우러나와요. 국물을 우릴 때 북어 대가리를 이용하면 한층 맛이 깊어져요.

1 북어는 물에 담가 불려요.

2 무는 나박 썰고, 대파는 어슷 썰어요.

3 냄비에 참기름을 두르고 불린 북어, 무, 마늘을 넣어 볶아요.

4 물을 부어 끓이다가 북어의 맛이 우러나면 달걀을 풀어 넣고 국간장, 천일염으로 간하고 후춧가루를 뿌려 완성해요.

구수한 시골의 맛
콩나물 시금칫국

장을 볼 때 빼놓지 않고 사게 되는 식재료가 있다면 콩나물과 두부, 달걀 정도가 아닐까요. 저는 냉장고에 콩나물만 있어도 찬거리 걱정이 없어요. 말갛고 담백한 콩나물국을 끓여도 좋고, 송송 썬 김치와 대파, 홍고추를 콩나물과 함께 넣어 얼큰하게 김칫국을 끓여도 좋아요. 또 북어를 넣어 속풀이 해장국을 끓여도 그만이에요.

재료(4인분)
콩나물 2컵(100g), 시금치 1/2단(100g), 모시조개 10개, 물 5컵, 국멸치 10마리, 다시마(10×10cm) 1장
양념 된장 2큰술, 대파(5cm) 1토막, 다진 마늘 1/2큰술, 천일염 약간

Cooking Point
콩나물은 길이가 길지도, 짧지도 않은 것으로 물이 올라 통통한 것으로 고르세요. 천연조미료인 다시마가루, 멸치가루, 새우가루 등을 사용하면 다시마와 멸치로 국물을 내는 번거로움이 없어서 간편해요.

1 냄비에 물을 붓고 다시마와 국멸치를 넣어 끓여요.

2 국이 끓어오르면 다시마는 건져내고 국멸치는 10분 정도 더 끓이다가 건져요.

3 콩나물, 시금치, 모시조개 순으로 넣어 끓여요.

4 된장과 대파, 다진 마늘을 넣고 끓이다가 천일염으로 간해서 완성해요.

김치만 있으면 상차림이 두렵지 않아요
김칫국

어느 집이나, 어느 냉장고에나 있는 신 배추김치만 있어도 끓일 수 있는 국이랍니다. 요즘에는 어느 집이나 김치냉장고가 있어서 김치를 한꺼번에 넉넉하게 담가서 먹잖아요. 저 역시 김치냉장고에 김치만 넉넉하게 있어도 왠지 뿌듯해요. 김칫국의 또 하나의 장점은 먹고 남은 김칫국은 찬 현미밥을 넣고 걸쭉하게 끓여 김과 곁들여 먹을 수 있다는 거예요.

재료(4인분)
신 배추김치 1/4포기(2컵), 대파(5cm) 1토막, 다진 마늘 1/2큰술, 고춧가루 1/2큰술, 국간장 1큰술, 물 6컵, 국멸치 10마리, 다시마(10×10cm) 1장, 천일염 약간

Cooking Point
김치를 오래 끓이면 김치 맛이 깊어지며, 콩나물을 넣어도 국물 맛이 시원해져요. 깔끔한 국물 맛을 원할 때는 김치소를 털어내고 끓이세요. 얼큰한 매운맛을 좋아하면 청양고추를 송송 썰는 게 정답이에요. 땀을 뻘뻘 흘리며 먹을 수 있어요.

1 냄비에 물을 붓고 다시마와 국멸치를 넣어 끓여 국물을 낸 다음 다시마와 국멸치를 건져내요.

2 배추김치를 송송 썰어 넣고 끓여요.

3 국간장과 천일염으로 간한 다음 김치 맛이 우러나도록 끓여요.

4 대파를 어슷 썰어 다진 마늘, 고춧가루와 함께 넣고 한소끔 끓여 완성해요.

진한 육수에 대한 진한 그리움이 생길 때
사골 우거짓국

사골 국물을 내는 거 정말 번거롭잖아요. 그래도 때로는 집에서 정성껏 푹 곤 사골 국물에 우거지를 넣고 구수하게 끓인 우거짓국이 먹고 싶을 때가 있어요. 사골을 찬물에 6시간 이상 담가 핏물을 빼는 게 중요한데 중간 중간 물을 갈아주세요.

재료(4인분)
사골 국물 5컵, 우거지 10장, 삶은 쇠고기 1/2컵(100g), 대파 1대, 홍고추 1/2개, 청양고추 1/2개, 포도씨오일 1큰술, 천일염 약간, 후춧가루 약간
우거지 삶는 물 물 5컵, 천일염 1큰술
양념장 국간장 2큰술, 된장 2큰술, 고춧가루 2큰술, 다진 파 2큰술, 다진 마늘 1큰술, 참기름 1/2큰술

Cooking Point
냄비에 사골을 넣고 물만 부어 팔팔 끓이다가 약한 불로 은근하게 오래 끓여야 해요. 중간에 찬물을 넣으면 육수가 잘 우러나지 않으니 주의하세요. 그래도 물을 넣어야 할 때는 뜨거운 물을 넣어주세요.

1 냄비에 **우거지 삶는 물** 재료를 넣어 끓어오르면 우거지를 넣고 10~15분 정도 삶아 찬물에 헹궈 물기를 꼭 짜요.

양념장 재료를 미리 섞어두세요.

2 삶은 우거지에 삶은 쇠고기를 찢어 넣고 **양념장 재료**를 넣어 무쳐요.

3 냄비에 포도씨오일을 두르고 양념한 우거지와 쇠고기를 볶다가 사골 국물을 넣고 끓여요.

4 대파, 홍고추, 청양고추를 어슷 썰어 넣고 끓이다가 천일염으로 간하고 후춧가루를 뿌려 완성해요.

속을 편안하게 하고 위를 건강하게
배추 된장국

초겨울 김장을 담그고 남은 배추는 배추 된장국을 끓이기에 달큰하고 감칠맛이 나요. 언제 먹어도 속을 편안하게 해주는 배추 된장국을 자주 끓여 드시고 싶을 때는 한꺼번에 배추를 데쳐 한 번 먹을 분량을 포장해 냉동 보관하세요.

재료(4인분)
쇠고기(불고기감) 1/2컵(100g), 배추 10장, 양파 1/4개, 불린 당면 1컵(100g), 물 5컵, 천일염 약간
쇠고기 양념 국간장 2큰술, 맛술 1큰술, 설탕 1/2큰술, 다진 파 1큰술, 다진 마늘 1/2큰술, 참기름 1/2큰술, 후춧가루 약간

Cooking Point
진한 국물을 내고 싶을 때는 쇠고기를 양념하여 달달 볶다가 물을 넣어 끓이는데, 이때 대파 뿌리를 같이 넣고 끓이면 고기의 누린내가 완전히 제거되고 국물 맛이 깔끔해요. 고기를 싫어하는 분은 고기 대신 들깻가루나 현미가루를 넣어 끓이면 국물 맛이 구수해요.

1 쇠고기에 **쇠고기 양념** 재료를 넣어 밑간해요.

2 냄비에 밑간한 쇠고기를 볶아요.

3 2에 물을 부어 끓이다가 길이로 길게 찢은 배추와 양파를 채 썰어 넣어 끓여요.

4 국이 끓어오르면 불린 당면을 넣고 천일염으로 간하고 후춧가루를 뿌려 완성해요.

구수한 된장국의 대표선수
시금치 된장국

시금치는 다른 재료와 달리 절대 생으로 먹지 마세요. 시금치의 수산 성분이 체내의 칼슘과 결합해 녹지 않는 수산 칼슘으로 변하면 신장과 요도에 결석을 일으킬 수 있기 때문이에요. 시금치는 잎이 풍성하고 두꺼우며 줄기가 부드러운 것을 고르세요. 뿌리 부분은 짧고 붉은색을 띠는 것이 당도가 높으며 잎은 짙은 초록색을 띠는 것이 싱싱해요.

재료(4인분)
시금치 1/2단, 국멸치 10마리, 다시마(10×10cm) 1장, 물 5컵
양념 된장 3큰술, 다진 마늘 1큰술, 천일염 약간

Cooking Point
된장을 먼저 풀어서 끓이다가 시금치를 넣으세요. 시금치를 너무 오래 끓이면 비타민이 손실되거든요. 시금치는 냉장고 채소칸에서 2~3일은 보관할 수 있어요. 좀 더 구수한 맛을 내기 위해 쌀뜨물이나 미강을 사용하면 좋아요.

1 시금치는 깨끗이 씻어 먹기 좋게 잘라요.

2 냄비에 물을 붓고 다시마와 국멸치를 넣어 끓이다가 국물이 우러나면 건져내요.

3 된장을 풀어 넣고 다진 마늘을 넣어 끓여요.

4 시금치를 넣고 천일염으로 간한 다음 팔팔 끓여 완성해요.

얼큰하면서도 담백한 맛을 자랑하는
감잣국

감자는 탄수화물이 주성분인 알칼리성 식품으로 중간 크기 2개면 밥 1공기분의 열량이 나가기 때문에 끼니를 대신할 수 있어요. 감자의 비타민 C는 오래 끓여도 파괴되지 않는다는 장점이 있어요. 칼륨은 체내의 여분의 나트륨을 배출하므로 고혈압 예방과 치료에 효과가 있어요. 햇볕 드는 곳에 두면 싹이 나므로 서늘하고 바람이 잘 통하는 곳에 보관하세요.

재료(4인분)

감자 2개, 양파 1/2개, 물 5컵, 국멸치 10마리, 다시마(10×10cm) 1장, 청양고추 1개, 대파 1/3대
양념 고추장 3큰술, 고춧가루 1큰술, 국간장 1큰술, 다진 마늘 2큰술, 천일염 약간

Cooking Point

싱싱한 오징어를 넣고 고춧가루를 풀어 얼큰하게 오징어 감잣국을 끓여도 좋고, 집에 있는 어묵으로 5분 만에 뚝딱 감자 어묵국을 끓여도 좋아요. 하지만 감자가 너무 익으면 풀어져 국물이 걸쭉해지므로 너무 오래 끓이지는 마세요.

1 감자는 반달썰고, 양파는 채 썰고, 대파는 어슷 썰고, 청양고추는 송송 썰어요.

2 냄비에 물을 붓고 다시마와 국멸치를 넣어 끓이다가 국물이 우러나면 건져내요.

3 **양념 재료**를 모두 넣어 잘 풀어서 끓여요.

청양고추를 넣으면 칼칼한 맛으로 텁텁한 감자 맛을 없앨 수 있어요.

4 1의 감자, 양파, 대파, 청양고추를 넣고 감자가 익을 때까지 끓여 완성해요.

파 송송 계란 탁~
파 달걀국

너무 피곤해서 입술이 부르트고 입안이 껄껄해서 식욕은 없지만, 배가 고프고 밥은 먹어야 하는 날 있잖아요. 이런 날 아침에 시원한 국 한 그릇 있었으면 좋겠다고 생각한 적 있을 거예요. 특별한 재료가 필요 없이 손쉽게 끓일 수 있는 만만한 파 달걀국은 어떨까요? 파 송송 썰고 계란만 탁 깨뜨려 넣으면 완성!

재료(4인분)
달걀 2개, 대파 1대, 양파 1/2개, 물 5컵, 국멸치 10마리, 다시마(10×10cm) 1장
양념 국간장 1큰술, 다진 마늘 1/2큰술, 천일염 약간, 참기름 약간

Cooking Point

멸치, 새우, 표고버섯가루 중 하나만 있으면 멸치나 다시마로 국물을 내지 않아도 괜찮아요. 달걀에 파를 송송 썰어 넣고 마지막으로 달걀을 넣기 전에 물을 섞으면 달걀이 부드럽게 익어요. 달걀이 없으면 얼큰하게 파만 넣어 끓여도 되고 버섯 등의 자투리 채소가 있으면 달걀에 넣어 끓이세요.

1 대파는 어슷 썰고 양파는 채 썰어요.

2 냄비에 물을 붓고 다시마와 국멸치를 넣어 끓이다가 국물이 우러나면 건져내요.

3 대파와 양파를 넣고, **양념 재료를** 한데 섞어 넣고 끓여요.

4 달걀을 풀어 천일염으로 간한 다음 국에 조금씩 부어 완성해요.

개운한 국물 맛이 끝내줘요~
부추 재첩국

저도 그렇지만 한국 사람들은 거의 대부분 바다에서 나는 음식을 좋아하는 것 같아요. 된장국, 미역국할 거 없이 대부분의 국에 바다에서 나는 식재료를 넣으면 그 맛이 훨씬 좋아요. 맑은 재첩 국물에 부추를 넣어 살짝 끓이면 개운한 국물이 완성되는 부추 재첩국. 재첩국 베이스에 미역을 넣어 재첩 미역국을 끓여도 좋고, 버섯을 넣어 버섯 재첩국을 끓여도 좋아요.

재료(4인분)
물 5컵, 재첩 2컵, 부추 50g, 홍고추 1/2개, 천일염 약간, 후춧가루 약간

Cooking Point
재첩은 비벼 씻은 다음 연한 소금물에 1시간 이상 담가 해감한 후 냄비에 물을 붓고 한 번 끓여요. 재첩은 건져내고 국물은 체에 걸러 찌꺼기를 걸러서 사용해야 국물이 지글거리지 않아요.

1 재첩은 소금물에 담가 해감해서 잘 씻어서 건져요.

2 부추는 5cm 길이로 썰고, 홍고추는 어슷 썰어요.

3 냄비에 물을 붓고 재첩을 넣어 끓이다가 부추와 홍고추를 넣고 끓여요.

4 국에 천일염으로 간하고 후춧가루를 뿌려 완성해요.

구수한 맛과 함께 줄거리가 있는
아욱국

어릴 적에는 아욱국의 진정한 맛을 몰랐어요. 그래서 국에 들어 있는 멸치며 새우를 골라내기 바빴거든요. 입안에 걸리는 맛이 싫으면 마른새우를 넣지 말고 새우가루를 넣어 끓이세요. 바지락이나 생합을 넣어 시원한 국물 맛을 내도 좋고요. 아욱 줄기는 한쪽으로 잡아당겨 실 같은 껍질을 벗긴 후 손으로 치대고 주물러 푸른 물을 빼고 찬물에 두세 번 헹궈서 요리하세요.

재료(4인분)
아욱 100g, 마른새우 1/4컵(50g), 물 5컵, 천일염 약간
양념 된장 2큰술, 다진 마늘 1/2큰술, 국간장 1작은술, 고춧가루 1작은술, 천일염 약간

Cooking Point

아욱은 풋내가 날 수 있으므로 억센 것은 반드시 주물러서 씻어야 해요. 씻을 때 현미가루를 살짝 넣으면 좋고, 쌀뜨물로 끓이거나 국물에 미강을 넣고 끓이면 풋내가 나지 않아요. 국이 남으면 현미밥을 말아 걸쭉하게 끓이면 목 넘김이 좋은 아욱죽이 완성돼요.

1 아욱은 줄기를 꺾어 껍질을 벗기고 천일염을 뿌려 비벼서 맑은 물에 헹궈요.

2 팬을 달궈 기름을 두르지 않고 마른새우를 볶아요.

3 냄비에 물과 **양념 재료**를 넣어 끓여요.

4 아욱과 볶은 새우를 넣어 한소끔 끓이고 천일염으로 간해 완성해요.

집에서 만든 건강 어묵국
일본식 어묵국

겨울철 뜨끈한 국물이 생각날 때, 갑자기 술 한잔 마시고 싶을 때, 바쁜 아침에 국물이 먹고 싶을 때 후루룩 먹을 수 있게 후다닥 끓일 수 있는 국이에요. 얼큰하게 먹고 싶으면 고춧가루를 듬뿍 넣거나 청양고추를 송송 썰어 넣으세요. 한 가지, 어묵은 끓는 물에 데쳐서 사용하면 느끼하지 않고 더욱 담백해요.

재료(4인분)
일본 어묵 1봉지(400g), 삶은 달걀 1개, 진간장 2큰술
국물 물 5컵, 다시마(10×10cm) 1장, 국멸치 10마리, 무(5cm) 1토막, 대파(20cm) 1토막, 양파 1/2개, 맛술 1/4컵, 가츠오부시 1컵(100g)

Cooking Point

국물용 멸치는 크고 전체적으로 은회색을 띠고 푸르스름하고 광택이 있는 것이 좋아요. 마른 팬에 멸치를 볶아서 사용하면 국물 맛이 훨씬 고소하고 개운해요. 국물을 우려내는 가츠오부시는 비싸지 않아도 입자가 작고 잘 끓어지며 씹었을 때 고소한 맛이 나는 것이 좋은 품질이에요.

1 냄비에 가츠오부시를 제외한 **국물 재료**를 넣고 20분 정도 끓여요.

2 무만 남기고 나머지 재료를 건진 다음 불을 끄고 가츠오부시를 넣어요.

3 10분 정도 끓이다가 가츠오부시를 건져요.

4 일본 어묵과 삶은 달걀을 넣고 진간장으로 간해서 어묵이 말랑해질 때까지 끓여서 완성해요.

아삭아삭 더운 여름을 시원하게
오이 미역냉국

새콤달콤한 냉국에 얼음을 동동 띄우면 시원하고 개운한 냉국이 만들어져요. 뜨거운 불 앞에서 국물 요리를 만들자니 싫을 때 시원하게 즐기는 오이냉국이에요. 식은 현미밥을 말아 장아찌를 올려 한입 가득 물면 특별식 완성!

재료(4인분)
오이 1/2개, 불린 미역 2/3컵, 다시마(10×10cm) 1장, 물 3컵, 어슷 썬 고추 약간
오이 양념 설탕 1큰술, 식초 2큰술, 천일염 약간
국물 양념 현미식초 4큰술, 설탕 2큰술, 고춧가루 1/2큰술, 통깨 1/2큰술, 천일염 약간, 다진 마늘 약간

Cooking Point
미역은 살짝 데쳐 헹구면 푸른색이 선명하고 비릿한 맛이 없어져요. 오이는 차가운 성질이라 냉한 체질이나 저혈압, 빈혈인 있으면 좋지 않으나 천일염을 넣으면 몸의 균형이 깨지는 것을 막아주고, 식초를 넣으면 오이의 비타민 C가 파괴되는 것을 막아줘요.

1 물에 다시마를 넣어 1시간 정도 우려 다시마 우린 물을 만들어요.

2 1에 **국물 양념 재료**를 넣어 섞고 냉장고에 넣어 차갑게 해요.

3 오이를 채 썰어 **오이 양념 재료**에 무쳐 10분 정도 두어 간이 배면 불린 미역과 함께 무쳐요.

4 냉장고에 넣어둔 국물을 꺼내 상에 내기 바로 전에 양념한 오이와 미역을 넣고 고추를 올려 완성해요.

아스파라긴산의 보고
콩나물 냉국

콩나물이 숙취 해소에 좋다는 것은 온 국민이 알고 있는 상식이에요. 숙취 해소에는 콩나물의 머리보다 줄기나 꼬리 부분이 더 효과가 있는데 아스파라긴산이라는 아미노산이 알코올을 분해하는 효소의 생성을 도와 간을 보호하기 때문이에요. 숙취를 풀기 위한 술국으로 만들 때는 꼬리는 떼지 마세요.

재료(4인분)
콩나물 2컵(150g), 송송 썬 쪽파 3뿌리분, 어슷 썬 홍고추 약간
국물 물 3컵, 국멸치 10마리, 다시마(10×10cm) 1장
양념 식초 4큰술, 설탕 2큰술, 통깨 1큰술, 국간장 1/2큰술, 고춧가루 1/2큰술, 천일염 약간

Cooking Point
콩나물을 기를 때 물을 적게 주면 잔뿌리가 많이 생기는데 질기고 맛이 없어요. 콩나물을 씻을 때 물에 너무 오래 담그면 비타민 C가 손실되므로 흐르는 물에 씻고 저수분으로 데치는 것이 영양 손실을 막아줘요.

1 냄비에 **국물** 재료를 넣고 끓어오르면 다시마는 건져내고 약한 불로 줄여 2~3분 더 끓인 다음 불을 끄고 차갑게 식혀요.

2 콩나물은 머리와 꼬리를 다듬어 끓는 물에 살짝 데쳐 찬물에 헹궈 물기를 제거해요.

3 데친 콩나물에 **양념** 재료를 모두 넣고 무쳐요.

4 차갑게 식힌 국물에 양념한 콩나물을 넣고 홍고추와 쪽파를 올려 완성해요.

체질개선용 건강 국물 요리
뭇국

뭇국을 끓일 때 당연히 쇠고기를 넣어야 한다고 생각하잖아요. 더 고소하게 끓이기 위해서는 쇠고기 기름을 함께 넣어 달달 볶다가 국물을 우리기도 하고요. 쇠고기의 온도는 사람보다 낮기 때문에 그 국물을 섭취하면 체내에서 굳기도 하기 때문에 몸에 좋지 않을 수 있어요. 쇠고기를 넣지 않은 말캉말캉 뭇국은 육류를 안 좋아하는 분들을 위한 체질개선용 건강 국물 요리예요.

재료(4인분)
무(5cm) 1토막(200g), 채소 우린 물(또는 물) 4컵, 잣 2큰술, 대파 1대, 천일염 1/2작은술, 천연조미료가루(멸치·다시마·새우 간 것) 2큰술

Cooking Point

단맛 나는 가을, 겨울철 무와 볶아서 곱게 간 견과류를 넣은 맑은 국으로 생수로 끓이면 무가 아무리 시원한 국물 맛을 내도 맛이 싱거워요. 꼭 채소 우린 물을 사용하고 고소한 맛을 위해 잣, 캐슈너트, 아몬드 등의 견과류를 마른 팬에 볶아서 물을 넣고 갈아 사용하면 개운하고 고소한 맛이 나요.

1 무는 껍질째 씻어 나박하게 썰고 대파는 송송 썰어요.

2 불에 달군 팬에 기름을 두르지 않고 잣을 볶아 키친타월 위에 올려 곱게 다져요.

3 냄비에 무와 채소 우린 물 또는 물, 천연조미료가루를 넣어 끓이다가 천일염으로 간해요.

채소 우린 물은 49쪽을 참고해 미리 끓여놓고 없으면 물을 넣어도 괜찮아요.

4 다진 잣과 대파를 어슷 썰어 넣고 끓여 완성해요.

찌개

끝내주는 찌개를 만들려면요~

국물이 진해야 맛있을 거라 생각해서 국물을 졸여서 사용하는 경우가 많은데,
재료의 맛을 살릴 수 있을 정도로만 끓이는 것이 좋아요. 국물 위주로 먹는 국과 달리 찌개는
재료의 맛과 향을 살리는 것이 관건이므로 국물을 먼저 끓인 다음 주가 되는 재료를 익히세요.
보통 찌개를 끓일 때는 센 불에서 한소끔 끓인 다음 불을 줄여 보글보글 끓이는 것이 기본이에요.
된장과 청국장은 은근한 불에 오래 끓여야 제맛이고 고추장과 고춧가루가 들어가는
얼큰한 찌개는 센 불에서 한소끔 끓이고 불을 줄이고 나서는 잠깐 끓여야 맛이 우러나요.
생선이 들어가는 매운탕은 물에 고추장을 먼저 풀어 끓이고 무를 넣어 한소끔 끓이다가
무가 익으면 생선을 넣어 뚜껑을 열고 익히세요. 생선살이 익으면 여러 가지 채소를 넣어 끓이다가
뚜껑을 닫아 간이 배도록 끓이세요.

우리 집 단골 메뉴
된장찌개

집에서 만날 먹으면서도 밖에 나가서도 또 시켜 먹는 된장찌개. 먹어도 먹어도 물리지 않는 한국인의 단골 메뉴예요. 그래도 가끔은 색다른 재료를 넣어야 먹는 재미가 색다르지요. 하루는 해물류, 하루는 모둠 버섯, 하루는 양념한 쇠고기를 넣어 버라이어티한 맛을 즐겨보세요.

재료(4~6인분)
우렁 1컵, 두부 1/4모, 무 50g, 양파 1/4개, 표고버섯 2개, 애호박 1/3개, 물 5컵, 국멸치 10마리, 다시마(10×10cm) 1장
된장 양념 된장 2큰술, 고춧가루 1/2큰술, 다진 마늘 1큰술
우렁 씻는 재료 밀가루 2큰술, 맛술 1큰술

Cooking Point
우렁을 씻을 때는 밀가루와 맛술을 넣어 조물조물 씻으세요. 또 된장은 끓이면 끓일수록 맛이 진해지므로 오래 끓이세요.

1 볼에 우렁을 담고 밀가루를 뿌려 문질러 씻어 물에 헹군 다음 맛술을 뿌려 잡냄새를 없애요.

2 두부와 무는 나박 썰고, 양파는 채 썰고, 표고버섯은 어슷 썰고, 애호박은 반달썰어요.

3 냄비에 물을 붓고 국멸치와 다시마를 넣어 끓어오르며 다시마는 건져내고, 국멸치는 10분 정도 끓이다 건져내요.

4 된장 양념 재료를 넣어 풀고 2를 넣어 끓이다가 끓어오르면 우렁을 넣어 한소끔 끓여 완성해요.

한국인이라면 누구나 좋아하는
김치찌개

우리 음식에 이렇게 훌륭한 김치가 있다는 사실이 자랑스러워요. 세계가 인정한 면역력 강화식품인 김치는 비타민 C와 베타카로틴 등이 풍부해서 항산화작용은 물론 변비와 대장암을 예방하고 동맥경화를 억제하며 노화를 방지해요. 뿐만 아니라 다이어트에도 좋은 발효 음식이에요. 김치는 건강과 장수의 비결로 알려진 보양식 중의 보양식이지요.

재료(2~3인분)
배추김치 1/4포기, 물 3컵, 참치(통조림) 1/2컵,
양파 1/2개, 두부 1/4모, 대파(10cm) 1토막,
포도씨오일 1큰술, 국간장 1큰술, 다진 마늘 1큰술

Cooking Point
겉절이나 생김치보다 신 김치나 묵은지에 유산균이 풍부하게 들어 있다는 사실, 잘 아시지요? 요구르트보다 더 많은 유산균이 들어 있는 김치에 돼지고기를 넣어 진한 맛의 김치찌개를 끓여도 좋지만 멸치 국물을 내서 심심하게 끓여도 좋아요. 참치나 꽁치 통조림을 넣고 끓여도 언제나 맛있게 먹을 수 있어요.

1 두부는 나박 썰고, 양파는 채 썰고, 대파는 어슷 썰어요.

2 불에 달군 냄비에 포도씨오일을 두르고 다진 마늘과 김치를 송송 썰어 넣고 3~4분 정도 볶아요.

3 냄비에 물을 붓고 15분 정도 끓이다가 기름기를 뺀 참치, 두부, 양파를 넣고 국간장으로 간해요.

4 국의 재료가 익으며 대파를 어슷 썰어 넣고 한소끔 끓여서 완성해요.

다이어트 식단이 따로 있나요?
고추장찌개

고추의 매운맛인 캡사이신은 비타민 C의 아스코르브산의 산화를 억제하고 증가를 도와줘요. 또 피부를 자극하여 혈액순환을 돕고 항암작용을 하는 유익한 매운맛의 성분이에요. 한 연구에서 비만 방지 효과가 있는 것으로 알려져 체지방 감소뿐 아니라 체지방을 태우는 것으로 알려지기도 했어요.

재료(2~3인분)

양파 1개, 달걀 1개, 대파(흰 부분) 2대, 청양고추 1개, 홍고추 1개, 물 3컵, 국멸치 10마리, 다시마(10×10cm) 1장
양념 고추장 2큰술, 고춧가루 1큰술, 설탕 1큰술, 다진 마늘 1/2큰술, 포도씨오일 약간

Cooking Point

고추장과 고춧가루만 있으면 냉장고에 있는 어떤 채소라도 끓일 수 있는 국민 레시피예요. 여름에는 감자를 넣어 끓여 현미밥에 쓱쓱 비벼 김을 올려 먹어도 좋고, 버섯을 듬뿍 넣어 버섯의 맛과 향을 살리면서 얼큰하게 끓여도 좋아요.

1 대파는 5cm 길이로 자르고, 양파는 채 썰고, 청양고추와 홍고추는 어슷 썰어요.

2 냄비에 물을 붓고 다시마와 국멸치를 넣어 끓어오르면 다시마는 건져내고 국멸치는 5~6분 정도 끓여요.

3 불에 달군 냄비에 포도씨오일을 두르고 1과 **양념 재료**를 넣어 볶아요.

4 2의 국물을 붓고 끓어오르면 달걀을 풀어 넣고 한소끔 끓여서 완성해요.

친정아버지의 모습이 떠올라
청국장찌개

어릴 땐 엄마가 청국장을 끓이면 그 냄새가 어쩌나 싫었는지, 밥상 앞에서 투정을 부리곤 했어요. 그런데 이렇게 나이가 들고 보니 그 냄새가 자꾸만 그리워지네요. 한겨울에 온 식구들이 둘러앉아 청국장을 자작하게 끓여 동치미 무를 길게 채 썰어 쓱쓱 비벼 먹었던 추억이 떠오르네요.

재료(4~6인분)
송송 썬 배추김치 1컵, 잘게 썬 돼지고기 1컵, 두부 1/2모, 홍고추 1개, 청양고추 1개, 대파 1대, 물 5컵, 국멸치 10마리, 다시마(10×10cm) 1장
청국장 양념 청국장 1컵, 다진 마늘 1큰술, 참기름 1큰술

Cooking Point
청국장은 콩까지 모두 넣고 끓이는데 된장처럼 체에 거르지 않는 것이 포인트예요. 한 번 끓였다가 남으면 국물을 조금 더 붓고 데우는 된장찌개와 달리 불을 줄여 잘 익은 김치를 송송 썰어 넣고 자작하게 끓여 밥을 볶아 먹어도 좋아요.

1 냄비에 물을 붓고 국멸치와 다시마를 넣어 끓어오르면 다시마는 건져내고 국멸치는 5~6분 정도 끓여요.

2 두부는 나박 썰고, 대파, 홍고추, 청양고추는 어슷 썰어요.

3 불에 달군 냄비에 김치와 돼지고기를 넣어 볶다가 1의 국물을 붓고, **청국장 양념 재료를** 넣어 잘 풀어요.

4 2의 두부, 대파, 홍고추, 청양고추를 넣고 한소끔 끓여 완성해요.

온 가족의 입맛을 만족시키는
순두부찌개

순두부 하나만 있으면 집에 있는 재료로 무한정, 온 가족의 입맛을 만족시키는 순두부찌개를 끓일 수 있어요. 매운 음식을 잘 못 먹는 아이들을 위해서 완두콩, 애호박, 감자, 밤, 단호박 등을 듬뿍 넣고 카레가루를 넣어 카레순두부찌개를 끓여도 좋아요.

재료(2~3인분)
순두부 1컵(200g), 생합 10개, 송송 썬 김치 1/2컵, 송송 썬 대파(흰 부분) 약간, 달걀 1개, 물 3컵, 참기름 1큰술
양념 간장 2큰술, 고춧가루 1큰술, 다진 마늘 1/2큰술, 맛술 1큰술, 천일염 약간

Cooking Point

순두부는 술안주로도 그만이에요. 굴이나 낙지, 홍합, 조개 등을 듬뿍 넣어 칼칼하고 매콤하게 끓여도 좋고 황태와 콩나물, 순두부를 넣어 속 풀이 해장용으로 끓여도 좋아요. 마땅한 재료가 없을 때는 신 김치를 송송 썰어 달달 볶아서 순두부를 넣어 끓이면 그 맛 또한 환상적이지요.

1 불에 달군 냄비에 참기름을 두르고 송송 썬 김치와 대파를 넣어 볶아요.

2 생합을 손질해 넣어 볶다가 물을 부어 끓여요.

3 찌개가 끓어오르면 순두부와 **양념** 재료를 모두 넣고 천일염으로 부족한 간을 해요.

4 달걀을 풀어 넣고 한소끔 끓여 완성해요.

존슨아저씨네 각 잡힌
부대찌개

어릴 적 그 이름도 생소했던 부대찌개를 아버지께서 저 멀리 의정부까지 가서 사오시곤 했어요. 그런데 그 맛이 어찌나 맛있는지, 어린 마음에 매일매일 상에 부대찌개가 오르길 기다렸어요. 짭조름한 햄과 두툼한 소시지 맛이 아직도 생생해요. 건강을 생각해서 자주 해먹지 않는 것이 좋지만, 가끔씩 생각나는 걸 어쩌겠어요.

재료(2~3인분)

햄(통조림) 1/2컵(100g), 비엔나소시지 1컵(10개), 신 배추김치 1/2컵(50g), 양파 1/2개, 대파 1/3대, 라면사리 1개, 채소 우린 물(또는 물) 2컵, 슬라이스 치즈 1장
양념 고춧가루 2큰술, 다진 마늘 2큰술, 간장 1큰술, 물 2큰술, 청주 1큰술, 천일염 약간, 후춧가루 약간

Cooking Point

좀 더 깊은 맛을 원한다면 양념 재료를 한데 섞어 하루 전에 냉장고에 넣어 숙성시켰다가 끓이세요. 이때 홍고추는 다지지 말고 갈아 넣어야 제맛이랍니다. 채소 우린 물에 삶은 병아리콩을 갈아서 섞으면 한결 구수해요.

1 햄은 납작하게 썰고, 비엔나소시지와 대파는 어슷 썰어요. 배추김치는 송송 썰고, 양파는 채 썰어요.

2 전골냄비에 준비한 재료를 담고 채소 우린 물 또는 물을 부어요.

> 채소 우린 물은 49쪽을 참고해 미리 끓여놓고 없으면 물을 넣어도 괜찮아요.

3 **양념** 재료를 한데 섞어 전골냄비에 넣고 재료의 맛이 우러나도록 끓여요.

4 찌개가 끓어오르면 라면과 슬라이스 치즈를 넣어 끓여 완성해요.

그 이름도 다양한 명태의 화려한 변신
동태찌개

명태는 얼리지 않은 것을 생태, 말린 것을 북어, 반쯤 말린 것을 코다리, 얼리고 말리는 작업을 반복한 것을 황태, 겨울철에 얼린 것을 동태라고 불러요. 이처럼 변화무쌍한 명태는 다양한 이름만큼이나 다양한 맛을 내는 재주 많은 생선이에요. 얼린 동태는 살이 희고 담백해 찌개나 국을 끓이기에 안성맞춤이에요.

재료(2~3인분)
동태 1마리, 무(5cm) 1토막(100g), 양파 1/3개, 두부 1/4모, 국멸치 1/2컵, 물 3컵, 청양고추 1개
양념 고추장 1큰술, 고춧가루 1큰술, 국간장 1/2큰술, 다진 마늘 1큰술, 다진 생강 1작은술, 천일염 약간

Cooking Point
개운하고 칼칼한 맛을 위해 양념장을 만들어 숙성시키면 좋아요. 동태는 명태를 잡자마자 얼리기 때문에 육질이 살아 있고 단단하여 감칠맛이 있어요. 국물의 시원한 맛을 즐기기 위해 맑은 지리로도 끓여 먹어요.

1 동태는 깨끗이 씻어 쌀뜨물에 담가 비린내를 없애고, **양념 재료**를 한데 섞어요.

2 무와 두부는 나박 썰고, 양파는 채 썰고, 청양고추와 대파는 어슷 썰어요.

3 냄비에 물을 붓고 국멸치를 넣어 끓이다가 국멸치는 건져내요. 무, 양파, 동태, 양념장을 넣고 동태가 익을 때까지 팔팔 끓여요.

4 두부, 대파, 청양고추를 넣어 한소끔 끓여 완성해요.

꽃게가 고추장에 빠진 날
꽃게찌개

가을에 꼭 한 번은 먹어야 하는 감칠맛 만점의 찌개랍니다.
꽃게찌개를 먹을 때마다 저는 어쩜 이렇게 국물 맛이 맛깔스러울까 하는
생각을 하곤 해요. 꽃게에 콜레스테롤이 많이 들어 있다며 먹기를 꺼려하는
분도 있는데, 혈중 콜레스테롤을 떨어뜨리는
천연 강장제 타우린도 많이 들어
있기 때문에 고혈압에
좋은 음식이에요.

재료(4~6인분)
꽃게 1마리, 바지락 1컵(100g), 물 5컵, 무(3cm) 1토막(50g), 애호박(5cm) 1토막(50g), 양파 1/4개, 팽이버섯 1봉지, 청양고추 1개, 홍고추 1개, 쑥갓 약간

양념 고추장 1큰술, 고춧가루 2큰술, 다진 마늘 1큰술, 청주 1큰술, 국간장 1큰술, 참기름 1/2큰술, 천일염 약간, 후춧가루 약간

1 무는 나박 썰고, 애호박은 반달썰고, 양파는 채 썰고, 청양고추와 홍고추는 어슷 썰어요.

2 꽃게는 잘 씻어서 등딱지를 떼어 모래집을 잘라내고 몸통을 십자로 4등분하고 다리 끝의 뾰족한 부분을 가위로 잘라요. 모시조개는 소금물에 담가 해감해요.

3 냄비에 물을 붓고 **양념 재료**를 한데 섞어 양념장을 만들어 체에 풀어 넣어요.

4 무, 애호박, 양파, 청양고추, 홍고추를 넣어 끓여요.

5 찌개가 끓어오르면 꽃게와 모시조개를 넣고 국물이 우러나도록 팔팔 끓여요.

6 재료가 익으면 팽이버섯과 쑥갓을 올리고 천일염으로 간해 완성해요.

Cooking Point
꽃게는 살아 있는 것을 끓여야 감칠맛이 확 살아요. 고추장과 고춧가루를 넣고 끓여 칼칼한 매운탕 맛을 내도 좋지만, 된장을 풀어 구수하고 진하게 국물을 우려내면 맛깔스러운 계절식을 완성할 수 있어요.

오동통통 오징어의 영양을 담았어요
오징어 섞어찌개

오징어는 단백질이 주성분인 고단백 저칼로리 식재료로 가을이 제철이에요. 표면의 반점이 퍼지지 않고, 껍질이 흑갈색을 띠고 투명하며, 눌러보았을 때 단단하고 탄력 있는 것이 좋아요. 가능하면 먹물까지 먹는 것이 좋을 만큼 버릴 것이 없는 식품이지요. 센 불에 오래 끓이면 오징어의 육질이 단단해지므로 주의하세요.

재료(2~3인분)
오징어(작은 것) 1마리, 무(3cm) 1토막(50g), 두부 1/4모, 물 3컵, 국멸치 10마리, 다시마(10×10cm) 1장, 대파 1/2대, 청양고추 1개, 홍고추 1개, 쑥갓 약간
양념 고추장 2큰술, 고춧가루 1큰술, 다진 마늘 1큰술, 국간장 1/2큰술, 후춧가루 약간

Cooking Point

오징어는 인산이 많은 강산성 식품으로 소화불량이나 위궤양이 있는 사람은 피하는 것이 좋아요. 하지만 채소와 함께 요리하면 산을 중화하는 효과가 있어요. 돼지고기나 쇠고기를 넣어도 좋아요.

1 무와 두부는 나박 썰고, 대파와 청양고추, 홍고추는 어슷 썰고, 오징어는 손질하여 다른 재료와 비슷한 크기로 썰어요.

2 냄비에 물을 붓고 다시마와 국멸치를 넣어 끓이다가 건져내고 **양념 재료를** 한데 섞어 넣어요.

3 찌개에 무, 오징어, 두부를 넣고 무가 익을 정도로 끓여요.

4 대파, 청양고추, 홍고추를 넣어 끓어오르면 쑥갓을 넣어 완성해요.

콩 한 줌의 행복
콩비지찌개

콩은 갱년기 여성한테는 최고의 보양식이자 영양식이잖아요. 비지찌개는 콩을 두부로 만들고 남은 콩비지를 이용해서 만든 찌개로 가끔 먹으면 입맛을 돋우는 별식이지요. 비지가 없으면 콩을 불려 갈아서 만들어요. 메주콩이나 작두콩을 이용해도 되고, 여러 종류의 콩이 있다면 한꺼번에 불려 사용하면 돼요.

재료(2~3인분)
콩비지 3컵, 잘게 썬 돼지고기 1/2컵,
송송 썬 배추김치 1/2컵, 물 1컵, 포도씨오일 1큰술,
다진 마늘 1/2큰술, 다진 파 1큰술, 천일염 약간
양념장 간장 1큰술, 다진 파 1큰술, 다진 마늘 1/2큰술,
깨소금 1/2큰술, 고춧가루 1큰술, 참기름 1작은술,
후춧가루 약간

Cooking Point
비지를 3컵 정도 만들려면 콩은 1컵 정도만 불리세요.
일반적으로 메주콩을 사용하는데, 병아리콩을 반씩 섞으면
훨씬 더 부드럽고 고소해요.

1 불에 달군 냄비에 포도씨오일을 두르고 돼지고기와 김치를 볶아요.

2 1에 다진 마늘과 다진 파를 넣어 볶아요.

3 돼지고기가 익으면 물을 붓고 끓여요.

4 국물에 깊은 맛이 우러나면 콩비지를 넣고 젓지 말고 약한 불에서 뭉근하게 끓여 완성해요.
양념장 재료를 섞어 함께 내요.

알알이 톡톡 터지는
명란젓찌개

명란젓은 명태의 알을 염장하여 발효시킨 것으로 구수하고 감칠맛이 돌아요. 뜨거운 밥에 올려서 참기름과 함께 비벼 먹기도 하고 살짝 말려서 쪄 먹기도 하지요. DHA와 EPA가 많이 들어 있는 영양가 있는 재료로 뇌신경에 필요한 에너지를 공급하는 작용을 하고 피로회복에 도움을 준다고 해요.

재료(2~3인분)
명란젓 4덩이, 두부 1/4모, 대파 1/2대, 양파 1/2개, 풋고추 1개, 홍고추 1개, 참기름 약간, 물 3컵, 국멸치 10마리, 다시마(10×10cm) 1장
양념 고추장 1큰술, 고춧가루 1큰술, 다진 마늘 1/2큰술, 천일염 약간, 후춧가루 약간

Cooking Point
너무 센 불에서 끓이면 명란이 금방 딱딱해져서 맛이 떨어져요. 은근한 불에서 보글보글 끓여야 제맛이 우러나요. 새우살이나 조갯살 또는 홍합을 넣고 끓이면 훨씬 맛이 풍부해져요.

1 명란젓은 가운데 이어진 부분을 잘라 2~3등분하고, 두부는 깍둑썰고, 고추와 대파는 어슷 썰고, 양파는 채 썰어요.

2 냄비에 물을 붓고 국멸치와 다시마를 넣어 끓이다가 건져내고 **양념 재료를** 넣어 끓여요.

3 찌개에 두부, 대파, 양파, 풋고추, 홍고추를 넣어 끓여요.

4 명란젓을 넣어 끓이다가 재료가 다 익으면 불을 끄고 참기름을 둘러 완성해요.

맛과 향, 영양으로 즐기는
모둠버섯찌개

국민 건강을 책임지는 버섯이 여기 모였어요. 버섯은 채소가 갖는 다양한 비타민과 무기질은 물론 육류의 고단백질을 모두 갖춘 에너지가 넘치는 재료예요. 암을 예방하고 치료하는 효과에서부터 콜레스테롤을 낮추는 기능, 천연 미네랄의 보고로도 알려져 있어요.

재료(2~3인분)
느타리버섯 5가닥(100g), 표고버섯 2개, 양파 1/2개, 대파 1대, 홍고추 1개, 미나리 100g, 물 3컵, 국멸치 10마리, 다시마(10×10cm) 1장
양념 국간장 1큰술, 고추장 1큰술, 고춧가루 2큰술, 다진 마늘 1큰술, 청주 1큰술, 후춧가루 약간, 참기름 약간
초간장 간장 1큰술, 식초 1큰술, 조청 1/2큰술, 고춧가루 1/2큰술, 다진 쪽파 약간

Cooking Point
끓이면 끓일수록 버섯의 맛과 향이 우러나요. 버섯은 제철인 가을에 신선할 때 구입해서 말리면 두고두고 사용할 수 있어요.

국물이 많이 남으면 칼국수를 해먹으면 되고, 적게 남으면 볶음밥을 해먹으면 좋아요.

1 냄비에 물을 붓고 국멸치와 다시마를 넣어 끓이다가 국물이 우러나면 국멸치와 다시마를 건져내요.

2 느타리버섯은 손으로 찢고, 표고버섯과 양파는 채 썰고, 대파와 홍고추는 어슷 썰어서 냄비에 가지런히 돌려 담아요.

3 냄비에 **양념 재료**를 한데 섞어서 넣고 1의 국물을 부어 끓여요.

4 찌개가 끓어오르면 중간에 뜨는 거품을 걷어내고 불을 끄기 전에 미나리를 올려 완성해요. **초간장**을 만들어 함께 내요.

보기만 해도 군침 도는
불고기 뚝배기

촉촉하고 연한 불고기와 야들야들한 당면이 잘 어울리는 불고기 뚝배기.
당면만 넣어 깔끔하게 끓여도 좋지만 채소를 좋아한다면 대파의 양을 두세 배로 늘려
흰 부분을 볶아서 함께 넣으면 한층 깊은 맛을 느낄 수 있답니다.
불고기를 뚝배기에 끓이면 상에 올려서도 열기가 식지 않아 끝까지 맛있게 먹을 수 있어요.

재료(2~3인분)

쇠고기(불고기감) 1/2컵(100g), 불린 당면 1/2컵(100g), 양파 1/2개, 대파 1/2대, 홍고추 1개, 마늘 2쪽, 천일염 약간, 포도씨오일 1큰술, 다시마 우린 물 2컵, 후춧가루 약간

불고기 양념 간장 2큰술, 청주 1큰술, 조청 1/2큰술, 깨소금 1/2큰술, 다진 마늘 1큰술, 다진 파 1큰술, 참기름 약간, 후춧가루 약간

다시마 우린 물은 49쪽을 참고해 미리 끓여 놓으세요.

1 당면은 먹기 좋은 크기로 잘라 찬물에 담그고, 양파는 채 썰고, 대파와 홍고추는 어슷 썰고, 마늘은 얇게 저며요.

2 쇠고기는 **불고기 양념** 재료를 넣어 간이 배도록 주물러 재워요.

3 불에 달군 냄비에 포도씨오일을 두르고 마늘과 양파를 볶다가 불고기를 넣어 살짝 볶고 다시마 우린 물과 불린 당면을 넣어 볶아요.

4 대파와 홍고추를 넣고 천일염으로 간하고 후춧가루를 뿌려 완성해요.

Cooking Point

국물이 너무 많으면 맛이 제대로 우러나지 않아요. 내용물보다 약간 많은 정도만 물을 붓고 자작하게 끓여야 제맛이에요. 당면은 물을 흡수하는 식재료로 자작한 국물이 재료에 배기도 전에 당면에 흡수되면 안 되므로 맨 나중에 넣으세요.

허하고 기운이 없을 때 먹을까요?
홍합찌개

저는 홍합을 볼 때마다 포장마차와 소주가 떠오르곤 해요. 그런데 홍합이 간을 보호하는 효능이 있어 술과 궁합이 잘 맞으며 조혈작용을 해요. 한방에서는 몸이 허약해 밤에 식은땀을 많이 흘리는 분들에게 권했던 음식이라고 해요. 일반적으로 맑은 국으로 끓이지만 매콤하게 찌개로 끓여도 맛있어요.

재료(4~6인분)
홍합 2컵, 물 5컵, 토마토 1개, 대파 1/2대, 양파 1/2개, 청양고추 1개, 마른 고추 2개, 올리브오일 2큰술
양념 토마토케첩 3큰술, 칠리소스 1큰술, 천일염 약간, 후춧가루 약간

Cooking Point
청양고추를 넣고 끓이면 너무 매울 수 있으니 청양고추를 통으로 넣었다가 한소끔 끓여 국물에 알싸한 매콤한 맛이 우러나면 건져내세요. 홍합은 양식으로 많이 키워서 대부분 국내산인데, 다른 어패류와 달리 냉동 보관하면 수분이 모두 날아가면서 살이 쪼그라들 수 있으니 구입해서 바로 요리해요.

1 냄비에 물을 붓고 홍합을 손질해서 넣고 끓여 국물을 내요.

2 토마토는 씨를 빼서 과육만 잘게 썰고, 양파도 같은 크기로 썰고, 대파와 청양고추는 어슷 썰어요.

3 불에 달군 냄비에 올리브오일을 두르고 양파, 대파, 청양고추를 넣어 볶다가 토마토와 **양념** 재료를 넣어 볶아요.

4 1의 홍합 국물과 홍합을 넣고 마른 고추를 넣어 한소끔 끓여 완성해요.

구수한 바다의 맛
해산물찌개

어른이 되면 누구나 바다에서 나는 음식이 좋아지나 봐요. 나이 들면서 좋아지는 찌개예요. 싱싱한 해산물을 듬뿍 넣고 된장을 약간 풀어 구수하고 진한 국물의 맛을 느낄 수 있어요. 약간 심심하게 끓여 국처럼 끓여도 되고, 약간 간을 해서 밥과 비벼 먹는 찌개로 응용해도 좋아요.

재료(2~3인분)
오징어 1/2마리, 새우 4마리, 꽃게 1/2마리, 모시조개 6개, 미더덕 1/2컵, 두부 1/3모, 대파(10cm) 1토막, 부추 약간, 천일염 약간, 물 3컵, 다시마(물에 담근 것으로 10×10cm) 1장
양념 된장 3큰술, 다진 마늘 1큰술, 고춧가루 1/2큰술

Cooking Point
찌개에 해산물을 넉넉하고 푸짐하게 넣으면 맛이 더욱 진해요. 칼칼한 맛을 원하면 된장 대신 고추장과 고춧가루를 이용하고, 청양고추 하나를 송송 썰어 넣으세요.

1 오징어는 손질해서 링 모양으로 썰고, 새우는 내장을 제거하고 수염을 떼고, 꽃게와 모시조개, 미더덕은 잘 씻어서 손질해요.

2 냄비에 물과 다시마를 넣어 끓이다가 국물이 우러나면 다시마는 건져내요.

3 냄비에 **양념 재료**를 넣어 잘 풀고 손질한 해산물을 넣어 끓여요.

4 찌개가 한소끔 끓어오르면 나박 썬 두부, 잘게 썬 부추, 어슷 썬 대파를 넣어 끓이다가 천일염으로 간하여 완성해요.

전골·탕

국물은 물론 재료가 어우러져 맛깔스러운 전골과 탕을 만들려면요~

전골은 여러 가지 재료를 냄비에 담아 그 자리에서 끓여 먹는 음식으로,
전골을 끓일 때는 바닥이 넓고 두껍고 높이가 낮은 전골용 냄비를 사용하는 것이 좋아요.
전골 국물에 재료의 맛이 우러나야 하므로 처음부터 간을 너무 세게 하지 마세요.
끓이는 동안 육수를 추가할 때도 차가운 육수보다는 뜨거운 육수를 넣는 것이
재료의 맛을 해치지 않는 조리 방법이에요. 차가운 육수를 넣으면 냄비의 온도가 떨어져
안의 내용물이 다시 끓는 동안 맛이 떨어져요. 아무리 좋은 재료도 지나치면 안 넣은 것보다
못할 수가 있는데, 너무 진한 육수는 전골의 맛을 해칠 수도 있다는 점, 꼭 기억하세요.

푹 고아낸 뽀얀 영양 가득
설렁탕

설렁탕은 우리나라의 대표적인 보양식 중 하나예요. 요즘에는 집에서 설렁탕을 끓일 일이 별로 없어서 엄마가 끓여주시던 그 맛이 그립기도 해요. 설렁탕은 오랫동안 끓여야 맛이 우러나므로 간을 미리 하지 않는 것이 중요해요.

재료(4~6인분)
사골 1kg, 잡뼈 200g, 쇠고기 양지(또는 사태) 300g, 물 12컵, 무(5cm) 1토막, 대파 1대, 마늘 10쪽, 생강 1톨
양념 송송 썬 쪽파 약간, 천일염 약간, 후춧가루 약간

Cooking Point
사골과 잡뼈, 쇠고기는 핏물을 잘 빼야 누린내가 없어요. 소의 가죽과 내장을 제외한 모든 고기를 넣고 끓이는데 맛있고 뽀얀 국물을 얻으려면 센 불에서 팔팔 끓여야 해요. 진한 육수를 얻으려면 물을 자작하게 붓고 압력솥으로 한번 우려낸 다음 뜨거운 물을 붓고 끓여보세요. 빠른 시간에 국물이 우러난답니다.

1 사골과 잡뼈는 찬물에 2시간 정도 담가 핏물을 빼요.

2 냄비에 사골과 잡뼈를 넣고 뼈가 잠길 만큼 물을 붓고 끓어오르면 그 물을 따라 버리고 사골과 잡뼈는 흐르는 물에 씻어요.

3 냄비에 사골과 잡뼈를 넣고 물을 붓고 6~8시간 정도 끓이면서 부족한 물을 보충하고 기름기는 걷어내요.

양념 재료는 식성에 맞게 넣어 드세요.

4 무, 대파, 마늘, 생강을 넣고 중간 불로 1시간 정도 끓인 다음 채소를 모두 건져내고, 물을 보충한 다음 한소끔 끓여 완성해요.

은근하고 깊은 국물의 맛
대구지리

맑은탕이지만 맛만큼은 칼칼하면서도 입맛 당기는 맑은 찌개로 대구 특유의
담백함과 개운한 맛이 일품이에요. 대구는 지리로 많이 해먹는 재료인데,
맛이 깔끔해서 굳이 된장이나 고추장, 고춧가루 양념을 하지 않아도 누구나
담백하게 끓일 수 있어요. 무를 많이 넣어 시원하게 끓이세요.

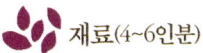

재료(4~6인분)

대구 1kg, 바지락 10개, 무(5cm) 1토막, 양파 1/4개, 콩나물 100g, 배추속대 10장, 두부 1/4모, 팽이버섯 1봉지, 쑥갓 50g, 미나리 100g, 대파(5cm) 1토막, 청양고추 1개, 홍고추 1개

밑간 양념 천일염 1/2큰술, 현미식초 2큰술, 맛술 2큰술, 생강즙 1큰술, 후춧가루 약간

양념 다진 마늘 1큰술, 천일염 2큰술

초간장 진간장 2큰술, 멸치 다시마 우린 물 2큰술, 현미식초 1/2큰술, 고추냉이 약간

멸치 다시마 우린 물 물 10컵, 다시마(10×10cm) 2장, 국멸치 10마리, 무(5cm) 1토막, 양파 1/2개, 대파 1대

1 두부와 무는 나박 썰고, 양파는 채 썰고, 청양고추와 홍고추, 대파는 어슷 썰고, 쑥갓과 미나리, 배추속대는 5cm 길이로 잘라요.

2 냄비에 물 10컵을 붓고 다시마, 국멸치, 무, 양파, 대파를 넣어 20분 정도 끓여 멸치 다시마 우린 물을 만들어요.

3 대구는 비늘을 벗겨서 지느러미를 잘라내고, 아가미 쪽을 벌려 배를 갈라 아가미와 내장이 터지지 않게 제거하고 먹기 좋은 크기로 토막 내요. 안쪽의 검은 막도 벗겨내고 뜨거운 물에 씻어 잡냄새를 제거해요.

4 대구에 **밑간 양념** 재료를 넣어 간이 배도록 재워요.

5 2의 국물에 대구, 바지락, 무, 양파, 콩나물, 배추속대를 넣고 끓여요.

6 두부, 팽이버섯, 쑥갓, 미나리, 대파, 청양고추, 홍고추를 넣어 끓이다가 **양념** 재료로 간하여 완성해요. **초간장**을 만들어 함께 내요.

Cooking Point

그야말로 정성을 다해 끓였는데 국물의 맛을 보는 순간 쓴맛이 나는 경우가 있어요. 대구를 잘못 손질했기 때문이에요. 대구를 손질할 때는 배의 양쪽 벽에 붙어 있는 검은 막까지 말끔히 제거해야 해요. 토막 낸 대구를 바로 끓이지 말고 체에 밭쳐 뜨거운 물을 끼얹어 잡내를 제거하면 좋아요.

엄마의 정성이 빚어낸 선물
갈비탕

갈비탕은 많은 양을 끓여야 맛이 나고 데워 먹을수록 뼈에서 깊은 맛이 우러나기 때문에 오랫동안 끓여 진한 국물을 우려야 해요. 인삼이나 대추, 당귀 등의 약재를 넣어 끓이면 몸보신으로 그만인 보양식이 완성되죠. 은행 같은 부재료에 신경 써서 올리면 손님 초대 요리로도 손색이 없어요.

재료(4~6인분)

쇠갈비 1kg, 쇠고기 양지머리 200g, 대파 2대, 양파 1/2개, 마늘 10쪽, 통후추 20알, 물 12컵, 무(5cm) 1토막, 인삼 3뿌리, 밤 8개, 대추 8개, 은행 5알, 천일염 1큰술, 달걀지단 약간
갈비 양념 국간장 2큰술, 천일염 1큰술, 조청 1큰술, 다진 마늘 2큰술, 다진 파 1큰술, 후춧가루 약간
양념간장 진간장 4큰술, 갈비탕 국물 2큰술, 현미식초 1큰술, 맛술 1큰술, 조청 1/2큰술, 겨자 약간

1 쇠갈비와 쇠고기는 찬물에 1시간 정도 담가 핏물을 빼요.

2 냄비에 쇠갈비와 쇠고기를 넣고 고기가 잠길 만큼 물을 붓고 끓어오르면 그 물을 따라 버리고 쇠갈비와 쇠고기는 흐르는 물에 씻어요.

3 냄비에 쇠갈비, 쇠고기, 물 12컵, 대파, 양파, 마늘, 통후추를 넣어 중간 불로 1시간 정도 끓인 다음 표면에 뜨는 기름을 걷어내고 쇠갈비는 건져요.

4 갈비 양념 재료를 섞어 양념장을 만들어요.

5 건져낸 쇠갈비에 4를 넣어 재워요.

6 쇠갈비 국물에 양념한 쇠갈비와 인삼, 밤, 대추, 은행을 넣어 끓이다가 천일염으로 간하고 달걀지단을 올려 완성해요. **양념간장**을 만들어 함께 내요.

Cooking Point

쇠갈비와 양지머리는 꼭 찬물에 담가 핏물을 뺀 다음 끓여야 국물이 맑고, 특유의 누린내가 나지 않아요. 갈비를 끓일 때 뜨거운 물을 끼얹어 잡냄새와 재료 표면의 지방 찌꺼기를 제거하기도 하는데, 부글부글 끓는 물에 슬쩍 데치는 것이 더 좋아요. 국물의 양이 줄어들었다고 해서 찬물을 부으면 안 되고 꼭 뜨거운 물을 부어야 국물이 잘 우러나요.

부실한 무릎에 특효약
도가니탕

소의 무릎뼈인 도가니에는 젤라틴이 풍부하고 단백질, 필수아미노산은 물론 칼슘과 철분, 마그네슘, 칼륨 등 무기질이 풍부하게 들어 있어요. 또 도가니는 성인병 예방에 좋으며 피부의 탄력을 높여주는 식품이에요. 어린이, 노약자, 수험생들의 원기 회복에도 좋은 음식이에요.

재료(4~6인분)
도가니 1kg, 쇠고기 양지(또는 사태) 200g, 물 12컵, 무(5cm) 1토막, 대파 1대, 마늘 10쪽, 생강 1톨
양념간장 진간장 4큰술, 도가니탕 국물 2큰술, 현미식초 1큰술, 맛술 1큰술, 조청 1/2큰술, 겨자 약간

Cooking Point
도가니는 연분홍색이 나며 심줄과 근육이 많이 붙어 있어야 국물 맛이 좋아요. 찬물에 2시간 정도 담가 핏물을 뺀 후 자작하게 물을 붓고 한번 끓여 불순물을 제거하세요. 식힌 다음에는 국물의 기름기를 걷어내고 도가니와 쇠고기를 먹기 좋은 크기로 잘라 드세요.

1 도가니와 쇠고기는 2시간 이상 찬물에 담가 핏물을 빼요.

2 냄비에 도가니, 쇠고기, 무, 대파, 마늘, 생강을 넣어 1시간 정도 끓여요.

3 2의 채소를 모두 건져낸 다음 중간 불로 3~4시간 정도 끓이면서 물을 보충해요.

4 도가니와 쇠고기는 먹기 좋은 크기로 잘라서 3의 국물에 담아 완성해요. **양념간장**을 만들어 함께 내요.

푹 고아낸 사골의 힘
꼬리곰탕

겨울에는 따끈한 국물을 매일 끓일 수 없어서 들통 한가득 사골 국물을 끓여 놓고 이런저런 음식을 만들어 먹었죠. 꼬리곰탕은 주로 꼬리뼈로 우리지만 다리뼈, 도가니, 사태, 양지머리, 양, 곱창, 전복, 해삼 등과 함께 무, 다시마를 넣고 끓여 보신용으로 만들어도 좋아요. 설렁탕은 뼈와 살로 끓이지만, 곰탕은 뼈와 내장 위주로 끓이는 차이가 있답니다.

재료(4~6인분)
쇠꼬리 1/3개(1kg), 물 12컵, 마늘 10쪽, 대파 2대, 생강 2톨, 무(2.5cm) 1토막
양념 송송 썬 쪽파 약간, 천일염 약간, 후춧가루 약간

Cooking Point
쇠꼬리는 약간 분홍색이 돌아야 국물이 뽀얗게 잘 우러나요. 국물을 다 우리고 다시 물을 붓고 끓일 때는 감칠맛을 위해 다시마를 넣으면 좋아요. 무 역시 새것을 넣어 끓이는 것이 좋고요. 우린 곰탕 국물은 식혀서 냉동고에 한 번 먹을 분량씩 보관해 떡국이나 김치찌개에 육수로 활용하면 좋아요.

1 쇠꼬리는 토막 내서 2시간 이상 찬물에 담가 핏물을 빼요.

2 냄비에 쇠꼬리를 넣고 꼬리뼈가 잠길 만큼 물을 붓고 끓어오르면 그 물을 따라 버려요.

3 다시 물 12컵을 부어 마늘, 대파, 생강을 넣어 뽀얀 국물이 우러날 때까지 끓이다가 채소를 모두 건져내고 물을 보충하면서 끓여요.

4 3에 무를 나박 썰어 넣고 무가 익으면 기름을 걷어내서 완성해요.

※ 양념 재료는 취향에 맞게 넣어 드세요.

무더위를 이기는 최고의 여름 보양식
삼계탕

여름만 되면 한 그릇씩은 먹어줘야 하는 음식이에요. 복날의 단골 메뉴인 삼계탕은 닭과 함께 전복을 넣어 끓이면 고급스런 삼계탕을 만들 수 있어요. 다른 부위에 비해 상대적으로 퍽퍽한 닭 가슴살은 잘게 찢어 국물과 함께 닭죽을 끓여도 되고, 뼈를 발라내 샐러드나 매콤한 무침에 고명으로 얹어도 좋아요.

재료(2~3인분)
닭 1마리, 수삼 2뿌리, 물 8컵, 불린 찹쌀 1컵, 밤 5개, 대추 5개, 마늘 1쪽, 생강 1톨, 천일염 약간, 후춧가루 약간

Cooking Point
삼계탕을 집에서 끓일 때는 어린 닭으로 가족이 한 마리씩 먹을 수 있도록 하세요. 닭은 뱃속에 손을 넣어 구석구석 흐르는 물에 잘 씻어내고 꽁지 부분은 자르세요. 끓는 물에 데치면 맛있는 성분이 많이 빠져나가므로 체에 밭쳐 끓는 물을 끼얹어 불순물을 제거하는 것이 좋아요.

1 밤은 겉과 속 껍질을 모두 벗기고 대추와 수삼은 깨끗이 씻고, 마늘과 생강은 껍질을 벗겨 손질해요.

2 닭은 배 밑으로 칼집을 내서 내장을 빼고 뱃속을 깨끗이 씻은 다음 뜨거운 물을 끼얹어 겉의 기름기를 제거해요. 찹쌀은 물에 불려요.

3 닭의 뱃속에 불린 찹쌀, 수삼, 마늘을 넣고 쌀이 나오지 않도록 꿰매거나 칼집을 내어 다리를 서로 끼워 아물려요.

4 냄비에 물을 붓고 3의 닭과 대추, 밤을 넣은 다음 뽀얀 국물이 우러날 때까지 중간 불로 끓이다가 천일염으로 간하고 후춧가루를 뿌려 완성해요.

주말에 가끔씩 만드는
닭볶음탕

주말에는 왠지 고기 요리를 먹어야 할 것 같을 때가 많아요. 오랜만에 온 가족이 모였으니 몸보신을 해야 할 것 같기도 해요. 소스만 달리하면 다양한 스타일의 닭볶음탕을 즐길 수 있어요. 이 레시피는 고추장 베이스로 만드는 초간단 레시피이지만, 조금 더 시간을 할애할 수 있으면 간장 베이스로 만드는 것을 추천해요.

재료(2~3인분)
닭 1마리, 감자 1개, 양파 1개, 물 2컵, 당근 1/2개, 대파 1/3대, 포도씨오일 1큰술
밑간 양념 맛술 2큰술, 천일염 약간, 후춧가루 약간
양념 고추장 2큰술, 고춧가루 2큰술, 간장 3큰술, 조청 2큰술, 다진 마늘 2큰술, 다진 생강 약간, 참기름 약간, 후춧가루 약간

Cooking Point

간장 베이스로 만들 때에는 간장 1컵, 맛술 1컵, 물 2컵, 물엿 1/2컵, 사과 1/2개, 대파 1대, 생강 1톨, 마늘 5쪽, 청양고추 3개, 통후추 10개를 소스팬에 넣어 2컵 분량이 되도록 졸여요.

1 감자와 당근은 네모지게 썰어 모서리를 깎아내고, 양파는 굵게 채 썰고, 대파는 어슷 썰어요.

2 닭은 손질해서 먹기 좋은 크기로 잘라 **밑간 양념** 재료를 넣어 30분 정도 재워요.

3 불에 달군 냄비에 포도씨오일을 두르고 감자, 당근, 양파, 대파를 넣어 볶다가 밑간한 닭을 넣어 볶아요.

4 3에 **양념** 재료를 모두 넣고 물 2컵을 부어 닭에 양념이 배도록 중간 불로 끓여 완성해요.

내 몸의 기력 회복제
닭개장

육개장은 참 익숙한데 닭개장은 왠지 어색해요. 육개장은 큰마음 먹고 끓여야 하지만 닭개장은 간단하게 끓일 수 있어서 자주 해먹게 돼요. 그래도 맛만큼은 육개장에 비해 손색이 없어요. 닭고기의 구수하고 담백한 맛과 고춧가루의 칼칼한 매운맛이 잘 어우러진 음식이에요.

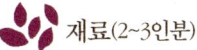
재료(2~3인분)

닭 가슴살 1조각, 숙주 1컵, 대파 2대, 느타리버섯 2줄기, 달걀 1개, 천일염 약간, 후춧가루 약간
닭 육수 마늘 2쪽, 생강 1톨, 양파 1/2개, 물 5컵
양념 고춧가루 3큰술, 국간장 2큰술, 포도씨오일 1큰술, 다진 마늘 2큰술, 참기름 1큰술, 후춧가루 약간

1 냄비에 닭 가슴살과 **닭 육수** 재료를 넣고 30분 정도 푹 끓여요.

2 1의 육수를 체에 걸러 맑은 국물을 받아내고 닭고기는 잘게 찢어요.

3 숙주는 깨끗이 씻어 다듬고, 느타리버섯은 손으로 찢고, 대파는 파란 부분만 큼직하게 썰어 끓는 물에 소금을 넣고 데쳐요.

4 양념 재료를 한데 섞어 데친 채소와 닭고기를 넣어 버무려요.

5 냄비에 닭 육수와 4의 재료를 넣어 끓여요.

6 한소끔 끓어오르면 달걀을 풀어 넣고 천일염으로 간하고 후춧가루를 뿌려 완성해요.

Cooking Point

봄에 입맛이 없을 때에는 쑥이나 미나리를 넣어 끓여도 되고, 여름에는 부추를 송송 썰어 넣어도 좋아요. 가을에는 여러 가지 버섯을 넉넉히 넣거나 우엉을 연필 깎듯 얇게 썰어 넣어보세요. 겨울에는 배추 우거지를 송송 썰어서 끓여도 맛있어요.

누룽지탕

파삭파삭 톡톡톡

처음 중국음식점에서 해물누룽지탕을 먹고 너무 맛있어서 깜짝 놀랐어요.
여러 가지 해산물을 넣어 만든 고소한 누룽지탕은 버섯을 넣고 만들면
깔끔하고 감칠맛이 돌아요. 중국음식점에서 먹는 누룽지탕은 치킨스톡 등의
조미료로 감칠맛을 내지만 집에서는 원재료의 맛을 살리는
건강한 조리법으로 잃어버린 입맛을 되찾아보세요.

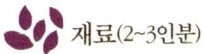
재료(2~3인분)

현미밥 1공기, 해삼 1마리, 오징어 1/2마리, 새우살 1/4컵, 조갯살 1/4컵, 죽순 1/2개,
초록 피망 1/4개, 빨강 피망 1/4개, 표고버섯 2개, 마늘 5쪽, 대파(흰 부분) 1대,
포도씨오일 1큰술, 화이트와인 1큰술, 튀김기름 적당량
소스 포도씨오일 1큰술, 청주 1큰술, 간장 1큰술, 물 1컵, 현미식초 1큰술, 굴소스 2큰술, 참기름 1작은술
물녹말 녹말 1큰술, 물 2큰술

1 불에 달군 팬에 현미밥을 꾹꾹 눌러 펴서 은근하게 구워 누룽지를 만든 다음 바삭하게 튀겨요.

2 해삼, 오징어, 죽순, 피망, 표고버섯, 대파는 먹기 좋은 크기로 썰어요. 마늘은 편으로 썰어 달군 팬에 포도씨오일을 두르고 향을 내서 볶아요.

3 마늘 향이 나면 팬에 해삼, 오징어, 새우살, 조개살을 넣어 볶다가 화이트와인을 둘러 잡냄새를 제거해요.

4 3에 죽순, 피망, 표고버섯, 대파를 넣어 볶아요.

5 소스 재료를 모두 섞어 4에 두르고 고루 볶아요.

6 물녹말을 부어 농도를 맞추고, 천일염으로 간한 다음 튀겨놓은 1의 누룽지 위에 부어 완성해요.

Cooking Point

현미밥으로 누룽지를 만들기 어려울 때는 시판 누룽지를 사용하세요.
누룽지탕은 탁탁 튀는 소리가 나야 제맛인 거 아시죠? 미리 누룽지를 튀겨놓으면
소리가 나지 않으므로, 누룽지는 먼저 만들어도 튀기는 것은 소스를 만든 다음에 하세요.
뜨거운 소스에 들어가는 물녹말은 동량을 섞지 말고 물의 양을 두 배로 해야
멍울이 지지 않고 녹말이 잘 풀어져요.

속이 헛헛할 때 찾게 되는 진한 등골의 맛
돼지감자탕

자주는 아니지만 가끔씩 생각나는 음식이에요. 얼큰하고 진한 국물과 뼈와 뼈 사이를 벌려 돼지 등뼈에 붙어 있는 살을 조근조근 빼 먹는 재미가 있는 돼지감자탕. 깻잎이나 취나물을 넣으면 더욱 향긋하고 진하게 즐길 수 있어요. 사 먹는 것보다 훨씬 건강한 가정식 감자탕을 만들어볼까요.

재료(4~6인분)
살이 붙은 돼지 등뼈 1kg, 삶은 감자 2개, 대파 1/2대, 우거지 100g, 깻잎 10장, 양파 1/2개, 생강 1톨, 마늘 5쪽, 육수 8~10컵, 청주 1큰술, 카레가루 1큰술, 된장 1/2큰술
양념 고춧가루 1큰술, 국간장 1큰술, 고추장 1/2큰술, 다진 마늘 1큰술, 들깻가루 1큰술, 후춧가루 약간

Cooking Point
돼지 등뼈로 국물을 우릴 때는 두꺼운 냄비에 넣고 푹 고아야 뼈의 맛이 잘 우러나요. 냄비의 바닥이 얇으면 끓는 중간에 수분 손실이 많으므로 주의하세요. 배추 얼갈이나 우거지, 신 김치를 물에 담가 물기를 제거해서 넣으면 더 맛있어요.

1 돼지 등뼈는 찬물에 2시간 이상 담가 핏물을 빼요.

등뼈를 끓인 육수는 8~10컵 정도 따로 담아 두었다가 3에서 사용하세요.

2 냄비에 돼지 등뼈를 담고 뼈가 잠길 만큼 물을 붓고 끓어오르면 그 물은 따라 버려요.

3 냄비에 육수를 붓고 굵게 썬 대파, 양파, 생강, 마늘을 넣고 센 불로 끓이다가 청주, 카레가루, 된장을 넣고 중간 불로 3~4시간 정도 끓여요.

4 뼈와 살이 분리될 정도로 물러지면 삶은 감자와 우거지, 깻잎을 넣고 **양념 재료**를 넣어 푹 끓여 완성해요.

설렁설렁 끓여도 맛있어요
홍합탕

홍합은 10월에서 12월이 제철로 철분과 칼슘이 많아 뼈를 튼튼하게 하고, 홍합에 들어 있는 무기질은 동맥경화를 예방해요. 하지만 산란기인 늦은 봄부터 여름 사이에는 먹지 않는 것이 좋고, 손질할 때는 껍데기를 솔로 문질러 떼어내세요. 저는 담백하게 끓이는 홍합탕도 좋지만 홍합을 넣은 미역국도 무척 좋아해요.

재료(2~3인분)
홍합 3컵, 물 5컵, 마늘 3쪽, 쪽파 2뿌리, 홍고추 1개, 천일염 약간, 후춧가루 약간

Cooking Point
홍합은 한꺼번에 많이 구입해서 냉동 보관하지 말고 필요할 때마다 구입해서 바로 요리해 드세요. 물을 넣어 끓여도 홍합의 맛이 잘 우러나지만 채소 국물을 이용해 끓이면 더욱 감칠맛이 돌아요. 홍합 삶은 물은 고운체에 걸러야 국물이 맑아요.

1 홍합은 껍데기의 이물질과 수염을 말끔히 제거하고 소금물에 담가 해감해요.

2 불에 달군 냄비에 마늘을 편으로 썰어 볶다가 1의 홍합과 물을 붓고 끓여요.

3 홍합의 입이 벌어지면 천일염으로 간하고 후춧가루를 뿌려요.

4 쪽파는 송송 썰고, 홍고추는 어슷 썰어 홍합탕에 넣어 완성해요.

전라도 지방의 투박하면서 깊은 맛
남원 추어탕

추어탕은 미꾸라지의 내장까지 함께 조리하기 때문에 비타민 A와 D가 풍부하고 뼈째 먹어 칼슘이 풍부한 단백질 음식이에요. 지방마다 끓이는 방법이 제각각인데 경상도식은 미꾸라지를 삶아 으깨서 풋배추, 토란대, 부추 등을 넣고 끓이다가 파, 마늘, 고추, 방아잎, 산초를 넣어요. 전라도식은 된장, 다진 파, 들깻가루를 넣어 농도 있게 끓인 다음 산초를 넣어 매운맛을 내요.

재료(2~3인분)
미꾸라지 2컵, 우거지 1컵(100g), 대파 1대, 홍고추 1개, 풋고추 1개, 굵은소금 적당량, 물 4컵, 국멸치 5마리, 다시마(10×10cm) 1장
양념 된장 1큰술, 고춧가루 1큰술, 국간장 1큰술, 다진파 1큰술, 다진 마늘 1큰술, 들깻가루 1큰술, 산초가루 약간

Cooking Point
미꾸라지의 비린내를 없애기 위해 산초가루를 조금 넣으면 미꾸라지의 냄새도 제거되고 소화액을 촉진시키는 작용을 해 소화 흡수도 잘돼요.

1 볼에 미꾸라지를 담고 굵은소금을 뿌려 주물러 불순물을 제거하고 씻어요.

2 냄비에 물을 붓고 국멸치와 다시마를 넣어 끓이다가 국물이 우러나면 멸치와 다시마는 건져내고 미꾸라지를 넣고 끓여요.

3 미꾸라지를 무르도록 끓여서 블렌더에 갈거나 곱게 으깨 체에 걸러요.

4 **양념 된장** 재료를 한데 섞어 2에 넣고 미꾸라지, 먹기 좋게 썬 우거지, 어슷 썬 대파와 홍고추, 풋고추를 넣고 푹 끓여 완성해요.

매콤달콤해 누구나 좋아하는 그 음식
불낙전골

불낙전골은 육류뿐 아니라 해물과 채소까지 골고루 먹을 수 있는 영양식이에요. 간수를 뺀 천일염으로 간을 하면 국물이 시원하고 단맛이 돌아요. 여러 가지 버섯류와 양파, 미나리, 실파, 대파, 배추잎, 당근, 호박 등의 채소를 듬뿍 넣어 만들면 훨씬 맛이 깊어져요.

재료(2~3인분)
낙지 1마리, 쇠고기 2/3컵(100g), 표고버섯 3개, 양파 1/2개, 실파 3뿌리, 홍고추 1개, 쑥갓 3줄기, 물 3컵, 국멸치 5마리, 다시마(10×10cm) 1장
낙지 양념 된장 1큰술, 고추장 1큰술, 고춧가루 1큰술, 간장 1작은술, 다진 마늘 1큰술, 다진 파 1큰술, 빻은 깨 약간, 천일염 약간
쇠고기 양념 간장 1큰술, 다진 마늘 1큰술, 다진 파 2큰술, 깨소금 1작은술, 참기름 1작은술, 설탕 1작은술, 후춧가루 약간

Cooking Point
낙지는 볶음이나 전골로 요리하기 좋은 재료지만 온도에 민감하여 쉽게 오그라들고 국물이 많이 생기고 질겨지기도 해요. 먼저 저수분으로 데친 후 낙지 양념에 재웠다가 맨 마지막에 넣으면 좋아요.

1 낙지는 머리에 칼집을 내서 먹통이 터지지 않게 잘 손질한 다음 굵은소금으로 바락바락 문질러 씻어서 **낙지 양념 재료를** 넣어 재워요.

2 쇠고기는 채 썰어 **쇠고기 양념 재료를** 넣어 재워요.

3 냄비에 물을 붓고 국멸치와 다시마를 넣어 끓어오르면 다시마를 건져내고 5~6분 후에 국멸치를 건져내요.

4 표고버섯과 양파는 채 썰고, 홍고추는 어슷 썰고, 실파는 5cm 길이로 잘라 냄비에 돌려 담고, 낙지와 쇠고기를 올리고 3의 국물을 붓고 끓여 완성해요.

콩의 영양을 따끈하게 즐겨요

두부전골

집에서 전골 요리를 해먹는 게 익숙하지는 않지만, 상에서 직접 끓이면 식사를 하는 내내 맛있게 먹을 수 있어요. 제대로 된 두부전골은 두부를 전분에 묻혀 부쳐서 쇠고기 소를 두부 사이에 넣어 붙인 것을 채소와 함께 끓이는 것으로 부드럽고 담백한 맛이 일품이에요. 저는 약식으로 손쉽게 만드는 법을 소개할게요.

재료(2~3인분)

두부 1/2모, 쇠고기(불고기감) 1/2컵(100g), 표고버섯 2개, 배추잎 2장, 대파 1대, 양파 1/4개,
홍고추 1개, 청양고추 1개, 물 3컵, 멸치 5마리, 다시마(10×10cm) 1장
불고기 양념 간장 1큰술, 청주 1큰술, 설탕 1큰술, 다진 마늘 1큰술, 다진 파 1큰술,
깨소금 1/2큰술, 참기름 1작은술, 후춧가루 약간
양념 국간장 1/2큰술, 천일염 약간, 후춧가루 약간

1 두부는 네모지게 납작하게 썰어 천일염으로 간하고 후춧가루를 뿌려 팬에 지져요.

2 쇠고기와 표고버섯은 어슷 썰어 **불고기 양념 재료**를 넣어 간이 배도록 무쳐요.

3 냄비에 물을 붓고 국멸치와 다시마를 넣어 끓어오르면 다시마는 건져내고 5~6분 후에 국멸치를 건져요.

4 배추, 대파, 양파, 홍고추, 청양고추는 모두 어슷 썰어 냄비에 담아요.

5 양념한 불고기와 표고버섯을 넣고 3의 국물을 붓고 끓여요.

6 **양념 재료**를 넣어 완성해요. 상에서 직접 끓여 드세요.

Cooking Point

두부는 너무 익히면 식감이 떨어지므로 불고기와 표고버섯을 끓이다가 나중에 넣으면 좋아요. 재료가 어느 정도 익었을 때 달걀을 넣어 반숙으로 익혀 먹어도 좋아요.

얼큰한 김치와 고소한 곱창의 만남
김치 곱창전골

곱창은 손질이 번거로울 것 같아 집에서 만들기가 망설여져요. 곱창은 신선한 것을 준비해야 누린내가 덜 나고 맛있어요. 기름기를 조금 남겨둬야 특유의 맛이 살아나고요. 곱창을 씻을 때는 굵은소금과 밀가루를 넣어 비벼 가며 씻어요. 준비한 재료를 전골냄비에 돌려 담고 곱창 삶은 물을 붓고 끓이다가 천일염으로 간해서 완성하세요.

재료(2~3인분)
송송 썬 배추김치 1컵, 곱창 1+1/2컵, 깻잎 10장, 대파 1대, 풋고추 1개, 홍고추 1개, 밀가루 3큰술, 천일염 약간
곱창 삶는 물 물 3컵, 간장 1큰술, 생강 1/2톨, 대파 4대, 통후추 5알, 마늘 3쪽, 양파 1/3개
곱창 양념 고춧가루 2큰술, 다진 양파 4큰술, 간장 1큰술, 곱창 육수 1큰술, 다진 생강 약간, 청주 1작은술, 깨소금 약간, 후춧가루 약간, 소금 약간, 참기름 약간

1 곱창은 기름을 떼고 천일염과 밀가루를 뿌려 바락바락 문질러 깨끗이 씻어요.

2 냄비에 곱창과 **곱창 삶는 물** 재료를 넣고 끓여서 국물이 우러나면 기름기를 걷어내고 곱창은 건져요.

3 **곱창 양념 재료**를 한데 섞어 곱창을 넣어 조물조물 무쳐요.

4 냄비에 김치와 3의 곱창을 담고 대파와 깻잎은 채 썰고, 풋고추와 홍고추는 어슷 썰어 넣고 2의 곱창 육수를 부어 끓이다가 천일염으로 간해서 완성해요.

최쌤의 건강한 꿀팁
전골에 김치를 넣으면 시원한 맛이 나지만 전골에 김치의 소가 빠져나와 국물이 지저분해질 수 있어요. 깔끔한 김치전골을 원한다면 먼저 김치의 소를 털어내고 물에 살짝 헹궈서 요리하세요.

건강하고 맛깔스러운
현미 초대 요리

외식을 하면 유난히 갈증이 나서 물도 많이 먹게 되고, 입안도 까끌까끌해요.
'여기에 뭐가 들어가서 그렇지? 각종 첨가제, 방부제, 색소, MSG 등이
들어가지는 않았을까?' 하는 걱정이 앞서요. 한 상 거하게 차려 먹지 않아도
소박하게 친구와 수다를 떨며 먹을 수 있는 간단한 요리,
사랑하는 사람과 오붓하게 술 한잔 기울이며 즐기는 건강식,
일상에 여유와 활력을 주는 특별한 요리를 소개할게요.

special page

센스만점 초대 상차리기

1. 먼저 누구를 초대할지 생각해보세요

손님의 연령이나 성별 등에 따라서 음식의 재료나 가짓수가 달라지므로 먼저 누구를 초대할 것인지를 생각한 다음 메뉴를 짜고 예산을 세우세요. 참고로 젊은 사람일 경우에는 4가지 코스로 메뉴를 짜는 것이 적당하고 어르신일 경우에는 준비하는 양을 좀 줄이되 6가지 코스로 메뉴를 짜는 것이 적당해요.

2. 하루 전에는 이런 것을 준비하세요

적어도 하루 전에는 계획한 메뉴에 필요한 재료를 미리 장을 봐서 손질해 놓아야 해요. 그 다음에는 음식에 어울리는 술을 준비하고 음식에 어울리는 그릇도 미리 찾아서 닦아 놓으세요.

3. 음식을 담아낼 때에는 이런 것을 신경 쓰세요

요리에 있어서 시각적인 것은 무시 못 할 부분이에요. 한꺼번에 먹을 수 있게 내지 말고 일인분씩 담아내는 것이 센스 있어 보인답니다. 편한 여자 친구들을 초대했을 때는 뷔페식으로 차려서 덜어 먹게 하는 것도 괜찮아요.

책 속 메뉴 활용하는
특별한 날 특별한 상차림

1. 여자 친구 티타임 테이블

친한 여자 친구들 모임에는 항상 수다가 가득하지요. 오전 11시나 3시쯤 약간 출출한 시간에 친구들을 초대해 여자들이 좋아하는 메뉴들을 선보이는 건 어떨까요? 편안하고 여유로운 티타임이 될 거예요.

현미 고구마 몽블랑 258쪽 + 아보카도 호두와 현미 샐러드 250쪽 + 현미 오버나이트 잡곡 와플 273쪽 + 현미밥 아이스크림 277쪽

2. 정성스런 부모님 초대 상

어르신들을 초대했을 때에는 일반 단품 요리보다는 스토리와 콘셉트가 있는 요리를 준비하는 것이 좋아요. 그리고 그냥 내는 것보다 설명을 곁들이는 것이 더 정성스러워 보인답니다.

보리된장 현미떡 254쪽 + 현미 떡구절판 268쪽 + 현미 팥죽 86쪽 + 전복 약선 갈비찜 168쪽

3. 남편 친구 술 안주상

갑자기 남편 친구들이 집에 놀러 온다고 하면 여간 고민이 되는 게 아니죠. 먼저 편안하게 앉아서 이야기 할 수 있도록 차게 먹을 수 있거나 식어도 괜찮은 안주를 준비하고 그 다음엔 요기가 될 수 있는 간단한 밥 종류를 준비해보세요.

땅콩깨소스 현미꼬치 264쪽 + 현미 연근초밥 100쪽 + 현미 두부덮밥 118쪽 + 현미 애플 어니언소시지 262쪽

4. 우리 아이 생일 파티

아이들이 좋아하는 메뉴 위주로 준비하되 엄마의 정성을 가득 담아 더 건강하고 특별하게 준비해 보세요.

현미찹쌀 깨쿠키 276쪽 + 모차렐라치즈 해물떡볶이 266쪽 + 현미 새싹채소 김치김밥 114쪽 + 현미스틱 스프링롤 289쪽

5. 연인을 위한 로맨틱 파티

연인이나 남편과 함께 하는 특별한 날에 로맨틱한 테이블을 연출하고 싶다면 정성 가득한 요리와 함께 은은한 조명, 음악, 그리고 와인 한 병을 준비해보세요.

 +  +  +

양송이 콜리플라워수프 94쪽 / 현미 병아리콩 라타투이 112쪽 / 봉골레 파스타 315쪽 / 현미 잡곡 시리얼 스테이크 252쪽

6. 3대를 위한 패밀리 파티

요즘 온 가족이 한 자리에 모이기 쉽지 않죠? 할아버지, 할머니, 엄마, 아빠, 아이까지 모두의 입맛을 충족시키는 건강한 밥상을 차려보세요.

 +  +  +

현미 간장 떡볶이 265쪽 / 현미 오코노미야키 260쪽 / 일본식 어묵국 200쪽 / 옐로 단호박 커리라이스 257쪽

7. 주말 아침 간단한 가정식 브런치

느지막이 일어난 고양이처럼 기지개 한번 펴고 간단하면서도 건강하고 스타일리시한 가정식 브런치를 준비해보세요. 너무 무겁거나 어렵거나 너무 일상적인 음식은 피하고 간단하지만 특별한 것을 준비해보세요.

 or  or  or

가지조림 현미덮밥 253쪽 / 현미 라이스 샐러드 255쪽 / 베지 현미버거 256쪽 / 현미 비빔밥 124쪽

8. 싱글족을 위한 특별한 명절 상

서른이 넘은 싱글들은 은근히 명절에 친척들 만나는 것이 스트레스예요. 명절을 피하지 말고 보란 듯이 나만을 위한 명절 요리상을 차려보세요.

 현미떡국 267쪽
+
 유자청 깨소스 현미떡 272쪽
+
 돼지갈비구이 151쪽
+
 된장 표고버섯 현미밥 122쪽

9. 여우들을 위한 럭셔리 파티

마음을 나눌 수 있는 친구가 있다는 것은 행복한 일이지요. 서로의 꿈을 위해 기원해 주고 항상 함께할 나의 친구들과의 럭셔리한 파자마파티 즐겨 볼까요?

 흑미현미밥 밀푀유 259쪽
+
 병아리콩 브라운 라이스볼 263쪽
+
 두부 화이트소스 현미도리아 120쪽
+
 볶은 현미 두부케이크 274쪽

10. 직장 동료 집들이 상

집들이 초대 때에는 선물할 수 있는 것으로, 식어도 맛이 변하지 않는 음식을 넉넉하게 준비하는 것이 좋아요. 넉넉하게 준비한 음식을 포장해서 돌아가는 손님들에게 선물하면 오랫동안 기억에 남는 집들이가 될 거예요.

 우엉현미 군만두 251쪽
+
 현미 견과류바 275쪽
+
 오징어 연근조림 166쪽
+
 현미 버섯초밥 97쪽

새콤한 발사믹향이 가득~

아보카도 호두와 현미 샐러드

'숲 속의 버터'라 불리는 아보카도는 식물성 기름이 많아 잘 익으면 보습 효과가 뛰어나고 탄력 있는 피부로 만들어줘요. 마른 팬에 구우면 더욱 고소한 호두는 노화를 방지하고 머리를 좋게 해주는 음식으로 유명해요. 천연 비타민이 듬뿍 들어간 녹색 채소에 아보카도와 호두를 곁들인 샐러드랍니다.

재료(2인분)

현미밥 2공기, 아보카도 1개, 레몬즙 2큰술, 호두 1/2컵, 쌈채소(치커리, 레터스, 로메인, 래디치오, 겨자채 등) 10장
드레싱 엑스트라 버진 올리브오일 3큰술, 발사믹식초 1큰술, 간장 2큰술, 조청 2큰술, 천일염 약간, 후춧가루 약간

Cooking Point

손님을 초대할 때는 접시에 채소를 담고 현미밥 샐러드를 올리면 먹음직스러워요. 채소의 물기를 잘 제거해야 드레싱 재료가 겉돌지 않아요.

1 아보카도는 껍질을 벗기고 먹기 좋은 크기로 잘라 레몬즙을 뿌리고 호두는 기름을 두르지 않은 팬에 구워요.

2 쌈채소는 물에 씻어 찬물에 담갔다가 먹기 직전에 꺼내 물기를 제거해요.

3 **드레싱 재료**를 한데 섞어 드레싱을 만들어요.

4 현미밥에 드레싱 3분의 1을 넣어 잘 섞은 다음 나머지 재료를 섞어 접시에 쌈채소와 함께 담아 완성해요.

한 입에 베어 먹는
우엉현미 군만두

건강에 좋은 우엉이 또 등장했어요. 우엉은 혈액순환을 도와 오래된 피를 몸 밖으로 내보내기 때문에 생리불순이나 생리통이 있는 분들, 혈액이 탁한 사람들이 섭취하면 효과가 있어요. 셀룰로오스와 리그닌 등의 식물섬유가 변비를 해결하고 장내 유익한 세균이 번식하는 데 도움을 준답니다.

🌱 **재료**(2인분, 4개 분량)
만두피 현미가루 2큰술, 통밀가루 1/2컵, 천일염 약간, 물 적당량
만두소 우엉 1/4대, 당근 1/5개, 간장 2큰술, 참기름 1작은술, 물 적당량

Cooking Point
우엉과 당근을 만두소에 넣기 때문에 최대한 가늘게 썰어요. 만약 두껍게 썰어졌다면 물을 넣고 조릴 때 충분히 무르도록 졸이세요. 하지만 만두소가 너무 무르면 씹는 맛이 떨어지므로 최대한 얇게 썰어 단맛이 우러나올 정도로만 졸이세요.

1 볼에 **만두피** 재료의 가루류를 넣고 물을 조금씩 넣어가며 귓불 정도의 탄력으로 반죽하여 냉장고에서 30분 정도 휴지시켜요.

2 **만두소** 재료 중 우엉은 연필 깎듯이 깎고 당근은 얇게 채 썰어 팬에 참기름을 두르고 우엉과 당근을 볶다가 고소한 냄새가 나면 물을 넣어 조리다가 마지막에 간장을 넣어요.

3 반죽을 떼어 도마 위에 통밀가루를 뿌리고 밀대로 밀어 지름 10cm 정도의 만두피를 만들어 그 안에 만두소를 넣어 빚어요.

4 팬을 달구어 포도씨오일을 두르고 만두를 넣어 노릇하게 구워 완성해요.

현미밥으로 만든 지중해 요리

현미 잡곡 시리얼 스테이크

작년 겨울 휘슬러코리아와 인터컨티넨탈호텔이 공동 프로모션으로 진행한 휘슬러 마크로비오틱 지중해 요리로 선정된 메뉴 중 가장 인기 있었던 레시피예요. 밀가루 글루텐을 이용해 밀고기를 만드는 일반적인 레시피가 아니고, 현미와 같은 잡곡, 콩 등을 이용해 단백하고 깔끔한 맛을 냈으며 걸쭉하게 졸인 발사믹식초와 궁합이 매우 잘 맞는 요리랍니다.

재료

현미밥 1공기, 오트밀 1/4컵, 삶은 병아리콩 1/4컵, 통밀가루 1큰술, 양파 1/2개, 당근 1/4개, 표고버섯 3개, 다진 마늘 1큰술, 타임 약간, 새싹채소 1/2컵, 방울토마토 5개, 올리브오일 2큰술

채소 발사믹 소스 다진 마늘 1큰술, 다진 양파 1큰술, 다진 당근 1큰술, 다진 셀러리 1큰술, 발사믹식초 1/2컵, 조청 1큰술

1 팬을 달구어 올리브오일을 두르고 양파, 당근, 표고버섯은 잘게 다져서 다진 마늘과 함께 볶아요.

2 1에 현미밥, 오트밀, 삶은 병아리콩, 통밀가루를 넣어 잘 치대어 동글납작하게 반죽을 빚어요.

3 불에 달군 팬에 **채소 발사믹 소스 재료**의 채소를 모두 볶아요. 발사믹식초와 조청을 넣고 졸인 다음 블렌더에 갈아 소스를 만들어요.

4 불에 달군 팬에 올리브오일을 두르고 2의 반죽을 구워 거의 익으면 토마토를 넣어 겉만 익혀 완성해요.

타임과 새싹채소를 곁들여 드세요.

가지의 바삭함이 입안에서 사르르~
가지조림 현미덮밥

여름이 되어 가지가 시장에 본격적으로 나오기 시작하면 왠지 기분이 좋아요. 가지는 7~9월의 밭 가지가 살이 많고 씨가 적어 가장 맛있어요. 보통 찌거나 굽는 방법으로 요리하는데 기름에 튀기면 가지가 기름을 잘 흡수하므로 식물성 기름으로 요리하는 것이 좋아요. 이렇게 조리하면 불포화지방산과 비타민 E를 많이 섭취할 수 있답니다.

재료(2인분)
현미밥 2공기, 가지 2개, 튀김기름 적당량
소스 물 1/2컵, 통깨 1큰술, 간장 1큰술, 맛술 1큰술, 천연조미료가루 1큰술, 천일염 약간

Cooking Point
〈동의보감〉에서는 가지가 서늘한 성질을 띠므로 몸이 찬 사람은 피하는 것이 좋고 여름이 지난 후 가을에 재배된 가지는 눈에 좋지 않고, 목소리를 써야 하는 사람들은 피하는 것이 좋다고 해요.

1 소스팬에 소스 재료를 모두 넣고 한소끔 끓여 끓어오르면 약한 불로 졸여요.

2 가지를 2cm 두께로 둥글게 잘라요.

3 튀김기름에 가지를 노릇하게 튀겨요.

4 튀긴 가지를 볼에 담고 소스를 부어 냉장고에서 하룻밤 숙성시켜 현미밥 위에 올려 완성해요.

쫄깃하고 고소함의 절정을 맛보다
보리된장 현미떡

현미찹쌀의 쫄깃함과 고소함이 느껴지는 음식으로 떡으로 반죽하지만 식사대용으로도 먹을 수 있는 손님 초대 요리예요. 특히 나이가 지긋하신 분들이 오실 때 준비하면 좋아요. 보리 된장 소스가 입맛에 맞지 않을 때는 양파 간장 소스나 피넛 미소 소스를 곁들이고, 김가루를 올려 먹어도 궁합이 잘 맞아요.

재료(2인분, 4개 분량)
현미밥 2공기, 통밀가루 2큰술, 통깨 2큰술, 참기름 1큰술, 천일염 약간
된장 소스 보리된장 2큰술, 간장 1작은술, 조청 1큰술, 청주 1큰술, 참기름 1작은술

Cooking Point
양파 간장 소스는 간장 1/2컵, 양파 1개, 마늘 3쪽, 메이플시럽 2큰술, 조청 2큰술로 양파와 마늘은 다져서 충분히 볶다가 간장과 메이플시럽, 조청을 넣어 센 불로 끓여요. 끓어오르면 약한 불로 줄이고 10분 정도 졸여 완성해요. 피넛 미소 소스는 피넛크림 2큰술, 미소 1큰술, 간장 1/2작은술, 다시마 우린 물 1/2컵 넣어 한소끔 끓여 완성해요.

1 된장 소스 재료를 한데 섞어 소스를 만들어요.

2 현미밥과 통밀가루, 통깨를 한데 담아 통깨가 반 정도 으깨질 정도로 치대고 천일염으로 간해요.

3 2의 반죽을 4등분해 둥글납작하게 빚어 모양을 만들어요.

4 불에 달군 팬에 참기름을 두르고 반죽을 앞뒤로 노릇하게 구워 된장 소스를 발라요.

사랑스런 그녀를 닮은
현미 라이스 샐러드

오랜만에 친구들을 만나 정신없이 수다를 떨다 보면 어느새 배가 고파져요. 부담스럽지 않은 가벼운 요리가 필요할 때 추천하고 싶은 요리가 바로 현미 라이스 샐러드예요. 피부미용과 다이어트에도 좋고, 천연 미네랄이 넘쳐나는 건강한 요리랍니다. 식은 현미밥으로 간단하고 스타일리시하게 만들 수 있어요.

 재료(2인분)

현미밥 1공기, 병아리콩 2/3컵, 빨강 피망 1/2개, 옥수수 1/3컵, 오이 1/4개, 적양파 1/8개, 구운 아몬드 슬라이스 2큰술, 쌈채소 적당량, 콩 삶을 물, 천일염 약간
드레싱 엑스트라 버진 올리브오일 4큰술, 현미식초 2큰술, 디종 머스터드 1작은술, 천일염 1/2작은술, 후춧가루 약간, 다진 마늘 약간

Cooking Point

남은 쌈채소를 보관할 때는 면 보자기에 물기를 적셔 꼭 짠 후 쌈채소를 켜켜이 쌓아 냉장고에 보관하세요. 이렇게 하면 겉의 물기는 자연스럽게 빠지고 안의 수분은 그대로 남아 채소를 싱싱하게 보관할 수 있어요.

1 냄비에 물을 붓고 천일염을 약간 넣고 병아리콩을 삶아요.

2 피망과 오이는 사방 1cm로 썰고, 적양파는 채 썰어요.

3 볼에 **드레싱 재료**를 한데 담아 고루 섞어요.

4 현미밥, 병아리콩, 옥수수에 드레싱을 뿌려 고루 섞고 아몬드를 넣어 쌈채소에 싸서 완성해요.

현미 초대 요리 **255**

자연의 건강함을 그대로
베지 현미버거

베지 현미버거는 카나페처럼 한 입에 먹을 수 있는 크기로 만든 햄버거예요. 오물오물 씹어 먹으면 자연의 맛을 그대로 느낄 수 있어요. 봄에는 다진 토마토, 여름에는 슬라이스한 오이, 가을에는 무 간 것, 겨울에는 참마를 갈아 고명으로 올리면 좋아요. 자연의 건강함을 그대로 담았답니다.

재료(2인분)
현미 잡곡밥 1공기, 연근 1개, 우엉(15cm) 1토막, 당근 1/4개, 대파(15cm) 1토막, 은행 10알, 천일염 약간, 후춧가루 약간, 무 1/8개, 포도씨오일 2큰술
소스 조청 2/3컵, 청주 2/3컵, 맛술 1/3컵, 간장 1/3컵

Cooking Point
각각의 채소를 팬에 볶아서 현미 잡곡밥에 섞어 반죽하면 더욱 고소해지며, 좀 더 특별한 맛을 원할 때는 기름을 넉넉히 붓고 튀기듯이 바삭하게 구워도 좋아요. 잡곡밥에 콩이 들어갔을 경우 콩도 다져서 채소 볶을 때 넣으세요.

1 연근은 껍질을 벗기고 강판에 갈아 수분을 제거하고 우엉, 당근, 대파, 은행은 잘게 다져요.

2 볼에 1과 현미 잡곡밥을 담고 천일염으로 간한 다음 손으로 치대어 4등분해서 동글납작하게 모양을 빚어요.

3 소스팬에 **소스** 재료를 한데 넣고 끓여 소스를 만들어요.

4 불에 달군 팬에 포도씨오일을 두르고 2를 넣어 앞뒤로 노릇하게 구워 접시에 담은 다음 무를 갈아 올리고 소스를 뿌려 완성해요.

특급호텔 메뉴를 집에서 즐겨요

옐로 단호박 커리라이스

보통 커리는 걸쭉하게 끓여 밥에 뿌려 먹잖아요. 하지만 볶음밥을 만들어 커리가루를 섞고 단호박 안에 채워 넣은 후 오븐에 굽거나 찌면 눈이 즐거운 특별한 요리가 완성돼요. 두유를 넣으면 한결 부드러워지는데 두유 대신 간장 1큰술, 된장 1작은술, 조청 1작은술, 건과일(블루베리) 다진 것 1큰술을 넣으면 일품요리 완성!

재료(2인분)
단호박(지름 10~12cm) 1개, 현미밥 3/4공기, 양파 1/4개, 방울토마토 5개, 양송이버섯 4개, 커리가루 2큰술, 두유 4큰술, 다진 마늘 1작은술, 천일염 약간, 후춧가루 약간, 포도씨오일 2큰술, 민트 잎 10장

Cooking Point
단호박 안의 재료는 모두 익힌 상태이기 때문에 단호박만 익히면 돼요. 민트 대신 특별한 맛을 내려면 루콜라를 사용해보세요. 민트나 루콜라가 없으면 깻잎도 괜찮아요.

1 양파와 양송이버섯은 채 썰고, 방울토마토는 4등분하고, 민트 잎은 두껍게 썰어요.

2 불에 달군 팬에 포도씨오일을 두르고 양파와 마늘을 갈색이 나도록 볶다가 커리, 양송이버섯을 넣어 볶아요.

3 현미밥을 넣고 볶다가 방울토마토와 두유를 넣고 천일염으로 간한 다음 후춧가루를 뿌리고 민트 잎을 넣어 섞어요.

4 단호박은 꼭지의 윗부분을 둥글게 도려내서 씨를 제거하고 3을 채워 넣고 다시 뚜껑을 닫아 200℃의 오븐에서 50분 정도 굽거나 압력솥에 쪄서 완성해요.

드라마의 주인공처럼 크림 키스를 부르는

현미 고구마 몽블랑

나른한 오후가 되면 생각나는 것들이 있어요. 향긋한 허브티와 함께 먹으면 좋은 현미 고구마 몽블랑. 베이스를 만드는 일이 번거로우면 몽블랑 크림만 만들어 바삭한 비스킷 위에 올리고 달콤한 제철 과일을 얹어 분위기 있게 즐겨보세요.

재료(2인분, 4개 분량)

찐 고구마 1/4개(50g), 현미가루 1/4컵, 통밀가루 1/4컵, 검은깨 1/4작은술, 베이킹파우더 1작은술, 두유 1/2컵, 올리브오일 2큰술, 메이플시럽 2큰술, 천일염 1/3작은술, 럼 1작은술, 블루베리 1큰술, 장식용 민트 약간
몽블랑 크림 찐 고구마 1개(200g), 코코넛밀크 1/4컵, 메이플시럽 3큰술, 통깨 2작은술, 천일염 약간

Cooking Point

머핀컵에 베이스를 넣고 오븐에 구울 때는 중간 중간 꼬치로 반죽을 찔러서 묻어나지 않을 때까지 구우세요. 케이크 부분을 머핀컵에 넣어 구우면 고구마도 머핀처럼 먹을 수 있어요.

1 볼에 현미가루, 검은깨, 베이킹파우더는 넣어 고루 섞고, 다른 볼에는 두유, 올리브오일, 메이플시럽, 럼, 블루베리를 섞고 천일염으로 간해요.

2 1의 재료를 한데 섞고 그 안에 찐 고구마(1/4개)를 깍둑썰어 넣어요.

3 머핀컵에 반죽을 담고 160℃의 오븐에서 20분 정도 구워 베이스를 만들어요. 꼬치로 반죽을 찔러서 묻어나지 않으면 완성이에요.

4 찐 고구마를 뜨거울 때 체에 내려 **몽블랑 크림 재료**와 한데 섞어 몽블랑 크림을 만든 다음 짤주머니에 담아 3의 베이스 위에 몽블랑 모양을 만들어 완성해요.

색다르게 즐기는 누룽지의 진화
흑미현미밥 밀푀유

색다르게 즐기는 누룽지 요리예요. 현미밥을 길게 밀어 오븐에 굽고 제철 채소 샐러드를 만들어 안에 넣으면 완성이에요. 토란이나 우엉 대신 봄에는 완두콩을, 여름에는 감자를, 가을에는 햇밤을, 겨울에는 단호박 등을 넣어 샐러드를 만들면 정말 맛있어요.

재료(2인분)
흑미 현미밥 1+1/2공기, 천일염 1/2작은술
토란 샐러드 토란 4개, 올리브오일 1큰술, 현미식초 1/2큰술, 천일염 1/4작은술, 마요네즈 2큰술, 후춧가루 약간
우엉 샐러드 우엉 1대, 올리브오일 1큰술, 다진 마늘 1작은술, 현미식초 1/2큰술, 디종 머스터드 1/2작은술, 간장 1/2작은술, 자연염 약간, 후춧가루 약간

Cooking Point
오븐에 구워서 자르면 누룽지가 부서질 수 있으므로 주의하세요. 오븐이 없다면 팬을 이용해 앞뒤로 노릇하게 지져도 좋아요. 팬을 이용할 때는 현미밥을 동그랗게 빚은 후 손바닥으로 눌러 가능하면 얇게 누룽지를 만드세요.

1 흑미 현미밥에 천일염을 넣어 잘 섞어 두 덩어리로 나누어 랩으로 싸서 밀대로 밀어요.

2 현미밥을 180℃의 오븐에서 10~12분 정도 굽고 뒤집어서 구워 표면이 바삭해지면 3등분해요.

3 **토란 샐러드 재료** 중 토란을 삶아서 먹기 좋은 크기로 잘라 뜨거울 때 올리브오일, 식초, 천일염을 넣어 섞고, 식으면 마요네즈와 후춧가루를 뿌려요.

2의 구운 현미밥, 토란 샐러드, 우엉 샐러드 순으로 올려 완성해요.

4 불에 달군 팬에 **우엉 샐러드 재료** 중 올리브오일을 두르고, 채 썬 우엉을 볶다가 다진 마늘, 디종 머스터드, 현미식초, 천일염, 간장, 후춧가루를 넣어 볶아요.

술 한잔을 부르는
현미 오코노미야키

오코노미야키는 밀가루 반죽에 육류나 해산물, 채소와 달걀을 넣어 팬에 구운 후 소스를 발라 먹는 요리로 우리나라의 부침개와 비슷해요. 밀가루 반죽에 현미밥을 넣어 좀 더 건강하게 만들었어요. 김가루를 뿌리기 전에 두부 마요네즈를 만들어 뿌리면 더욱 고소해요.

재료(2인분)

현미밥 1공기, 통밀가루 5큰술, 다시마 우린 물 1/2컵, 채 썬 양배추 1컵, 채 썬 우엉 1/3컵, 대파(흰 부분 5cm) 1토막, 천일염 약간, 채 썬 생강 약간, 파래김가루 약간, 카놀라오일 1큰술
발사믹 간장 발사믹식초 3큰술, 조청 2큰술, 간장 1큰술

Cooking Point

밀가루의 텁텁한 맛이 싫을 때에는 양배추와 우엉을 얇게 채 썰어 천일염으로 간하여 약간의 수분이 올라오면 현미밥을 넣고 치대어 만드세요. 따뜻한 현미밥을 이용해야 반죽하기 좋으며, 잘 치대어 반죽해야 구울 때 부서지지 않아요.

1 볼에 통밀가루와 다시마 우린 물을 넣고 잘 섞어요.

2 1에 우엉과 대파를 채 썰어 볶아서 현미밥과 함께 넣고 천일염으로 간한 다음 점성이 나올 때까지 반죽하고 양배추를 넣어 섞어요.

3 불에 달군 팬에 카놀라오일을 두르고, 반죽을 떠 넣어 앞뒤로 노릇하게 굽고 약한 불로 줄여 속까지 익혀요.

4 생강, 파래김가루를 뿌려 완성해요. **발사믹 간장**을 만들어 함께 내요.

분위기를 업시키는 부드러움
현미 연어케이크

좋은 사람과 나누는 와인 한잔에 맛있는 안주까지 곁들인다면? 와인과 어울리는 연어 요리를 소개할게요. 연어의 느끼함을 현미밥이 잡아주고, 자칫 껄끄러울 수 있는 식감은 부드러운 소스로 보완하는 현미 연어케이크. 부담스럽지 않으면서도 근사하고 멋진 요리예요.

재료(2인분)
연어 300g, 현미밥 1공기, 쪽파 4뿌리, 달걀 1개, 파슬리가루 1큰술, 레몬즙 2작은술, 생강즙 2작은술, 천일염 1/2작은술, 후춧가루 1/4작은술, 포도씨오일 적당량
스파이시 마요네즈 재료 마요네즈 1/2컵, 디종 머스터드 2작은술, 조청 2작은술, 칠리파우더 2작은술

Cooking Point
현미밥은 다 익은 재료라 해도 연어와 달걀이 들어가기 때문에 충분히 구우세요. 두껍게 반죽하면 프라이팬보다는 오븐에 굽는 것이 좋아요. 칠리파우더 대신 고추냉이를 넣어도 특별한 맛을 즐길 수 있어요.

1 연어는 다지고, 쪽파는 송송 썰어요.

2 볼에 모든 재료를 넣고 반죽해 동그랗게 빚어 손바닥으로 눌러 두툼하게 만들어요.

3 불에 달군 팬에 포도씨오일을 두르고 2를 넣어 앞뒤로 노릇하게 구워 완성해요.

4 **스파이시 마요네즈 재료**를 한데 섞어 함께 내요.

너무나 건강한 영양 간식

현미 애플 어니언소시지

햄이나 소시지를 맛있게 먹다가도 문득 '도대체 여기에 들어간 고기는 뭘까?' 하는 생각이 들 때가 있어요. 이제는 소시지도 집에서 건강하게 만들어보자고요. 방부제, 보존제, 첨가물, 조미료 등에서 자유로운, 믿을 수 있는 홈메이드 소시지 만들기, 지금 시작합니다.

재료(2인분)

현미가루 1/2컵, 닭 가슴살 1컵, 돼지고기 목살 1컵, 사과 1개, 양파(작은 것) 1개, 세이지 3~4줄기, 포도씨오일 2큰술, 천일염 1작은술, 후춧가루 3/4작은술, 생강즙 1작은술, 너트메그 1/4작은술, 파프리카가루 1작은술

Cooking Point

세이지 대신 파슬리가루 1작은술을 넣거나 파프리카가루 대신 고춧가루를 넣어도 돼요. 소시지 케이싱을 구입하여 속 재료를 넣고 끓는 물에 삶으면 맛이 더욱 담백해요.

1 사과, 양파는 잘게 다지고, 세이지도 다져요.

2 불에 달군 팬에 포도씨오일을 두르고 양파와 사과를 볶아 식혀요.

3 닭 가슴살과 돼지고기를 잘게 다져 세이지, 생강즙, 너트메그, 파프리카가루, 현미가루를 넣어 잘 섞어요. 천일염으로 간하고 후춧가루를 뿌려 2를 넣어 반죽해요.

4 3을 먹기 좋은 크기로 빚어 팬에 포도씨오일을 두르고 노릇하게 구워 완성해요.

한입에 쏙
병아리콩 브라운 라이스볼

시원한 맥주 한잔 생각날 때, 안주로 그만이에요. 균형 잡힌 영양에 모양까지 귀여운 딱 맥주에 어울리는 안주예요. 병아리콩 대신 작두콩이나 메주콩을 사용해도 좋으며 프로세스 치즈 대신 모차렐라 치즈나 파르메산 치즈를 넣거나 우유로 간단하게 리코타 치즈를 만들어서 넣어도 좋아요.

재료(2인분)
현미밥 1공기, 삶은 병아리콩 1컵, 프로세스 치즈 60g, 통깨 1큰술, 검은깨 1큰술, 천일염 약간, 후춧가루 약간, 통밀가루 적당량, 튀김기름 적당량

Cooking Point
집에 유통기한이 얼마 남지 않은 우유가 있다면 간단하게 리코타 치즈를 만들어보세요(우유 500ml 기준에 식초 2큰술, 천일염 약간). 리코타 치즈와 우유를 끓이다가 천일염을 넣고 식초를 넣으면 바로 유장과 응유로 분리되는데 이것을 체에 걸러 사용해요.

1 프로세스 치즈는 0.5×0.5cm 크기로 깍둑썰어요.

2 볼을 두 개 준비해서 각각 현미밥과 병아리콩, 프로세스 치즈를 반씩 담고 한쪽엔 통깨를 넣고 다른 한쪽엔 검은깨를 넣어요. 천일염으로 간하고 후춧가루를 뿌려 반죽해요.

3 각각의 반죽을 둥글게 빚어 통밀가루를 묻혀요.

4 170℃의 튀김기름에 노릇하게 튀겨 완성해요.

뜯어 먹는 재미가 쏠쏠
땅콩깨소스 현미꼬치

삶은 콩과 함께 현미밥을 천일염으로 간해서 반죽한 후 동그랗게 빚어 꼬치에 꿰어 구운 요리예요. 피넛소스와 깨소스 외에 데리야키소스, 매운 살사소스 등을 발라 구워도 되고 꼬치 중간에 찐 밤이나 찐 단호박 등을 꿰어도 그럴듯한 요리를 완성할 수 있어요.

🌱 **재료**(2인분)
현미밥 1+1/2공기, 삶은 완두콩 2큰술, 천일염 약간, 참기름 적당량, 감나무 잔가지(또는 나뭇가지 15cm 길이) 6개
피넛소스 피넛버터 2큰술, 스위트 칠리소스 1큰술, 발사믹식초 1작은술
깨소스 일본된장 2큰술, 오렌지주스 1큰술, 통깨 간 것 1큰술, 생강즙 약간

Cooking Point

솔을 이용해 소스를 발라가면서 굽는 게 좋지만 소스를 넉넉하게 만들어 팬에 담고 졸이세요.

1 잔가지는 잘 씻어 물기 없이 말려요.

2 볼을 두 개 준비하여 각각 피넛소스와 깨소스를 만들어요.

3 현미밥과 삶은 완두콩을 천일염으로 간해서 절구로 빻거나 손으로 치대 반죽해요.

4 3의 현미밥을 6등분해 손으로 참기름을 발라 잔가지에 둥글게 붙여 2의 소스를 발라 구워 완성해요.

아이들이 열광하는 떡볶이에요
현미 간장떡볶이

아이들한테 적당한 맵지 않고 감칠맛이 도는 간장 떡볶이로 그동안 먹어 왔던 떡볶이와는 다른 맛을 즐길 수 있어요. 아이들이 먹을 때는 두뇌 발달에 좋은 볶은 견과류를 듬뿍 넣어 마무리하고, 밥반찬으로 먹을 때는 간을 두 배로 요리하세요.

재료(2인분)
현미 떡볶이떡 2컵, 양송이버섯 8개, 간장 3큰술, 다시마 우린 물 1컵, 고춧가루 1큰술, 조청 1큰술, 대파(10cm) 1토막, 다진 마늘 2큰술, 다진 땅콩 1큰술, 후춧가루 약간

Cooking Point

현미떡을 구입해도 되지만 집에서 현미를 불려 방앗간에서 떡볶이떡이나 가래떡으로 뽑아 한 번씩 요리할 분량으로 나누어 냉동 보관해도 요긴하게 먹을 수 있어요. 떡볶이떡은 서로 달라붙지 않도록 뜯어놓고, 가래떡은 한입 크기로 어슷 썰거나 동그랗게 썰어 보관하세요.

1 현미 떡볶이떡은 한입 크기로 썰고, 양송이버섯과 대파는 슬라이스해요.

49쪽을 참고해 다시마 우린 물을 미리 준비하세요. 없으면 물을 넣으세요.

2 냄비에 다시마 우린 물을 붓고 다진 마늘, 간장, 조청, 고춧가루, 후춧가루를 넣고 끓여요.

3 2에 양송이버섯, 현미 떡볶이떡, 대파를 넣고 조려요.

4 땅콩을 살짝 볶아서 다진 다음 3에 뿌려 완성해요.

고소한 치즈를 넣어 만든
모차렐라치즈 해물떡볶이

떡볶이에 각종 해산물을 넣어 양념이 잘 배게 끓이다가 뜨거울 때 모차렐라 치즈를 얹어 마무리하세요. 냉장고에 있는 채소를 넣어 끓여도 맛있어요. 현미 주먹밥을 남은 떡볶이 양념에 비벼 먹어도 그 맛이 참, 환상적이에요.

재료(2인분)

현미 떡볶이떡 2컵, 양파 1/4개, 양배추 1~2장, 대파(10cm) 1토막, 초록 피망 1/4개, 빨강 피망 1/4개, 오징어 1/4마리, 홍합 5개, 새우 3마리, 프레시 모차렐라 치즈 1/2개, 다시마 우린 물 1컵(물 1컵, 다시마 1장), 후춧가루 약간
떡볶이 양념 고추장 1큰술, 고춧가루 2큰술, 간장 1/2큰술, 설탕 1큰술, 조청 1큰술, 다진 마늘 2큰술, 참기름 1큰술, 후춧가루 약간

Cooking Point

양념장은 넉넉하게 만들어 냉장고에서 3일간 숙성시킨 후 요리하면 더욱 맛이 깊어요.

49쪽을 참고해 다시마 우린 물을 미리 준비하세요.

1 홍합은 이물질을 떼고 솔로 깨끗이 닦고, 새우도 내장을 제거해서 손질하고 오징어는 껍질을 벗겨 1.5×1.5cm 크기로 썰어요.

2 대파는 어슷 썰고, 양파와 피망은 채 썰고, 양배추와 모차렐라 치즈는 1.5×1.5cm 크기로 썰어요.

3 냄비에 다시마 우린 물을 붓고 **떡볶이 양념** 재료를 모두 넣어 끓이다가 한입 크기로 자른 현미 떡볶이떡을 넣고 끓여요.

4 떡이 익으면 해산물과 채소를 넣어 끓이다가 후춧가루를 뿌리고, 모차렐라 치즈를 얹어 완성해요.

설날에만 먹으란 법 있나요?
현미떡국

어릴 때는 빨리 어른이 되고 싶어 설날에 떡국을 먹는 것이 마냥 좋았는데 어른이 되고 나니 설날에 떡국을 안 먹으면 나이를 한 살 안 먹나, 하는 말도 안 되는 생각을 해봅니다. 이렇게 맛있는 떡국을 설날에만 먹으란 법 있나요? 맛있게 만들어 한 끼 식사로 즐기면 뿌듯한 음식이에요.

재료(4인분)
현미 떡국떡 3컵, 다시마 우린 물 5컵(물 5컵, 다시마 1장), 들깨 3큰술, 표고버섯 2개, 양파 1/4개, 대파(10cm) 1토막, 다진 마늘 1큰술, 천일염 약간, 김가루 약간, 송송 썬 쪽파 약간

Cooking Point
멸치와 다시마로 국물을 우리거나 채소 국물, 고기 육수, 사골 국물 등을 사용해도 진한 국물 맛을 즐길 수 있어요. 깨를 날로 갈아 넣어도 좋지만 캐슈너트를 넣어도 맛이 훨씬 고소해요.

1 양파와 표고버섯은 채 썰고 대파는 어슷 썰어요.

2 다시마 우린 물과 들깨를 푸드프로세서에 넣어 갈아요.

3 냄비에 2를 붓고 끓어오르면 양파, 대파, 표고버섯을 넣어 끓여요.

4 떡국떡을 넣어 떡이 익으면 천일염으로 간하고 그릇에 담은 다음 김가루와 쪽파를 올려 완성해요.

메이플 발사믹 소스를 곁들인
현미 떡구절판

이런 음식은 왠지 집에서는 절대 못 만들 것 같아요.
그래도 과감하게 마음먹고 시도해봤어요.
만들 수 없다는 생각을 '나는 할 수 있다'고
생각만 바꾸면 언제라도 즐길 수 있는
요리가 된답니다. 모양과 맛이 깔끔해서
손님 초대 요리로도 손색이 없으며,
소스를 달리하여 튀긴 현미떡을 넣고
졸여도 훌륭한 간식거리가 돼요.

재료(4인분)

현미 떡볶이떡 1+1/2컵, 말린 표고버섯 5개, 당근 1/2개, 애호박 1/2개, 채 썬 쇠고기 1/2컵, 달걀 3개, 튀김기름 적당량

밑간 양념 간장 1큰술, 참기름 1작은술, 깨소금 1작은술, 천일염 약간, 후춧가루 약간

발사믹 소스 발사믹식초 3큰술, 조청 1큰술, 간장 1작은술

1 현미 떡볶이떡을 170℃ 튀김기름에서 2~3분간 노릇하게 튀겨요.

2 당근, 애호박은 가늘게 채 썰어 천일염으로 간해서 볶아요.

3 말린 표고버섯은 물에 불려 가늘게 채 썰고, 기둥은 손으로 잘게 찢어요. **밑간 양념 재료**를 한데 섞어 쇠고기와 표고버섯을 넣어 밑간해요.

4 불에 달군 팬에 쇠고기와 표고버섯을 각각 볶아요.

5 달걀은 흰자와 노른자를 분리해 지단을 부쳐 가늘게 채 썰어요.

6 접시에 현미 떡복이떡을 담고 당근, 애호박, 쇠고기, 표고버섯, 달걀지단을 올리고 **발사믹 소스**를 함께 내서 완성해요.

Cooking Point

말린 표고버섯은 물에 불려 요리하는데 기둥이 너무 딱딱하니 얇게 찢어서 사용하세요. 채소는 각각 볶아 재료가 가진 고유한 맛을 살리세요. 볶은 채소들이 서로 섞이면 지저분해질 수 있으니 주의하세요.

Part 5

소중한 우리 아이를 위한
현미 간식

아이들 간식 때문에 고민 많으시죠?
제가 아이에게도 안심하고 먹일 수 있는 현미로 만든
건강 간식을 손쉽게 만드는 방법을 알려드릴게요.
조금만 부지런하게, 조금만 즐거운 마음으로 요리해보세요.
맛있는 간식으로 우리 가족들이 웃음 지을 때 행복함에
온몸 구석구석 에너지가 솟아날 거예요.

상큼한 유자향이 감도는
유자청 깨소스 현미떡

현미떡을 튀긴 다음 채소와 함께 구워 유자청 소스를 곁들여 먹는 요리예요. 떡볶이떡이 아니라 가래떡으로 만들면 넓적하고 비스듬하게 어슷 썬 다음 채소와 소스를 얹어 샌드위치처럼 즐겨도 색다르답니다.

재료(2인분)

현미 떡볶이떡 2컵, 당근 1/4개, 우엉(10cm) 1토막, 시금치 1/5단, 유자청 2큰술, 통깨 간 것 1큰술, 천일염 약간, 후춧가루 약간, 튀김기름 적당량, 다시마 우린 물, 간장 1작은술, 녹말물(칡가루 1큰술, 물 2큰술)

Cooking Point

당근과 우엉은 가늘게 채 썰고, 뭉근히 익혀 단맛이 올라올 때까지 익히세요. 물과 전분을 사용할 때는 그 비율이 1:2가 적당해요. 너무 되직하면 전분이 안 풀어져 농도를 내기 전에 입자들이 서로 익을 수 있거든요.

1 현미떡을 170℃의 튀김기름에서 2~3분간 노릇하게 튀겨요.

2 당근은 채 썰고, 우엉은 연필을 깎듯 썰어요.

3 냄비에 당근, 우엉, 시금치, 유자청, 통깨 간 것을 넣고 다시마 우린 물과 간장을 넣어 끓여요.

49쪽을 참고해 다시마 우린 물을 미리 준비하세요.

4 3이 끓어오르면 물녹말을 넣고 걸쭉해지면 후춧가루를 뿌리고 현미떡 위에 올려 완성해요.

올록볼록 벌집 속에 고소함이 가득
현미 오버나이트 잡곡와플

와플의 역사는 2000여 년 전으로 거슬러 올라가지만 벌집 모양으로 만들기 시작한 것은 1700년대라고 해요. 영국의 한 요리사가 그릴에 와플과 스테이크를 동시에 구웠는데, 고기를 연하게 하기 위해 막대기로 스테이크를 두드리다가 실수로 와플까지 두드리면서 벌집 모양이 만들어졌어요.

재료(2인분)
하룻밤 불린 현미 잡곡(쌀, 찹쌀, 메밀, 현미, 흑미 등) 2컵, 두유 1+1/2컵, 메이플시럽 3큰술, 카놀라오일 2큰술, 천일염 1/2작은술
파와 깨맛 베이스 검은깨 1큰술, 대파(10cm) 1토막, 카놀라오일 적당량, 간장 1작은술, 천일염 약간
카레맛 베이스 카레가루 2큰술, 카놀라오일 2큰술, 양파 1/4개, 건포도 3큰술, 천일염 약간

Cooking Point
현미잡곡 베이스로만 구울 때는 구운 호두나 오트밀을 뿌려 구우면 더욱 고소한 맛과 향을 즐길 수 있어요.

1 하룻밤 불린 현미 잡곡은 두유, 카놀라오일, 메이플시럽을 넣고 푸드프로세서에 갈아요.

2 불에 달군 팬에 카놀라오일을 두르고, 송송 썬 파를 볶다가 검은깨를 넣고 간장, 천일염으로 간해서 **파와 깨맛 베이스**를 만들어요.

3 불에 달군 팬에 카놀라오일을 두르고 채 썬 양파를 볶다가 카레가루, 건포도를 넣고 천일염으로 간해서 **카레맛 베이스**를 만들어요.

4 1의 반을 파와 깨맛 베이스에 넣고, 나머지 반은 카레맛 베이스에 넣어 반죽해서 와플팬에 넣어 10분 정도 구워 완성해요.

시골 처녀의 화려한 변신
볶은 현미 두부케이크

두부크림은 그 맛이 어떨까 무척 궁금하실 거예요. 그런데 의외로 참 맛있어요. 두부와 마를 데쳐 서로 잘 섞으면 건강 디저트의 베이스인 두부크림을 만들 수 있어요. 여기에 여러 가지 재료를 섞어 부드러운 케이크를 만들어보세요.

재료(2인분)
불린 현미 1컵, 엑스트라 버진 올리브오일 2큰술, 조청 2큰술, 천일염 약간
케이크 베이스 두부(부침용) 1모, 마(15cm) 1토막, 메이플시럽 5큰술, 천일염 약간, 녹차가루 1큰술, 망고 또는 백도(통조림) 1컵, 장식용 과일

Cooking Point
망고나 백도 대신 오렌지와 키위를 이용해도 좋아요. 씹는 맛을 느끼고 싶다면 볶은 현미를 갈지 말고 통째 사용해보세요. 이때 올리브오일을 빼고 조청 3큰술을 끓여서 섞으면 돼요.

1 팬에 현미를 볶아 갈색이 되면 푸드프로세서에 곱게 갈아 올리브오일, 조청을 섞고 천일염으로 간하고 타르트틀에 깔아 케이크 바닥을 만들어요.

2 두부는 물기를 빼고 마는 끓는 물에 소금을 넣어 데쳐서 마와 두부를 크림 상태로 만든 다음 메이플시럽과 천일염을 넣고 케이크 베이스를 만들어요.

3 2의 케이크 베이스 중 반을 덜어내 녹차가루를 넣어 잘 섞어 녹차 베이스를 만들어요. 1 위에 2의 케이크 베이스와 녹차 베이스를 차례로 올려요.

4 망고 또는 백도는 곱게 으깨 메이플시럽을 섞어 3 위에 올리고 장식용 과일을 얹어서 냉장고에서 하루 정도 숙성시켜 완성해요.

나를 위한 에너지 부스터
현미 견과류바

아침은 거르고 점심은 회사 주변 식당에서 적당히 때우고, 술자리에서는 안주만 집어 먹다 보면 나의 몸이 슬슬 걱정되기 시작해요. 너무나 바빠서 음식을 만드는 것 자체가 부담스럽고 엄두도 안 나고, 시간도 없는 분들을 위해 건강하고 간편하게 즐기는 에너지 부스터 현미 견과류바를 소개합니다.

재료(2인분)

호박씨 1/2컵, 해바라기씨 1/2컵, 아몬드 1/2컵, 통깨 1/2컵, 땅콩 1/4컵, 건포도 1/4컵, 현미튀밥 1/4컵, 조청 2/3컵, 천일염 약간, 카놀라오일(또는 포도씨오일) 약간

Cooking Point

조청을 끓이는 정도에 따라 전혀 다른 견과류바가 만들어져요. 조금 끓이면 부드러운 견과류바를, 바글바글 끓이면 바삭한 견과류바를 만들 수 있어요. 변비가 심한 분들은 다시마(5×5cm 크기)를 팬에 구워 곱게 갈아 넣으면 좋고, 건포도 대신 건자두나 건무화과, 건블루베리 등을 넣어도 영양 만점이에요.

1 모든 견과류는 각각 볶아서 식힌 다음 잘게 다져요.

2 불에 달군 팬에 조청을 넣어 끓어오르면 천일염으로 간해요.

3 2의 불을 끄고 다진 견과류와 건포도, 현미튀밥을 넣어 고루 섞어요.

4 용기에 카놀라오일 또는 포도씨오일을 칠하고 3을 담은 다음 식혀서 먹기 좋은 크기로 잘라 완성해요.

씹을수록 고소한 향이 가득
현미찹쌀 깨쿠키

현미에는 미네랄이 풍부하고 영양가가 높지만 현미 특유의 맛과 향을
싫어하는 분들도 있어요. 이럴 땐 현미를 가루로 만들어 요리에 활용해보세요.
현미가루로 빵이나 쿠키를 만들면 좀 더 편하게 먹을 수 있어요.
그런데, 현미의 장점 하나가 처음 먹었을 때보다 먹을수록
중독되는 것처럼 자꾸 먹고 싶다는 거예요.

재료(4인분)

현미찹쌀가루 1/4컵, 통밀가루 3/4컵, 사과주스 1/2컵, 통깨 2큰술, 볶은 현미 2큰술,
카놀라오일 1큰술, 참기름 2큰술, 천일염 1/4작은술

1 볼에 현미찹쌀가루, 통밀가루, 천일염을 한데 담아 고루 섞어요.

2 참기름과 카놀라오일을 넣고 보슬보슬 잘 섞어요.

3 사과주스를 조금씩 넣어가며 반죽한 다음 30분 정도 상온에서 휴지시켜요.

4 반죽을 반으로 나눠 한 곳에는 통깨를 넣고, 다른 곳에는 볶은 현미를 넣어 반죽해요.

5 반죽을 각각 밀대로 밀어 모양틀로 찍어내요.

6 180℃로 예열한 오븐에서 13~15분 정도 구워서 완성해요.

Cooking Point

현미가루는 산화가 빨라 개봉하면 가능한 한 빨리 사용하세요. 현미가루로 만든
빵에서 가끔 신맛이 나기도 하는데 이는 소금 때문인 경우가 많아요. 천일염을 쓰면
문제가 없지만 다른 정제염을 사용할 때에는 천일염 양의 1/2~1/3로 줄여서 넣으세요.

부드럽고 달콤하고 고소한
현미밥 아이스크림

고소한 현미밥이 씹히는 아이스크림이에요. 현미를 어떻게 아이스크림에 넣었는지 너무너무 궁금하시죠? 그런데 느끼할 수 있는 아이스크림이 현미 덕분에 부드럽고 달콤하고, 게다가 고소하기까지 한 건강 아이스크림으로 다시 태어난답니다. 요리의 창작은 정말이지 끝도 없다는 것을 새삼 느껴봅니다.

재료(4인분)
현미밥 1+1/2공기, 우유 1+1/2컵, 생크림 1컵, 꿀 5큰술, 레몬즙 1큰술, 강판에 간 레몬 껍질 약간, 천일염 약간, 볶은 견과류 다진 것 적당량

Cooking Point
아이스크림은 현미밥뿐만 아니라 잡곡밥으로도 만들 수 있어요. 불린 건포도, 계피, 너트메그를 약간 넣어도 좋고요. 소개한 레시피를 그대로 따라하되, 검은깨와 검은콩을 넣어 만들면 현미 검은깨 아이스크림도 완성할 수 있어요.

1 현미밥과 우유는 푸드프로세서에 갈아 냄비에 담아요. 약한 불로 천천히 점성이 생길 때까지 가열한 다음 식혀요.

2 생크림은 거품기를 이용해 70~80%까지 거품을 올려 준비해요.

3 볼에 1을 담고 꿀, 레몬즙, 레몬 껍질을 넣고 천일염으로 간한 다음 고루 섞어서 2의 생크림을 넣어 거품이 꺼지지 않도록 조심해서 섞어요.

4 아이스크림 용기에 담아 냉동한 다음 다진 견과류를 뿌려 완성해요.

언제 먹어도 맛있는 빵의 고전
현미 찐빵

프랑스어로 친구를 '코팽(copain)'이라고 해요. co는 with를 뜻하고 pain은 bread를 뜻해요. 친구란 빵을 함께 먹는 사이라는 뜻이겠지요. 문득 오래전 친구가 그리워지는 날, 추억의 찐빵을 만들어 함께 즐겨보면 어떨까요? 현미 찐빵을 만들어 친구한테 선물해도 정말 감동하겠지요.

🌱 **재료(4인분)**

통밀가루 1컵, 현미가루 1/2컵, 흑설탕 4큰술, 달걀 1개, 물 2/3컵, 드라이 이스트 1작은술, 베이킹파우더 1작은술, 천일염 1작은술, 검은깨 적당량, 달걀물 약간
소 앙금 1/2컵, 검은깨 간 것 1큰술, 메이플시럽 적당량

Cooking Point

현미 찐빵은 만들기가 쉽고 간편해서 초보자도 쉽게 따라할 수 있는 레시피예요. 가끔 변화를 주고 싶을 때는 쪽파를 송송 썰어 깨와 함께 넣기도 하고, 들깨와 꿀을 넣기도 하고, 양파와 당근, 단호박 등을 구워 카레와 함께 넣어도 그 맛이 특별해요.

1 볼에 통밀가루와 현미가루를 담고 드라이 이스트, 베이킹파우더를 넣고 물과 달걀, 흑설탕을 넣어 반죽해요.

2 1의 볼에 랩을 씌워 15분간 1차 발효를 시킨 다음, 작은 덩어리로 나눠 둥글리기를 해요.

3 소 재료를 섞어 반죽 안에 넣어요.

4 달걀물을 칠하고 검은깨를 뿌려 20분간 추가 발효시킨 다음 김이 오른 찜기에 넣고 15분 정도 쪄서 완성해요.

아무도 모르는 여덟 겹의 비밀
현미 양파빵

계절에 상관없이 항상 우리와 가까운 식재료가 양파이지만, 양파에도 제철이 있어요. 5~6월의 양파는 단맛이 강하고 비타민 B_1·B_2·C와 칼슘, 인 등의 무기질이 풍부해요. 양파는 가열하면 설탕의 50배 정도의 단맛을 내므로 여러 가지 음식에 활용하기에 참 좋아요.

🌱 **재료**(17×8cm 파운드틀 1개 분량)
빵 현미가루 1/2컵, 통밀가루 1컵, 드라이 이스트 1작은술, 두유 1+1/4컵, 올리브오일 1작은술, 천일염 약간
속 올리브오일 1큰술, 양파 1/4개, 후춧가루 약간
두부 마요네즈 두부(부침용) 1/3모(100g), 카놀라오일 1큰술, 현미식초 1큰술, 조청 1작은술, 천일염 약간

Cooking Point

홈메이드 마요네즈는 일반 마요네즈보다 감칠맛은 덜하지만 식품첨가물이나 MSG가 없어 끝맛이 개운하고 건강하게 먹을 수 있어요. 샐러드 드레싱으로 사용해도 좋고 마늘이나 깨를 섞어 빵에 발라 먹어도 맛있어요.

1 불에 달군 팬에 올리브오일을 두르고 양파를 채 썰어 볶다가 후춧가루를 뿌려 소를 만들어요.

2 볼에 현미가루, 통밀가루, 드라이 이스트를 섞어 체에 내리고 또 다른 볼에 두유와 올리브오일, 천일염을 잘 섞어서 반죽하고 1의 반을 섞어놓아요.

여름에는 1시간, 겨울에는 2시간 이상 발효시켜요.

3 반죽을 쿠킹 시트를 깐 파운드틀에 붓고, 반죽이 닿지 않게 랩을 씌워 35~40℃에서 1시간 정도 발효시켜요.

160~170℃의 오븐에서 40분 정도 구워요.

4 반죽의 표면이 부풀어 오르면, 랩을 벗기고 두부 마요네즈 재료를 섞어 맨 위에 듬뿍 올리고 1의 남은 반으로 장식한 다음 오븐에 구워 완성해요.

심플하지만 우아하게 즐기는
현미 포카치아

포카치아는 이탈리아 사람들이 즐겨 먹었던 빵으로, 맛이 담백해 육류나 해산물 요리와도 잘 어울려요. 이탤리언 레스토랑에 가면 주로 발사믹식초를 넣은 올리브오일과 함께 내곤 해요. 집에서도 담백한 포카치아를 만들어볼까요? 휴일 브런치 메뉴로 강력 추천합니다.

🌿 **재료(22×26cm 1장 또는 12×12cm 4장 분량)**
현미가루 1+1/2컵, 통밀가루 1+1/2컵, 올리브오일 2큰술, 드라이 이스트 2작은술, 메이플시럽 1큰술, 따뜻한 물 2+1/2컵, 토마토 1개, 올리브오일 2큰술, 천일염 약간, 오레가노가루 약간, 블랙 올리브 8개
토핑용 오일 올리브오일 2큰술, 천일염 약간

Cooking Point

날씨가 추우면 포카치아 반죽이 실온에서 발효가 잘 안 되므로 반죽을 담은 볼 아래 40℃의 뜨거운 물을 받쳐 중탕하는 방법으로 발효시키세요. 토핑으로 파르메산 치즈나 로즈메리를 넣을 때는 굽기 직전에 넣으세요.

꼬치로 반죽을 찔러서 반죽이 묻어나지 않으면 완성이에요.

1 토마토는 씨를 제거하고 1.5×1.5cm 크기로 썰어 올리브오일, 오레가노가루를 넣고 천일염으로 간해 고루 섞어요.

2 볼에 메이플시럽과 드라이 이스트를 넣고 따뜻한 물을 섞어 쌀가루, 밀가루, 올리브오일을 넣어 반죽해서 치대요.

3 랩을 씌워 35~40℃에서 1시간 정도 발효시킨 다음 표면이 부풀어 오르면 랩을 벗기고 4등분해요. 손에 올리브오일을 바르고 둥글린 다음 납작하게 반죽을 빚어요.

4 3 위에 1과 슬라이스한 블랙 올리브를 올리고 올리브오일과 천일염을 뿌려, 160℃의 오븐에서 35분 정도 구워서 완성해요.

현미죽의 화려한 변신

현미죽 브레드

요리의 세계는 제가 상상했던 것보다 훨씬 더 다양하고 무궁무진해요. 현미죽을 이용해서 만드는 색다른 빵을 소개할게요. 차가운 현미밥을 그대로 빵 반죽에 넣고, 뜨거운 밥은 식혀 넣으세요. 반죽에 현미가 들어가면 현미가루를 더욱 부드럽게 해주어 식감이 좋아져요. 빵을 발효시킬 때는 재료의 맛을 해치지 않는 범위에서 천연 효모 드라이 이스트를 사용하세요.

재료(2인분)
현미가루 1컵, 밀가루 1컵, 호두 1/2컵, 통깨 3큰술, 천일염 약간, 드라이 이스트 2작은술, 올리브오일 적당량
현미죽 현미밥 1컵, 물 2컵, 메이플시럽 3큰술, 천일염 약간

Cooking Point
베이킹파우더는 알루미늄 성분이 첨가되지 않은 것을 사용하는 것이 좋아요. 포장지에 알루미늄프리(free)라고 적혀 있는 제품을 구입하세요.

180℃의 오븐에서 30분, 그 후에 200℃로 올려 15~20분 정도 구우세요

1 냄비에 현미밥, 물을 넣고 천일염으로 간해서 끓어오르면 20분 정도 약한 불로 끓이다 메이플시럽을 넣어 죽을 만들어요.

2 불에 달군 팬에 호두를 볶아 잘게 다져요.

3 1이 체온 정도로 식으면 현미가루, 밀가루, 드라이 이스트, 올리브오일을 넣고 천일염으로 간한 다음 잘 치대어 반죽하고 다진 호두와 통깨를 섞어요.

4 랩을 씌워 35~40℃에서 2~3시간 정도 발효시킨 다음 반죽에 올리브오일을 발라 오븐에 구워 완성해요.

마음은 물론 몸을 따뜻하게
마 현미빵

마는 전분이 주성분이지만 전분을 분해할 수 있는 효소인 아밀라아제, 디아스타제, 카탈라아제 등이 들어 있어 소화 흡수를 돕는 역할을 해요. 불규칙한 식사로 장이 약해진 사람에게 정말 좋다고 해요. 생리불순이나 여성에게 생기기 쉬운 방광염 등의 증상을 완화시켜준다고 하니 마를 자주 섭취하면 좋겠지요.

재료(2인분)
현미가루 1컵, 오트밀 1/2컵, 통밀가루 1/2컵, 드라이이스트 1작은술, 물 1컵, 마 간 것 1컵, 메이플시럽 3큰술, 올리브오일 2큰술, 천일염 1작은술, 장식용 마 적당량

Cooking Point
소화가 안 될 때는 마를 식촛물에 담갔다가 갈아 먹으면 좋아요. 오트밀은 귀리를 가공시킨 정제된 곡물이지만 씨눈이 그대로 남아 있어 다른 곡물이나 채소에 비해 영양 성분 함량이 높고 심장병 예방에도 좋아요. 호박씨, 해바라기씨, 땅콩, 잣, 호두, 깨 등을 넣어 구워도 좋아요.

1 볼에 물, 마 간 것, 메이플시럽, 올리브오일을 담고 천일염으로 간한 다음 고루 섞어요.

2 현미가루, 오트밀, 통밀가루, 드라이 이스트를 잘 섞어 1에 넣어 반죽해요.

3 2의 반죽을 원형틀에 넣고 윗면을 고무주걱으로 정리해요.
(원형틀에는 미리 여분의 올리브오일을 칠해놓으세요.)

4 반죽 위에 마를 고루 올리고 랩을 덮어 30분간 발효시킨 다음 160℃로 예열한 오븐에서 40분 정도 구워서 완성해요.

쉽고 간단하게 준비하는
현미 도시락

요즘은 경제와 건강을 생각해서 도시락을 싸서 다니는 직장인들이 많아졌는데요, 매일 아침 무슨 반찬을 준비해야 할까 고민이 많으시죠? 그래서 바쁜 아침에도 손쉽게 쌀 수 있는 현미 도시락을 소개해드립니다. 현미식을 시작하고 나서 가장 큰 고민은 밖에서는 현미식을 할 수 없는 것인데요, 조금만 신경을 쓰면 건강한 현미밥을 밖에서도 즐길 수 있답니다. 도시락을 펼쳐놓고 맛있게 먹는 아이와 남편의 얼굴을 상상해보세요. 센스만점인 엄마 자랑, 부인 자랑에 침이 마르지 않을까요? 입맛 까다로운 우리 아이 키 쑥쑥 자랄 수 있게 하는 영양만점 도시락도 10분 만에 뚝딱 완성할 수 있답니다.

입맛 까다로운 아이도 맛있게 냠냠

현미호두 유자청 주먹밥

주먹밥도 여러 가지 소스만 있으면 다양하게 만들 수 있어요. 때로는 도시락을 싸야 할 경우, 도시락에 대한 스트레스를 줄일 수 있어요. 이번에는 도시락 반찬으로 뭘 싸지? 매일매일 하는 요리지만 조금만 변화를 주면 완전히 색다른 요리로 완성할 수 있답니다.

균형 잡힌 영양에 스타일까지 챙기는

오렌지소스 현미 크로켓

예전 어머니들은 장을 보러 가면 찬거리보다 도시락 반찬에 더 신경을 썼어요.
머리를 짜내고 아침마다 정신이 쏙 빠지도록 바쁘게 준비하셨지만 결국에는 달걀이나 햄,
구운 김이 따라오는 정도였죠. 요즘은 급식을 하니까 도시락 쌀 기회가 많지는 않지만
가끔 도시락을 쌀 때 조금은 스타일리시하게 준비해보세요. 아이들이 감동할 거예요.

재료(4인분)
현미밥 3공기
유자청 주먹밥(2개 분량)
유자청 2큰술, 삶은 병아리콩 1큰술, 김밥용 김 2장, 천일염 약간
호두 주먹밥(2개 분량)
호두 5개, 발사믹식초 2큰술, 간장 1큰술, 흑설탕 1큰술, 깻잎 2장, 천일염 약간

Cooking Point
현미밥을 2등분해서 유자청 재료와 호두 속 재료를 넣을 때 참기름과 천일염으로 밑간을 하면 좋아요. 아이들 도시락은 예쁘게 만드는 것이 중요해요. 눈사람이나 동물 모양틀을 사용해서 아이의 흥미를 끌어보세요.

1 마늘 1/2쪽을 곱게 다져 유자청을 넣어 섞어요.

2 호두는 다져서 불에 달군 팬에 볶다가 발사믹식초, 간장, 흑설탕을 넣고 졸여요.

3 현미밥을 반으로 나눠 한 볼에는 **유자청 재료**를, 다른 한 볼에는 **호두 재료**를 넣어 주먹밥을 각각 2개씩 빚어요.

4 천일염을 묻힌 손으로 주먹밥을 빚어 미리 2cm 너비로 잘라 놓은 깻잎과 김으로 말아 완성해요.

재료(2인분)
현미밥 1/2공기, 단호박 1/4개, 고구마 1개, 감자 1개, 팥 2큰술, 병아리콩 2큰술, 양파 1/2개, 천일염 약간, 후춧가루 약간, 현미가루 적당량, 튀김기름 적당량
오렌지소스 껍질 벗긴 오렌지 1개, 올리브오일 2큰술, 천일염 약간, 후춧가루 약간

Cooking Point
평소 아이가 먹지 않는 재료를 어떤 맛인지 모르게 다져 넣으면 아이의 편식 습관을 개선해나갈 수 있어요.

1 병아리콩과 팥은 푹 삶고 단호박, 고구마, 감자는 쪄서 으깨요.

2 불에 달군 팬에 양파를 다져 볶다가 천일염으로 간하고 후춧가루를 뿌려요.

3 1과 2를 한데 섞고 현미밥을 넣어 동그랗게 반죽하여 현미가루, 물, 빵가루 순으로 튀김옷을 입혀요.

4 170℃의 튀김기름에서 노릇하게 튀겨 완성해요. **오렌지 소스**를 만들어 함께 내요.

현미 도시락

오후 내내 속이 든든해
현미 단호박버거

예쁘면서 영양까지 만점인 도시락을 싸고 싶으시죠? 내 손으로 직접 싼 도시락을 아이가 까르르 웃으면서 친구들과 함께 맛있게 먹는다는 상상을 해보세요. 입가에 절로 미소가 번지면서 얼른 시장에 가야겠다는 생각이 들 거예요. 이런 게 우리의 삶을 미소로 번지게 하는 작은 행복일 거예요.

재료(3인분)
현미밥 1공기, 단호박 1/2개, 양파 1/2개, 된장 1큰술, 천일염 1/2작은술, 현미가루 적당량, 포도씨오일 3큰술, 잡곡 햄버거빵 3개, 두부 마요네즈 3큰술, 토마토 슬라이스 3조각, 쌈채소 적당량, 소스(토마토소스, 발사믹소스, 머스터드소스 등) 적당량

Cooking Point
아이들 도시락이기 때문에 크기가 중요해요. 아이가 먹기에 부담 없는 크기인 미니 사이즈로 준비해보세요. 알록달록 색이 예쁜 재료를 응용하면 좋고, 제철 과일도 함께 싸주는 센스, 잊지 마세요.

햄버거빵 양쪽에 두부 마요네즈를 바르고 그 사이에 현미 단호박 패티, 소스, 쌈채소, 토마토 슬라이스를 넣어 완성해요.

1 단호박은 반으로 갈라 씨를 제거한 다음 압력솥이나 찜통에 쪄서 껍질을 벗겨요.

2 현미밥에 양파를 다져 넣고 된장, 천일염으로 간하고 1을 넣어 반죽해요.

3 2를 둥글납작하게 빚어 모양을 잡고 현미가루를 묻혀요.

4 불에 달군 팬에 포도씨오일을 두르고 3의 반죽을 앞뒤로 노릇하게 구워요.

어깨가 으쓱으쓱
현미스틱 스프링롤

소풍이나 현장학습을 가는 날, 한껏 들떠 있는 아이에게 좀 더 특별하고 맛있는 도시락을 준비하고 싶은 것이 엄마의 마음이에요. 예쁘고, 맛있고, 건강하면서도 색다른 메뉴가 없을까 고민된다면 한 번쯤 준비해보세요. 흔한 김밥 대신 엄마의 센스를 발휘할 수 있는 메뉴랍니다.

재료(2인분)

현미밥 1공기, 양파 1/3개, 빨강 피망 1/4개, 초록 피망 1/4개, 옥수수 2큰술, 다진 아몬드 2큰술, 건포도 1큰술, 토마토케첩 2큰술, 매운 칠리소스 1큰술, 천일염 약간, 후춧가루 약간, 스프링롤피 4장, 포도씨오일 2큰술
올리브 소스 블랙 올리브 5개, 디종 머스터드 1작은술, 케이퍼 5알, 천일염 약간

Cooking Point

블랙 올리브와 케이퍼, 디종 머스터드와 스프링롤은 궁합이 훌륭하지만 아이 입맛에는 맞지 않을 수도 있어요. 이럴 땐 과감하게 올리브와 케이퍼를 빼고 건포도와 건블루베리, 건자두, 건망고 등 달콤한 건과일을 다져 넣어보세요.

1 팬에 올리브오일을 두르고 양파, 피망을 다져서 볶다가 현미밥, 옥수수, 아몬드, 건포도를 넣어 볶은 다음 토마토케첩, 칠리소스를 넣고 천일염으로 간해서 볶아요.

2 블랙 올리브와 케이퍼는 다져서 디종 머스터드, 천일염과 잘 섞어 **올리브 소스**를 만들어요.

3 스프링롤피를 2등분하여 1을 담아 스프링 스틱을 만들어요.

4 불에 달군 팬에 포도씨오일을 두르고 3을 앞뒤로 노릇하게 구워 완성해요. 올리브 소스에 찍어 먹어요.

키는 쑥쑥, 몸은 튼튼
우엉 현미버거

입안에서 씹히는 달짝지근한 양파와 우엉의 절묘한 조화!
모양까지 귀엽게 만든다면 백점짜리 도시락이 되겠죠.
각종 채소와 콩, 두부, 현미 등 건강에 좋은 재료로 만들었기 때문에
한 끼 식사로 든든해요. 이런 스페셜 메뉴의 도시락은
남편들도 좋아한답니다.

재료(2인분)

현미밥 2공기, 두유 2큰술, 천일염 약간, 포도씨오일 2큰술, 두부(부침용) 1/2모, 양파 1/3개, 우엉(20cm) 1토막, 통밀가루 2큰술, 천일염 약간, 간장 3큰술, 물 3큰술, 맛술 2큰술, 조청 2큰술, 녹차가루 약간, 잎채소 적당량

1 볼에 현미밥, 두유, 천일염을 넣어 점성이 생기도록 반죽해요.

2 반죽을 4등분해서 동글납작하게 모양을 빚어요.

3 불에 달군 팬에 포도씨오일을 두르고 2를 앞뒤로 노릇하게 구워요.

4 볼에 다진 양파, 우엉 간 것, 물기를 뺀 두부, 통밀가루를 넣고 천일염으로 간하고 반죽하여 우엉 두부 패티를 만들어요.

5 4를 반으로 나누어 동글납작하게 모양을 빚어요. 팬에 포도씨오일을 두르고 앞뒤로 노릇하게 구워요.

6 5에 간장, 물, 맛술, 조청, 녹차가루를 넣어 졸여서 패티를 완성하고 3에서 만들어놓은 현미버거 사이에 패티와 잎채소를 넣어 완성해요.

Cooking Point

우엉을 아주 잘게 다져도 아이가 잘 먹지 않을 수 있어요. 이럴 땐 우엉을 데쳐서 잘게 다지면 식감이 부드러워져요. 우엉 현미버거는 패티를 오일을 두르고 구웠기 때문에 도시락에 넣을 때는 키친타월을 깔고 그 위에 올리세요.

한 입 가득 달콤함과 영양을
현미 단호박죽

식은 현미밥이나 냉동고에 얼린 현미밥을 이용해 끓이면 되는 간단한 죽 요리예요. 단호박처럼 속을 부드럽게 달래주는 채소라면 응용이 가능해요. 양배추나 당근, 양파, 완숙토마토 등을 사용해도 되고, 고기를 좋아하는 분은 다진 쇠고기에 간장 1큰술과 참기름 1큰술로 간을 하면 좋아요.

재료(2인분)
현미밥 1+1/2공기, 단호박 1/2개,
다시마 우린 물 4컵(물 4컵, 다시마 1장),
천일염 1/3작은술, 검은깨 약간

Cooking Point

현미밥을 끓이다가 단호박을 넣어 뭉근하게 끓이는 요리지만 냄비 바닥이 두꺼우면 한꺼번에 넣고 센 불로 끓이다가 김이 나면 약한 불로 줄여 5분만 더 끓이세요. 바쁜 아침에 끓이는 것이 부담스럽다면 저녁에 끓여서 아침에 데워 먹으세요. 단, 한 번 먹을 분량만 끓이는 것이 좋아요.

1 냄비에 다시마 우린 물 4컵과 현미밥을 넣고 끓어오르면 약한 불로 줄여 10분 정도 더 끓여요.

2 단호박은 껍질을 벗기고 1×1cm 크기로 깍둑썰어요.

3 1의 죽에 단호박을 넣고 단호박이 무를 때까지 끓여요.

4 천일염으로 간하고 검은깨를 뿌려 완성해요.

포실포실 후르룩
현미 감자 포타주

사랑에 빠진 요리사가 만드는 수프는 먹지 말라는 말이 있어요. 사랑의 감정이 최고조에 달해 있을 때는 중추신경이 자극을 받아 미각을 담당하는 신경도 둔해지기 때문이래요. 수프나 죽 요리는 짠맛을 가장 잘 느낄 수 있는 요리예요. 지금 당신이 사랑에 빠져 있다면 간은 조금 싱겁게 하세요.

재료(2인분)
현미밥 1/3공기, 감자 1개, 대파(15cm) 1토막, 물 1컵, 다시마 우린 물 1컵(물 1컵, 다시마 1장), 통깨 1/2작은술, 포도씨오일 1큰술, 천일염 약간, 후춧가루 약간

Cooking Point
감자를 오래 끓이면 감자가 으깨져 국물이 자칫 텁텁해질 수 있어요. 이럴 때는 감자를 작게 깍둑썰어 끓이면 씹는 맛이 있어 알알이 살아 있는 감자의 맛을 느낄 수 있어요.

1 대파는 어슷 썰고, 감자는 얇게 슬라이스해요.

2 냄비에 포도씨오일을 두르고 감자에 대파향이 배도록 대파를 먼저 볶다가 감자를 넣어 볶아요.

3 냄비에 물 1컵을 붓고 감자가 부드러워질 때까지 찌듯이 졸여요.

4 다시마 우린 물 1컵과 현미밥을 넣어 끓어오르면 약한 불로 줄여 자작해지면 통깨를 뿌려 완성해요.

라이코펜이 우유 속으로!
현미 우유죽

각종 비타민과 미네랄이 풍부하여 매끄럽고 탄력 있는 피부를 만들며 칼륨, 칼슘, 유기산 등의 영양소가 풍부하고 노화를 유발하는 활성산소를 없애주는 정말이지 기특한 식재료 토마토! 특히 전립선암 예방에 토마토가 효과적이라는 연구결과가 있으니 토마토 먹고 건강해집시다요!

재료(2인분)

현미밥 1공기, 물 1컵, 우유 1+1/2컵, 토마토 1/2개, 바질 잎 6~8장, 천일염 약간, 후춧가루 약간, 발사믹식초 2큰술, 조청 2작은술

Cooking Point

토마토는 생으로 먹는 것보다 익혀 먹으면 체내 라이코펜 흡수율이 두 배나 증가해요. 토마토의 라이코펜은 지용성 성분이기 때문에 우유 유지방의 흡수율을 높여줘요. 토마토를 반쪽만 사용했지만 항산화물질의 흡수율은 토마토 두 개를 먹은 것과 똑같답니다.

장식용 바질 잎을 2~3장 남기세요.

1 토마토는 잘게 다지고, 바질 잎은 채 썰어요.

2 냄비에 현미밥을 담고 물 1컵을 붓고 뭉근하게 끓이다가 우유를 넣어요.

3 약한 불로 졸이다가 토마토를 넣고 천일염으로 간하고 후춧가루를 뿌려 끓여요.

그릇에 담아 1에서 남긴 바질 잎을 올려 장식해요.

4 발사믹식초와 조청을 잘 섞은 후 3에 넣어 섞고 그릇에 담아 바질을 올려 완성해요.

흙의 생명력이 그대로 느껴져요

현미 채소수프

일본에서 마크로비오틱 인스트럭터 과정을 이수하면서 먹을거리로 인해 체질이 변한다는 것을 경험했어요. 현미 채소수프는 마크로비오틱 요리를 응용한 것이랍니다. 재료 본연의 맛과 영양을 살려 요리한 것이므로 건강을 챙기고 싶은 분들께 꼭 추천하는 메뉴예요.

재료(2인분)

현미밥 1/2공기, 대파(15cm) 1토막, 우엉(15cm) 1토막, 무 1/6개, 당근 1/4개, 표고버섯 1개, 양배추 1/8통, 양파 1/4개, 천일염 약간, 후춧가루 약간, 다시마 우린 물 6컵(물 6컵, 다시마 1장)

Cooking Point

친환경 채소를 사용한 채소수프를 통해 필수영양소를 섭취하여 몸속의 나쁜 세균을 물리치는 채소수프 건강법이 있어요. 현미 채소수프 레시피는 채소수프의 대중화를 위해 1단계로 현미밥을 이용한 요리 방법이에요. 일반적으로 현미밥으로 끓이는 것보다 현미를 볶아서 끓이는 것이 맛과 영양 면에서 더욱 좋아요.

1 대파, 우엉, 무, 당근, 표고버섯, 양배추, 양파는 모두 채 썰어요.

다시마 우린 물은 49쪽을 참고해 미리 준비해두세요.

2 현미밥에 다시마 우린 물을 붓고 푸드프로세서에 넣어 갈아요.

3 냄비에 1을 넣어 충분히 볶은 다음 2를 붓고 약한 불로 뭉근히 끓여요.

4 천일염으로 간해서 완성해요.

사워크림의 상큼한
현미 콩수프

수프는 입맛이 없을 때 가장 적절한 대안이 되는 요리예요. 콩에 물을 넣고 끓인 다음 현미밥을 넣어 걸쭉하게 끓여 먹는 속 든든한 건강 수프예요. 죽의 농도는 물로 조절하면 돼요. 최소한 물은 2컵은 넣어야 하며 컵에 담아 후루룩 마시고 싶을 때는 물을 4컵 넣어 끓이세요.

재료(2인분)

현미밥 1/2공기, 렌틸콩 2/3컵, 천일염 1작은술, 후춧가루 약간, 물 적당량, 파프리카 시즈닝 약간
토핑용 차이브 6줄기, 사워크림 2큰술,

Cooking Point

렌틸콩을 볶다가 끓이면 맛이 한결 고소해져요. 렌틸콩이 없으면 작두콩이나 병아리콩으로 끓이고 차이브가 없을 경우에는 쪽파를 사용하세요. 간혹 분말 파프리카 대신 고춧가루를 넣으면 안 되냐고 묻는 분들이 있는데, 이럴 땐 차라리 아무것도 넣지 않는 것이 좋아요.

1 손질한 렌틸콩은 물에 담가 불리고, 차이브는 잘게 다져요.

2 냄비에 렌틸콩을 담고 콩이 잠길 만큼 물을 붓고, 중간 불로 푹 무르게 삶아요.

3 2에 현미밥과 파프리카 시즈닝을 뿌려 끓여요.

4 크림 상태가 되면 천일염으로 간한 다음 후춧가루를 뿌리고 용기에 담아서 **토핑용 재료**를 올려 완성해요.

한식 버전으로 준비한 그린푸드
현미밥 대파 부침개

대파는 겨울보다는 봄에 나는 것이 달고 부드러워요. 흰 부분이 광택이 있고 탄력 있는 것이 신선하며, 가능하면 뿌리까지 달려 있는 것을 구입해야 오래 저장할 수 있어요. 비타민 A와 C, 칼슘, 칼륨 등이 풍부하며 식욕을 증진하고 피로회복을 도와줘요.

재료(2인분)

현미밥 2공기, 대파(20cm) 1토막, 검은깨 1/2큰술, 천일염 약간, 후춧가루 1/2작은술, 녹말가루 1작은술, 포도씨오일 1큰술
간장 소스 간장 1큰술, 조청 1큰술, 발사믹식초 1큰술, 참기름 1큰술

Cooking Point

대파의 흰 부분을 사용하고 가운데를 칼끝으로 갈라 가운데 심은 잘게 다지고 종이처럼 접어 채 썰면 손질하기 쉬워요. 대파가 익으면 질겨지므로 채 썬 후 잘게 썰어야 먹을 때 모양이 흐트러지지 않아요. 대파는 꿀, 대추, 미역, 매실과 함께 조리하면 설사, 혈액 질환, 칼슘 섭취 방해 등의 역작용이 있으므로 주의하세요.

1 대파는 곱게 채 썰어요.

2 볼에 현미밥과 대파, 검은깨, 녹말가루를 담고 천일염으로 간해서 후춧가루를 뿌려 치대어 2등분해요.

3 2의 반죽을 넓고 둥글게 펴서 팬에 포도씨오일을 두르고 앞뒤로 노릇하게 구워요.

4 부침개가 구워지면 **간장 소스**를 만들어 부어 간이 배도록 졸여 완성해요.

현미 피크닉 요리
톳을 넣은 유부초밥

유부초밥을 좋아하지만 단촛물을 배합하는 것 때문에 망설이시는 분들이 많지요? 저도 그랬어요. 그런데 한두 번만 해보면 요령이 생기더라고요. 가족이나 연인끼리 함께 만들어서 예쁘게 모양 내서 도시락에 담아보세요. 주말 나들이를 갈 때, 이렇게 특별한 요리가 빠지면 안 되겠죠?

톳을 넣은 유부초밥

로즈메리 현미밥과 발사믹 미역 양파

여유로운 주말 오후에 함께해요
로즈메리 현미밥과 발사믹 미역양파

나들이 나갈 때 패스트푸드점에서 파는 햄버거로 끼니를 때우지는 마세요. 소풍 도시락이라고 너무 부담 갖지 마시고 현미로 소박한 건강 피크닉 도시락을 준비해보세요. 생각보다 쉽고 간단하게 다양한 도시락을 만들 수 있어요. 허브향이 솔솔 나는 현미밥에 향기로운 발사믹식초와 미역, 양파 반찬이면 나들이가 더욱 즐거워요.

재료(2인분)

톳밥 현미밥 2공기, 톳 1큰술, 당근 1/8개, 표고버섯 1개, 통깨 2큰술
조림 국물 다시마 우린 물 1/4컵, 간장 1큰술, 맛술 2큰술
유부 유부 2장, 물 1/4컵, 간장 1큰술, 맛술 2큰술

Cooking Point

유부를 데쳐 사용하면 뒷맛이 깔끔해요. 톳은 가능한 한 잘게 다지세요. 아이들은 톳이 씹히면 골라낼 수 있으니 검은깨만한 사이즈로 잘게 다지세요. 톳이 없으면 미역을 사용해도 좋고, 볶은 견과류를 다져 섞으면 영양가가 높아져요.

1 유부는 반으로 잘라 가운데를 열고 데쳐서 물, 간장, 맛술을 넣고 약한 불로 국물이 없어질 때까지 조려요.

2 불에 냄비를 달구어 당근과 표고버섯을 다져 톳과 함께 넣고 통깨를 뿌려 볶다가 조림 국물 재료를 넣고 조려요.

3 2에 현미밥을 넣어 간이 배도록 고루 섞어요.

4 1의 조린 유부 안에 3의 톳 현미밥을 넣어 완성해요.

재료(2~3인분)

로즈메리 현미밥 현미 2컵, 병아리콩 1/3컵, 올리브오일 1큰술, 천일염 약간, 후춧가루 약간, 로즈메리 1~2줄기, 물 3컵
발사믹 미역 양파 마른미역 1큰술, 양파 1/2개, 천일염 약간, 발사믹식초 3큰술, 간장 1작은술, 물엿 1작은술

Cooking Point

로즈메리를 너무 많이 넣으면 허브의 향이 강해 현미의 고소함을 살릴 수 없어요. 말린 로즈메리를 사용할 때는 생로즈메리의 양보다 반으로 줄여야 해요. 병아리콩은 불려서 사용하는 거 잊지 마세요.

1 현미와 병아리콩은 씻어 물기를 빼요.

2 압력솥에 1과 물, 로즈메리, 올리브오일을 담고 천일염으로 간하고 후춧가루를 뿌려 반나절 정도 불려 로즈메리 현미밥을 완성해요.

3 마른 미역은 물에 담가 불리고 양파는 채 썰어요.

4 불에 달군 팬에 양파와 불린 미역을 넣어 볶다가 발사믹식초와 간장, 물엿을 넣어 발사믹 미역 양파를 완성해요.

현미 도시락

피크닉 분위기를 한층 업시켜줄
현미 연근볼

모처럼 맞는 휴일을 집에서 뒹굴거리며 보낼 수는 없잖아요.
식은 현미밥으로 색다른 요리를 만들어 분위기를 업시켜볼까요?
한입에 쏙 들어가는 별미, 현미연근볼이 정답이에요. 연근은 잘게 다져 넣고,
쫀득쫀득한 맛을 살리기 위해 통밀가루를 더 넣어 계속 치대면 된답니다.

새콤달콤 현미 연근볼

발사믹소스를 뿌린 가지와 흑현미

브런치 스타일로 우아하게 즐기는
졸인 가지를 곁들인 흑현미밥

주말이나 휴가 때 친구들과의 만남을 준비하고 있다면 꼭 주목하세요.
개주얼한 파티를 계획할 때 마땅한 요리가 생각나지 않을 때 만들면 좋아요.
발사믹 소스로 새콤달콤하게 밥을 버무려 신선한 제철 채소를 이용해 만들면 끝이에요.

재료(2인분)

연근볼 현미밥 1/2공기, 다진 연근 1/2컵, 다진 마 1/3컵, 다진 대파 2큰술, 표고버섯 1개, 두부(부침용) 2/3모, 생강즙 1큰술, 깨소금 1큰술, 통밀가루 1큰술, 천일염 약간, 포도씨오일 적당량
소스 조청 1/2컵, 현미식초 1/4컵, 간장 3큰술, 청주 3큰술, 맛술 2큰술, 참기름 1큰술, 물녹말(녹말 1큰술, 물 2큰술)

Cooking Point
두부의 물기를 제대로 제거하지 않으면 튀길 때 수분이 튈 수 있으니 조심하세요. 무거운 것을 올려 물기를 빼거나 베 보자기에 넣고 비틀어 물기를 짜도 좋아요. 연근 대신 우엉을 사용해도 되고 튀길 때는 손으로 반죽을 떼지 말고 숟가락 두 개를 이용해서 동그랗게 빚으면 편해요.

1 두부는 물기를 제거하고 다진 연근, 다진 대파, 다진 표고버섯, 생강즙, 깨소금, 통밀가루, 천일염을 모두 푸드프로세서에 넣어 갈아요.

2 1을 잘 치대 스푼 두 개를 사용해 1큰술씩 둥글게 빚어 170℃의 튀김기름에 튀겨요.

3 냄비에 녹말물을 제외한 **소스 재료**를 넣어 끓어오르면 녹말물을 풀어 농도를 내요.

4 소스가 만들어지면 튀긴 연근볼 위에 뿌려 완성해요.

재료(2~3인분)

흑현미밥 1+1/2공기, 가지 3~4개, 튀김기름 적당량, 구운 잣 1큰술, 다진 쪽파 1큰술
발사믹 소스 발사믹식초 2큰술, 간장 1큰술, 다시마 우린 물 1큰술, 조청 1큰술, 다진 대파 1큰술,

Cooking Point
튀긴 가지가 부담스러운 분들은 얇게 슬라이스해서 팬에 구운 다음, 발사믹 소스에 버무린 흑미밥을 안에 넣고 도르르 말아서 준비해도 좋아요.

1 냄비에 녹말물을 제외한 **발사믹 소스 재료**를 한데 담아 끓여요.

2 소스가 끓어오르면 약한 불로 줄이고 녹말물을 넣어 졸여요.

3 가지는 슬라이스하여 180℃의 튀김기름에 바삭하게 튀겨요.

4 발사믹 소스에 튀긴 가지와 흑현미밥을 버무린 다음 잣과 쪽파를 뿌려 완성해요.

솥에 넣기만 하면 뚝딱!
초스피드 압력솥 요리

요리가 너무 어렵고 힘들지요? 장 봐서 재료를 손질하고 썰고 볶을 바에는
그냥 사먹고 말지 하는 생각에 외식을 하는 경우가 많아요. 그런 분들을 위해
압력솥 하나만 있으면 집에서도 빠르고 간편하게 완성할 수 있는 폼 나는 요리를 소개할게요.
주부들의 바람을 담아 모든 요리를 쉽고 빠르게, 그러면서도 영양소 파괴는 최소화하여
맛과 영양을 살린 요리인 데다 조리 시간 또한 단축해서 에너지 효율을 극대화시킨
Fast, Healthy, Green Cook의 세상이 펼쳐집니다.

한 번에 뚝딱 만들어봐요
동시에 만드는 된밥과 진밥

음식을 만들다 보면 누구의 입맛에 맞춰야 할지 고민되곤 해요. 고들밥을 좋아하는 남편을 위해, 진밥을 좋아하는 아이를 위해 밥을 두 번, 세 번 지을 수도 없으니 난감할 때가 한두 번이 아니에요. 압력솥을 이용하면 한 번에 가족의 입맛대로 밥을 지을 수가 있답니다.

재료(2인분)
현미 2컵, 물 2+1/2컵

Cooking Point
현미를 불린 후 압력솥에 넣고 물을 붓되 한쪽은 쌀을 높게 쌓아 물 밖으로 올라오도록 하고, 한쪽은 물에 완전히 잠기게 하여 밥을 지어보세요. 쌀이 물 밖으로 나온 쪽은 된밥으로, 물에 잠긴 쪽은 진밥으로 완성된답니다.

1 현미는 깨끗이 씻어 30분간 물에 불려요.

2 압력솥에 불린 현미를 담고 물을 부어요.

3 현미의 반을 나눠 한쪽을 높게 쌓아 물 밖으로 나오게 해요.

4 압력솥을 센 불로 가열하다가 압력계기가 올라오면 약한 불로 줄여 10분 정도 끓이다가 불을 꺼요. 압력계기가 내려가면 뚜껑을 열어 완성해요.

> 추 방식의 압력솥은 추가 소리를 내면 약한 불로 줄여 15분 정도 끓이다가 불을 꺼요. 압력이 내려가면 뚜껑을 열어 완성해요.

옹기종기 모인 한 지붕 다섯 가족
현미오곡밥

흔히들 오곡밥 하면 여러 가지 곡식을 섞어서 짓는 밥으로 떠올리지만, 압력솥으로 요리를 하면 재료가 섞이지 않아요. 압력솥 안에 있는 산소가 바깥으로 모두 빠져 진공 상태로 요리되기 때문에 대류현상으로 인해 재료가 섞이지 않으면서도 고유의 맛이 살아 있어요.

재료(4인분)
현미 2컵, 잡곡 1컵, 보리쌀 1컵, 단호박 1/8개, 팥 1/3컵, 검은콩 1/3컵, 물 3컵

Cooking Point
압력솥에 따로따로 구역을 나누어 곡식을 담은 후 물을 살살 붓고 밥을 하면 서로 섞이지 않는 밥 완성! 오곡밥뿐만 아니라 백미밥과 현미밥을 반반씩 지을 수도 있어요.

추 방식의 압력솥은 추가 소리를 내면 약한 불로 줄여 15분 정도 끓이다가 불을 꺼요. 압력이 내려가면 뚜껑을 열어 완성해요.

1 잡곡과 보리쌀은 씻어 체에 밭치고 현미, 검은콩, 팥은 씻어 물에 불려요.

2 단호박은 1.5cm 크기의 주사위 모양으로 잘라요.

3 압력솥에 각각의 잡곡을 나누어 담은 다음 센 불로 가열해요.

4 압력솥의 압력계기가 올라오면 약한 불로 줄여 10분 정도 끓이다가 불을 꺼요. 압력계기가 내려가면 뚜껑을 열어 완성해요.

밥과 반찬을 동시에
병아리콩 현미밥과 명란달걀찜

밥과 반찬을 동시에 해결할 수 있어 바쁜 아침 시간에 워킹맘들도 시간을 절약할 수 있어요. 건강을 위해 갓 지은 현미밥이 먹고 싶어도 밥하기가 귀찮아서 사 먹게 되는 분들은 반드시 기억하세요. 밥과 반찬을 한꺼번에 해결하는 방법을 알려드릴 테니까요.

재료(1인분)
콩밥 현미 2/3컵, 병아리콩 30g, 물 2/3컵, 물 1/2컵(압력솥 바닥)
명란달걀찜 달걀 1개, 다진 양파 1큰술, 다진 당근 1큰술, 다진 쪽파 1큰술, 청주 1큰술, 물 2큰술, 명란 1덩이

Cooking Point

쌀밥, 콩밥, 잡곡밥, 현미밥이 모두 가능하지만 먼저 곡류를 물에 불려야 해요. 그리고 같이 만드는 반찬은 달걀찜이나 깻잎찜, 대합찜 등 찌는 반찬류가 좋아요. 밥을 지을 때 그릇 안에도 수분이 있어야 하지만 압력솥 바닥에도 물을 부어야 압력이 생겨 요리를 할 수 있어요.

추 방식의 압력솥은 추가 소리를 내면 약한 불로 줄여 15분 정도 끓이다가 불을 꺼요. 압력이 내려가면 뚜껑을 열어 완성해요.

1 현미와 병아리콩을 씻어서 밥공기에 담아 물을 부어 3시간 정도 불려요.

2 명란은 막을 터뜨려 다지고 달걀, 양파, 당근, 쪽파, 청주, 물을 넣어 고루 섞어요.

3 2를 달걀찜 그릇에 붓고 1의 밥공기와 함께 압력솥에 넣은 다음 압력솥에 물 1/2컵을 부어요.

4 압력솥을 센 불로 가열하다가 압력계기가 올라오면 약한 불로 줄여 10분 정도 끓이다가 불을 꺼요. 압력계기가 내려가면 뚜껑을 열어 완성해요.

영양도, 맛도, 시간도 모두 합격

흑임자 현미 무화과밥

무화과는 단백질과 섬유질이 많은 식품으로 고대 로마 검투사들은 스태미나 식품으로 즐겼다고 해요. 또한 피신이라는 물질을 함유하고 있어 소화를 촉진하고 변비에도 효능이 있어요. 무화과는 대부분 마른 상태로 판매되는데, 압력솥을 이용하면 말랑거리는 무화과를 부드럽게 섭취할 수 있어요.

재료(2인분)
현미 2컵, 물 2+1/2컵, 무화과 20개, 검은깨 약간, 천일염 약간

Cooking Point
현미는 미리 물에 불리고, 무화과와 함께 밥을 지은 후 통깨를 섞어요. 현미는 멥쌀과 찹쌀을 반반씩 넣어 밥을 지으면 차지고 부드러워 피크닉 주먹밥을 만들기 좋아요. 마른 팬에 호두나 아몬드 등의 견과류를 볶아 주먹밥 안에 박은 다음 한입 크기로 조그맣게 만들면 먹기 편해요.

추 방식의 압력솥은 추가 소리를 내면 약한 불로 줄여 15분 정도 끓이다가 불을 꺼요. 압력이 내려가면 뚜껑을 열어 완성해요.

1 현미는 씻어서 물에 담가 불려요.

2 압력솥에 불린 현미와 무화과를 넣고 물을 부어요.

3 2에 천일염으로 간하고 센 불로 가열해요.

4 압력솥의 압력계기가 올라오면 약한 불로 줄여 10분 정도 끓이다가 불을 꺼요. 압력계기가 내려가면 뚜껑을 열어 완성해요.

볶고 끓이지 않고 한 번에 만드는
해산물 현미 파에야

리조토나 파에야는 팬을 달구어 오일을 두르고 쌀을 볶은 후 육수를 넣어 가며 계속 볶아 밥에 찰기가 생기도록 만드는 요리예요. 안에 들어가는 부재료는 따로따로 볶아야 하는 시간이 오래 걸리는 요리지만 압력솥을 사용하면 모든 재료를 한꺼번에 쉽고 간편하게 만들 수 있어요.

재료(2인분)
불린 현미 2컵, 오징어 1/2마리, 조개 3개, 새우 2마리, 홍합 3개, 빨강 파프리카 1/2개, 초록 파프리카 1/2개, 양파 1/4개, 방울토마토 5개, 물 2컵, 사프란 1/2작은술, 마늘 1쪽, 올리브오일 1큰술, 화이트와인 2큰술

Cooking Point
압력솥만의 순간적인 고압을 이용해 모든 재료를 한꺼번에 넣고 요리하기 때문에 밥의 맛있는 찰기를 유지하면서 해산물 각각의 맛을 살릴 수 있어요. 현미찹쌀과 현미를 반반씩 섞어 요리하는 것이 훨씬 식감이 좋으며, 사프란을 구하기 힘들면 카레가루 2큰술을 넣어서 만들어도 좋아요.

1 양파, 파프리카, 오징어는 1.5cm 주사위 모양으로 자르고, 마늘은 다지고, 방울토마토는 반으로 잘라요.

2 새우는 내장을 빼고, 홍합은 살만 발라내고, 조개는 소금물에 담가 해감해서 화이트와인을 뿌려요.

3 물 2컵에 사프란을 넣어 노란색이 나도록 우린 다음 불린 현미와 함께 압력솥에 넣어요.

4 압력솥에 방울토마토를 제외한 1과 2의 재료를 모두 넣고 센 불로 가열하다가 압력계기가 올라오면 약한 불로 줄여 10분 정도 끓이다가 불을 꺼요. 압력계기가 내려가면 뚜껑을 열어 완성해요.

> 추 방식의 압력솥은 추가 소리를 내면 약한 불로 줄여 15분 정도 끓이다가 불을 꺼요. 압력이 내려가면 뚜껑을 열어 완성해요.

> 밥이 다 지어지면 올리브오일과 방울토마토를 넣어 고루 섞어요.

연꽃 향을 그대로 담았어요

연잎밥과 생강차

우리의 상상을 뛰어넘는 요리가 바로 연잎밥이에요. 영양가가 풍부한 연잎밥은 더운 여름철에 먹으면 원기 회복에 그만이에요. 연잎은 세포 노화와 암을 유발하는 유해산소를 60%나 제거하는 효과가 있으며 혈압 강화 작용을 하는 생리 활성 성분을 다량 함유하고 있어요. 더구나 치매 예방에 좋으며 피부미용에도 좋다고 하네요.

재료(2인분)

연잎 1장, 불린 현미찹쌀 1컵, 불린 검은콩 1/4컵, 호박씨 1큰술, 대추 3개, 은행 5알, 물 5큰술, 물 3컵, 생강 3톨

Cooking Point

연잎밥은 만들려면 시간이 오래 소요되기 때문에 1차로 밥을 익힌 후 연잎에 싸서 찌는 방법으로 연잎향만 배게 해요. 압력솥으로 만들면 순간적인 고압을 이용하기 때문에 처음부터 연잎을 감싸 밥을 해도 돼요. 수분과 열, 압력에 의해 연잎의 향과 영양 성분이 현미밥 안으로 그대로 배어 더욱 맛있고 건강한 요리 완성!

1 은행은 팬에 볶아 껍질을 벗기고, 대추는 돌려깎아 씨를 제거해요.

2 불린 현미찹쌀, 검은콩, 호박씨, 은행, 대추, 물 5큰술을 섞어 연잎에 담고 잘 말아 풀리지 않게 고정해요.

3 압력솥에 물 3컵을 붓고 생강을 저며 넣어요.

4 3 위에 찜기를 올리고 2를 담고 센 불로 가열하다가 압력계기가 올라오면 약한 불로 줄여 10분 정도 끓이다가 불을 꺼요. 압력계기가 내려가면 뚜껑을 열어 완성해요.

추 방식의 압력솥은 추가 소리를 내면 약한 불로 줄여 15분 정도 끓이다가 불을 꺼요. 압력이 내려가면 뚜껑을 열어 완성해요.

상큼한 향기로 즐기는
발사믹 오렌지소스 삼겹살

생김새가 예쁜 오렌지는 신경을 안정시키고 피로회복에 좋은 천연 영양제예요. 오렌지는 생으로 먹는 것이 좋지만 연육 작용을 하기 때문에 육류 요리에 활용해도 좋아요. 발사믹식초는 포도를 식초로 발효시킨 것으로 육류와 잘 어울리는 재료예요. 오렌지즙과 현미식초, 발사믹식초 등을 섞어 소스를 만들면 더욱 부드러운 육류 요리를 즐길 수 있어요.

재료(2인분)

돼지고기 삼겹살(편육용) 500g, 양파 1개, 중국 부추 1/3단, 다진 마늘 4큰술, 천일염 약간, 후춧가루 약간, 화이트와인 4큰술

소스 물 1/2컵, 현미식초 4큰술, 발사믹식초 2큰술, 오렌지주스 4큰술, 설탕 4큰술, 간장 3큰술, 다진 생강 1작은술, 녹말물(녹말가루 1큰술, 물 2큰술)

1 돼지고기 삼겹살은 다진 마늘과 후춧가루를 넣고 천일염으로 밑간을 해요.

2 양파는 채 썰고, 중국 부추는 5cm 길이로 썰어요.

3 밑간한 삼겹살을 1cm 두께로 잘라요.

추 방식의 압력솥은 추가 소리를 내면 약한 불로 줄여 15분 정도 끓이다가 불을 꺼요. 압력이 내려가면 뚜껑을 열어 완성해요.

4 찜기에 양파를 깔고 삼겹살을 올린 다음 화이트와인을 뿌려요.

5 4의 찜기 위에 중국 부추 담아 가열하여 압력계기가 올라오면 약한 불로 줄여 10분 정도 끓이다가 불을 꺼요. 압력계기가 내려가면 뚜껑을 열어 완성해요.

6 다른 냄비에 녹말물을 제외한 **소스 재료**와 삼겹살을 모두 넣고 졸이다가 녹말물을 부어 걸쭉해지면 부추 위에 올려 완성해요.

Cooking Point

깜박 하다 보면 자투리 채소를 먹지 못하고 버리게 되는 경우도 많아요. 먹을 수는 없지만 버리기는 아까운 채소들을 모아 냉동고에 넣었다가, 고기 수육을 할 때 사용하세요. 냄비 바닥에 채소를 깔고 청주나 소주를 약간 넣은 다음 소금과 후춧가루로 간한 돼지고기를 올려 압력으로 찌면 채소의 향이 돼지고기에 스며들고 기름은 쏙쏙 빠진답니다.

꽃들의 잔치
부추잡채와 꽃빵

부추가 많이 들어가는 대표적인 요리예요. 부추는 비타민 A군과 B군이 풍부한 음식으로 강장 효과가 뛰어난 정력 채소로 알려져 있어요. 간 기능을 강화하고 해독 작용을 돕는 역할을 하며 몸을 따뜻하게 하여 위와 장의 기능을 강화하지요. 이렇게 좋은 부추를 정말 많이 먹어야겠어요.

재료(2인분)
중국부추 1/2단, 채 썬 돼지고기 등심 1/2컵(100g), 꽃빵 4개, 홍고추 1개, 간장 1큰술, 물 2큰술, 참기름 1작은술, 천일염 약간, 후춧가루 약간
돼지고기 밑간 간장 1작은술, 청주 1큰술

Cooking Point
재래종 부추는 연해서 생으로 무쳐 먹으면 맛있고 중국부추는 길이가 길고 줄기가 억세서 익혀 먹는 경우가 많아요. 부추와 쇠고기는 궁합이 맞지 않으므로 꼭 돼지고기와 함께 요리하세요.

1 돼지고기 등심은 물에 담가 핏물을 빼고 간장, 청주를 넣어 밑간해요.

2 중국부추는 깨끗이 씻어 5cm 길이로 썰고 고추는 반으로 갈라 씨를 제거하고 길게 채 썰어요.

3 압력솥에 1과 2를 담고 물 2큰술을 뿌려요.

4 3의 압력솥 위에 찜기를 올리고 꽃빵을 넣어 가열하여 압력계기가 올라오면(추가 소리를 내면) 불을 꺼요.

3에서 압력솥 아래 넣었던 부추와 돼지고기는 꺼내 간장과 천일염으로 간하고 후춧가루와 참기름을 두르고 볶아 꽃빵과 함께 내요.

이렇게 맛있을 수가 있을까, 마법의 요리
강된장과 채소찜

압력솥의 변화는 정말이지 무궁무진해요. 삼발이와 찜기를 이용하면 더욱 다양한 요리를 만들 수 있거든요. 찜기가 들어 있는 압력솥에 손쉽게 만들 수 있는 요리가 강된장과 채소찜이에요. 찜기 아래에는 강된장을 끓이고, 강된장이 만들어지면서 생기는 수분으로 채소를 데치면 물로 데친 것보다 훨씬 맛있고 영양가도 살아 있어요.

재료(4인분)
강된장 다진 쇠고기 1/2컵(100g), 느타리버섯 3가닥(100g), 표고버섯 1개, 홍고추 1개, 청양고추 2개, 고추장 1큰술, 된장 5큰술, 다진 호두 2큰술, 꿀 1큰술, 다진 마늘 1/2큰술, 참기름 2작은술, 물 1컵
채소찜 양배추 1/4개, 케일 12장

Cooking Point
강된장은 짜지 않게 심심하게 끓이세요. 육류와 버섯류를 잘게 썰어 양념과 함께 바글바글 끓이다가 애호박, 양파, 풋고추, 대파 등을 잘게 다져 듬뿍 넣고 끓이면 맛이 더욱 풍부해져요. 케일 대신 호박잎이나 근대를 사용해도 좋아요.

1 표고버섯은 기둥을 떼고 느타리버섯과 함께 0.5cm 주사위 모양으로 잘게 자르고 기둥은 잘게 찢어요.

2 홍고추와 청양고추는 송송 썰어 씨를 털어내고 **강된장 재료**를 모두 한데 섞어요.

3 압력솥에 강된장 재료를 넣어 한소끔 끓여요.

4 찜기를 올려 씻은 양배추와 케일을 얹고 가열해서 압력계기가 올라오면 약한 불로 줄여 10분 정도 더 끓이다가 불을 꺼요. 압력계기가 내려가면 뚜껑을 열어 완성해요.

추 방식의 압력솥은 추가 소리를 내면 약한 불로 줄여 15분 정도 끓이다가 불을 꺼요. 압력이 내려가면 뚜껑을 열어 완성해요.

일타 쌍피

토마토소스 생선찜

생선은 살의 색깔에 따라 흰 살 생선, 붉은 살 생선, 등 푸른 생선 등으로 나누죠. 맛, 향, 칼로리, 영양소, 부패 속도, 익는 속도도 모두 차이가 있어요. 이 중 흰 살 생선은 비린 맛이 적고 담백해서 제철에 나는 채소와 함께 쪄 먹으면 영양가도 높고 담백해요.

재료(2인분)

흰 살 생선 1마리, 대파 2대, 화이트와인 2큰술, 소금물(물 1ℓ, 천일염 2큰술)
토마토소스 토마토소스 2컵, 물 1/2컵, 마늘 5쪽, 올리브오일 1큰술, 고추기름 1작은술, 고춧가루 1/2작은술, 건포도 2큰술, 방울토마토 5개

Cooking Point

흰 살 생선 중에서도 봄이 제철인 생선은 도미, 도다리, 놀래미, 숭어, 조기 등이며, 여름이 제철인 생선은 민어, 농어, 전갱이 등이 있어요. 가을철이 제철인 생선은 고등어, 송어, 꽁치, 정어리 등이며 겨울철에는 한치, 방어, 광어, 명태 등을 맛볼 수 있어요.

1 대파는 10cm 길이로 자르고, 마늘은 다져요.

2 흰 살 생선은 비늘을 벗기고 내장을 제거한 다음 소금물에 씻어요.

3 압력솥에 올리브오일을 두르고 다진 마늘을 볶다가 나머지 **토마토소스 재료**를 넣고 잘 섞어요.

4 찜기에 대파와 흰 살 생선을 올리고 화이트와인을 뿌린 다음 가열해 압력계기가 올라오면 약한 불로 줄여 10분 정도 끓이다가 불을 꺼요. 압력계기가 내려가면 뚜껑을 열어 완성해요.

추 방식의 압력솥은 추가 소리를 내면 약한 불로 줄여 15분 정도 끓이다가 불을 꺼요. 압력이 내려가면 뚜껑을 열어 완성해요.

모시 No, 바지락 No
봉골레 파스타

맛있는 이탈리아 레스토랑을 찾으려면 봉골레 파스타를 먹어보라는 말이 있을 정도로 봉골레 파스타는 이탈리아 음식의 기본이라 할 수 있어요. 봉골레 파스타는 요리 과정이 조금 복잡하지만 압력솥을 이용하면 참 간단하게 완성할 수 있어요.

재료(2인분)
시금치 탈리아텔레(둥지 파스타) 3개, 생합(봉골레) 8~12개, 물 1+1/2컵, 화이트와인 1큰술, 올리브오일 2큰술, 마늘 2쪽, 양파 1/4개, 페페론치노(말린 이탈리아 고추) 5개, 바질 약간, 천일염 약간, 후춧가루 약간
:: 시금치 탈리아텔레가 없으면 쇼트 파스타(파팔레, 푸실리, 펜네)를 사용해도 됩니다.

Cooking Point
생합(봉골레)은 불에 올려 끓여도 제대로 입이 벌어지지 않아, 칼로 입을 벌려 해감시켜야 해요. 그런데 뜨거운 불에 들어가면 자연스럽게 입을 벌려요. 값이 저렴한 모시조개와 바지락을 넣어 끓이는 경우가 많은데, 조개껍데기가 깨질 수도 있고 맛이 깊지 않으므로 생합을 사용하는 것이 좋아요.

> 추 방식의 압력솥은 추가 소리를 내면 불을 꺼요. 뜸이 다 든 후에는 뚜껑을 열고 한 번 졸이다가 바질을 뿌려 완성해요.

1 생합은 소금물에 담가 해감하고 반으로 벌려요.

2 양파는 채 썰고 마늘은 편으로 썰어요.

3 압력솥에 양파와 마늘, 페페론치노를 깔고 시금치 탈리아텔레(둥지 파스타)와 생합(봉골레)을 올려요.

4 물 1+1/2컵, 화이트와인, 올리브오일을 넣고 천일염으로 간한 다음 후춧가루를 뿌려 가열하다 압력계기가 올라오면 불을 꺼요.

오징어의 마지막 남은 자존심
먹물 카르보나라

오징어가 몸에 좋아서 많이 먹으면 좋다고 했잖아요.
더구나 오징어 먹물은 항암 효과가 있으며 특히
여성의 자궁출혈에 효과가 있는 것으로 알려져 있어요.
까르보나라(Carbonara)의 까르본(carbon)은 석탄을
뜻하는데, 통후추를 으깨 넣은 것이 석탄처럼 생겼다고
해서 붙여진 이름이에요.

재료(2인분)
오징어먹물 탈리아텔레(둥지 파스타) 3개, 베이컨 4장,
양파 1/4개, 통마늘 2통, 생크림 1컵, 물 1컵,
파르메산 치즈 간 것 2큰술, 천일염 1작은술,
후춧가루 약간, 바질 약간, 타임 약간
:: 오징어먹물 탈리아텔레가 없으면 쇼트 파스타(파팔레, 푸실리, 펜네)를 사용해도 됩니다.

Cooking Point
베이컨과 양파를 먼저 볶은 다음 재료를 넣어 요리하면 보다
깊은 맛을 낼 수 있어요.

1 베이컨은 3cm 간격으로 썰고, 양파는 채 썰고, 마늘은 편으로 썰어요.

> 추 방식의 압력솥은 추가 소리를 내면 불을 꺼요.

2 압력솥에 물 1컵을 붓고 양파, 마늘, 베이컨, 오징어 먹물 탈리아텔레를 넣고 천일염으로 간하고 후춧가루를 뿌려 센 불로 가열해서 압력계기가 올라오면 불을 꺼요.

> 생크림은 압력으로 익힌 후 뚜껑을 열고 졸일 때 넣어야 생크림이 열에 분리되지 않아요.

3 압력계기가 내려가면 뚜껑을 열어 면을 풀고, 생크림을 넣어 졸여요.

> 파르메산 치즈 간 것과 달걀노른자를 이용해 만들면 더욱 맛있는데, 달걀노른자를 넣을 때는 불을 끄고 넣어야 멍울이 지지 않아요.

4 파르메산 치즈를 뿌리고 바질과 타임을 올려 완성해요.

매콤한 해물 파스타
아라비아타

우리의 식탁도 점점 글로벌해지고 있어요. 아라비아따는 '화가 난'이라는 뜻으로 매콤한 파스타를 일컫는 말이에요. 페페론치노라는 이탈리아 고추가 들어가는데, 알싸하게 매콤한 맛이 청양고추와는 다르게 오래가지 않아요. 토마토소스로 끓이지만 부드러운 맛을 위해 마지막에 생크림을 조금 넣으세요.

재료(2인분)
펜네 1+1/2컵, 칵테일새우 10개, 홍합 4개, 오징어 1/4마리, 물 1+1/2컵, 양파 1/4개, 마늘 2쪽, 올리브오일 1큰술
소스 토마토소스 1컵, 페페론치노(말린 이탈리아 고추) 5~8개, 고추기름 1작은술, 천일염 1작은술, 후춧가루 약간, 바질 약간, 오레가노 약간

Cooking Point
압력솥을 이용해 파스타를 만들 때는 물을 넉넉하게 붓고 삶는 것이 아니라서 스파게티니와 같은 롱 파스타는 압력솥 안에서 익으면서 서로 달라붙을 수 있어요. 둥지 파스타나 쇼트 파스타를 이용해 요리하는 것이 좋아요.

추 방식의 압력솥은 추가 소리를 내면 불을 꺼요. 뜸이 들면 뚜껑을 열고 올리브오일을 두르고 뒤적거려 완성해요.

1 홍합은 깨끗이 손질하고 오징어는 1cm 간격으로 잘라요.

2 양파는 동글게 모양을 살려 썰고 마늘은 편으로 썰어요.

3 압력솥에 양파, 마늘, 해산물을 담고 천일염으로 간하고 펜네 면을 넣어요.

4 3 위에 **소스 재료**를 넣고 물 1+1/2컵을 붓고 가열하여 압력계기가 올라오면 불을 꺼요.

노란 색깔 펜촉
단호박 프로슈토 파스타

단호박의 풍부한 비타민 A는 기름과 섞이면 흡수가 잘되므로 함께 섭취하는 것이 좋아요. 또한 베타카로틴의 흡수도 좋아지는데, 흡수된 베타카로틴은 체내에서 레티놀로 변해 망막 건강에 좋아요. 프로슈토는 돼지의 넓적다리살을 염장한 햄으로, 익힌 꼬또와 익히지 않은 크루도가 있어요. 펜네는 펜촉 모양으로 뾰족하게 생겨서 붙여진 이름이에요.

재료(2인분)

펜네 1+1/2컵, 프로슈토 3장, 양파 1/4개, 마늘 2쪽, 단호박 1/4개, 생크림 1컵, 파르메산 치즈 간 것 2큰술, 물 1+1/2컵

Cooking Point

단호박을 찔 때 넣었던 물과 함께 단호박을 갈아 단호박 소스를 만들어 우유팩에 담아 냉동 보관해서 프로슈토가 없으면 베이컨으로 대체해도 좋아요.

1 단호박은 반으로 갈라 반은 그대로 두고 반만 압력솥이나 냄비에 쪄서 껍질을 벗겨 으깨요.

2 프로슈토와 양파는 슬라이스하고, 마늘을 편으로 썰어요.

천일염으로 간한 다음 후춧가루를 뿌리세요.

3 남은 단호박은 슬라이스하고 압력솥에 펜네, 프로슈토, 양파, 마늘과 함께 담고 물을 적당히 부어 가열해요.

추 방식의 압력솥은 추가 소리를 내면 불을 꺼요.

4 압력계기가 올라오면 불을 끄고 뜸을 들여 뚜껑을 열고 1의 단호박 으깬 것과 생크림, 파르메산 치즈를 넣어 뒤적거리듯 조려 완성해요.

간단하게 만드는 일본 요리
야끼우동

'야끼'는 굽다는 일본어로 야끼우동은 볶음우동에 가까워요. 우동 소스를 약식으로 만들기 위해서는 맛술, 참치액, 굴소스, 고추기름 등을 섞어 만들기도 하고, 혼다시를 이용하여 간단하게 만들기도 해요. 가츠오부시는 가다랑어를 찌고 말린 다음 훈제하는 과정을 세 번 반복해서 만든 가다랑어포예요.

재료(2인분)
생우동면 1개, 오징어 1/2개, 홍합살 10개, 칵테일새우 10개, 관자 2개, 양파 1/2개, 빨강 파프리카 1/2개, 노랑 파프리카 1/2개, 청경채 3포기, 숙주 1컵, 가츠오부시 1/2컵
소스 맛술 2큰술, 참치액 1큰술, 굴소스 1큰술, 고추기름 1큰술

Cooking Point

재료를 하나씩 볶지 않고, 한꺼번에 압력솥에 넣고 조리하는 간단한 방법으로 만들어요. 간장 1컵에 물 2컵을 넣고 설탕 1컵, 맛술 1/2컵, 양파 1개, 대파 1대, 사과 1/2개, 홍고추 1개를 넣어 중간 불로 반으로 줄어들 때까지 졸인 후 냉장 보관하면 건강 소스 완성이에요.

1 오징어는 내장을 제거해 5cm 길이로 자르고, 관자는 슬라이스하고, 홍합살과 새우는 손질해요.

2 빨강 파프리카, 노랑 파프리카, 양파는 슬라이스하고, 숙주는 깨끗이 씻어서 체에 받쳐 물기를 빼고, 청경채는 반으로 자른 다음 5cm 길이로 잘라요.

3 압력솥에 해물을 담아요. 따로 **소스** 재료를 한데 섞어 소스를 만들어요.

추 방식의 압력솥은 추가 소리를 내면 불을 꺼요.

뜸이 다 들면 뚜껑을 열어 고루 버무린 다음 가츠오부시를 넣어 완성해요.

4 압력솥에 생우동면과 채소를 담고 소스를 뿌려 가열하여 압력계기가 올라오면 불을 꺼요.

소동파가 사랑한
수삼 동파육

이름이 낯선 동파육은 송나라의 소동파가 황제의 뜻을 거슬러 황주로 유배 갔을 때 요리해서 친구들에게 대접한 요리예요. 돼지고기를 간하여 겉면을 센 불로 구운 후 소스를 만들어 뭉근한 불에 오래 끓이는 요리지요. 전통 요리법으로 만들려면 2시간 이상 걸리지만 압력솥으로 요리 시간을 줄이세요.

재료(2~3인분)
돼지고기 삼겹살 600g, 양파 1개, 대파 4대, 청주 3큰술, 청경채 3포기, 천일염 약간, 후춧가루 약간
소스 수삼 1뿌리, 청주 1컵, 설탕 4큰술, 간장 4큰술, 마늘 4쪽, 생강 2톨, 팔각 2개

Cooking Point

압력솥으로 동파육을 만들면 영양소는 그대로 유지하고, 지방은 쏙 빠져 다이어트와 손님 초대 음식으로 손색이 없어요. 돼지고기 대신 닭고기를 이용해도 좋아요. 특히 양파와 대파의 향이 돼지고기에 배어 잡냄새가 제거되고 육즙이 살아 있어 맛의 깊이가 있어요.

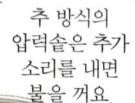
추 방식의 압력솥은 추가 소리를 내면 불을 꺼요.

1 압력솥에 양파는 채 썰고, 대파는 어슷 썰어 깔고 삼겹살을 올린 다음 청주를 뿌려 가열해 압력계기가 올라오면 불을 꺼요.

2 압력계기가 내려가면 뚜껑을 열고 양파와 대파는 버리고, 삼겹살을 0.5cm 두께로 썰어요.

3 수삼은 슬라이스하고 소스 재료를 모두 압력솥에 넣어 끓여요.

4 3이 끓기 시작하면 2의 삼겹살을 넣어 국물이 바특해질 때까지 조려 완성해요. 청경채는 살짝 데쳐 삼겹살과 함께 내요.

살이 야들야들 보들보들
북어찜

명태, 생태, 동태, 코다리, 북어, 황태는 모두 같은 생선이지만, 크기와 말리는 방법에 따라 정말 다양한 이름으로 불려요. 비타민이 풍부하고 해독 기능이 탁월하며 성장기 어린아이에게 좋은 단백질과 칼슘, 철분이 풍부해요. 북어찜은 북어의 머리와 꼬리를 잘라버리고 칼집을 내서 양념해 찐 맛있는 요리예요.

🌾 **재료(2~3인분)**
북어 2마리, 통깨 1/2큰술, 실파 1뿌리, 실고추 약간
양념 간장 4큰술, 맛술 2큰술, 설탕 1큰술, 멸치 우린 물 8큰술, 다진 마늘 1큰술, 다진 파 1큰술, 다진 생강 1작은술, 후춧가루 약간

Cooking Point

명태는 산성인 동물성 식품으로 알칼리성인 식물성 채소와 함께 섭취하면 명태에 부족한 비타민과 무기질을 영양적으로 보완하는 동시에 비린내를 제거하고 맛과 향을 풍부하게 해줘요.

> 추 방식의 압력솥은 추가 소리를 내면 불을 꺼요.

1 북어는 3~4등분해서 물에 불려 물기를 제거해요.

2 북어 **양념 재료**를 한데 담아 고루 섞어요.

3 압력솥에 손질한 북어에 칼집을 내서 담고 양념장을 고루 뿌려서 켜켜이 담아요.

4 압력솥을 가열해서 압력계기가 올라오면 불을 끄고 압력계기가 내려가면 뚜껑을 열어 실파를 송송 썰어 올리고 실고추를 뿌려 완성해요.

초스피드 압력솥 요리 321

소띠 아가씨의 고운 분칠
현미가루 갈비찜

보통 갈비찜은 찬물에 갈비를 담가 3시간 이상 핏물을 뺀 후 양념이 잘 배도록 재워 냄비나 압력솥에 끓여요. 그런데 이렇게 요리하면 기름기가 잘 빠지지 않아요. 감칠맛 나는 쫀득쫀득한 맛을 살리려면 간이 잘 배도록 푹 재웠다가 굽거나 물을 조금만 넣고 찌는 것이 좋아요.

재료(2인분)
쇠갈비 500g, 현미가루 3큰술
양념 간장 3큰술, 다진 마늘 4큰술, 설탕 4큰술, 참기름 1큰술

Cooking Point

양념에 재운 갈비에 직접 물이 닿지 않게 하고 갈비 안의 육즙이 밖으로 빠져나오지 않게 하기 위해서 양념한 갈비에 현미가루를 묻혀 찜기에 넣어 푹 쪄요. 이렇게 요리하면 육즙은 빠져나오지 않고 기름기는 쏙 빠져 담백한 갈비찜이 완성된답니다.

1 쇠갈비는 찬물에 담가 핏물을 충분히 빼고 **양념 재료**를 한데 담아 고루 섞어요.

2 쇠갈비는 물기를 제거하고 3시간 이상 양념에 재워요.

3 양념에 재운 쇠갈비에 현미가루를 묻혀요.

추 방식의 압력솥은 추가 소리를 내면 약한 불로 줄여 25분 정도 끓이다가 불을 꺼요.

4 압력솥에 물을 1컵 붓고 찜기를 올리고 3의 갈비를 찜기에 넣고 가열해요. 압력계기가 올라오면 약한 불로 줄여 20분 정도 끓이다 불을 꺼요.

울트라 멀티 비타민의 보고

비타민 채소찜

빨강 파프리카는 칼슘과 인이 풍부해 골다공증 예방에 좋아요. 노랑 파프리카는 비타민이 풍부해서 생체리듬을 유지하고 스트레스 해소에 효과적이지요. 콜리플라워는 항암, 항산화 작용, 혈압 조절 작용이 있으며 토마토에 들어 있는 라이코펜은 항산화물질로 그대로 섭취하는 것보다 익혀서 섭취해야 체내 흡수율이 높아요. 이렇게 몸에 채소를 많이들 드세요.

재료(2인분)
빨강 파프리카 1/2개, 노랑 파프리카 1/2개, 콜리플라워 1/4개, 브로콜리 1/4개, 방울토마토 5개, 물 3큰술
레몬 드레싱 엑스트라 버진 올리브오일 3큰술, 레몬즙 2큰술, 꿀 1큰술, 천일염 약간, 후춧가루 약간

Cooking Point
채소의 대부분의 영양소는 조리 시 온도가 높을수록, 열을 가하는 시간이 길수록, 물의 양이 많을수록 손실이 커요. 압력솥을 이용해 적은 양의 물로 순식간에 데쳐 영양소가 파괴되지 않도록 조리하세요.

1 빨강 파프리카, 노랑 파프리카, 콜리플라워, 브로콜리는 씻어서 물기 있는 상태에서 먹기 좋은 크기로 잘라요.

2 방울토마토는 씻어서 반으로 잘라요.

3 압력솥에 모든 채소를 넣고 물 3큰술을 붓고 가열하여 압력계기가 올라오면 불을 꺼요.

추 방식의 압력솥은 추가 소리를 내면 불을 꺼요.

4 볼에 **레몬 드레싱 재료**를 한데 담아 잘 섞고 3의 채소가 식으면 버무려서 완성해요.

만들어두면 유용한
천연 소스·양념 40

다양한 요리에 응용할 수 있는 드레싱, 소스, 양념장, 천연 조미료 등을
쉽게 만들 수 있는 방법을 소개할게요. 이 양념과 소스 비법만 알고 있으면
어떤 요리도 쉽고 빠르게 만들 수 있답니다.

천연 드레싱 15

발사믹 유자청 드레싱
재료 발사믹식초 3큰술, 유자청 3큰술, 올리브오일 2큰술, 천일염 1작은술
만드는 법 모든 재료를 한데 담아 고루 섞어 완성해요.
(재료를 블렌더에 갈면 유자향이 더욱 깊어서 좋아요.)
상미 기간 냉장 10일

키위 드레싱
재료 키위 2개, 올리브오일 1/3컵, 레몬즙 1/3컵, 꿀 1큰술
만드는 법 모든 재료를 블렌더에 넣어 갈아 완성해요.
상미 기간 냉장 5~8일

사과 드레싱
재료 사과 1/2개, 간장 1/3컵, 현미식초 1/3컵, 꿀 1큰술, 올리브오일 2큰술
만드는 법 사과를 강판에 갈아 모든 재료를 한데 담아 고루 섞어 완성해요.
상미 기간 냉장 5~8일

녹차 드레싱
재료 가루설록차 1큰술, 유자청 1/2큰술, 올리브오일 4큰술, 현미식초 3큰술
만드는 법 모든 재료를 한데 담아 고루 섞어 완성해요.
상미 기간 냉장 10일

매실식초 드레싱
재료 매실식초 2큰술, 간장 2큰술, 참기름 1큰술, 다시마 우린 물 1큰술
만드는 법 모든 재료를 한데 담아 고루 섞어 완성해요.
상미 기간 냉장 20일

레몬즙 드레싱

재료 레몬즙 2큰술, 올리브오일 3큰술, 꿀 1큰술, 천일염 1/2작은술, 후춧가루 약간
만드는 법 모든 재료를 한데 담아 고루 섞어 완성해요.
상미 기간 상온 20일

생강즙 드레싱

재료 생강즙 1큰술, 현미식초 2큰술, 간장 2큰술, 참기름 2큰술
만드는 법 모든 재료를 한데 담아 고루 섞어 완성해요.
상미 기간 냉장 30일

요구르트 드레싱

재료 플레인 요구르트 1/2통, 다진 홀스래디시 1큰술, 다진 양파 1큰술,
레몬즙 3큰술, 케이퍼 약간
만드는 법 모든 재료를 한데 담아 고루 섞어 완성해요.
상미 기간 냉장 2~3일

크림치즈 드레싱

재료 크림치즈 3큰술, 올리브오일 3큰술, 레몬즙 1/3컵, 꿀 1작은술,
소금 약간, 후춧가루 약간
만드는 법 모든 재료를 한데 담아 고루 섞어 완성해요.
(허브를 넣으면 느끼한 맛을 줄여줘요.)
상미 기간 냉장 3~4일

오렌지 미소 드레싱

재료 오렌지 1개, 일본된장 2큰술, 현미식초 2큰술, 조청 1큰술,
올리브오일 1큰술, 검은깨 1큰술
만드는 법 모든 재료를 블렌더에 넣어 갈아 완성해요.
상미 기간 냉장 5일

고춧가루 간장 드레싱

재료 간장 4큰술, 식초 2큰술, 레몬즙 4큰술, 다진 마늘 1작은술, 고춧가루 1/2큰술,
올리브오일 1/2컵, 조청 1큰술
만드는 법 모든 재료를 한데 담아 고루 섞어 완성해요.
상미 기간 상온 3일

오리엔탈 드레싱

재료 간장 6큰술, 현미식초 5큰술, 레몬즙 2큰술, 당근 간 것 2큰술,
양파 간 것 2큰술, 다시마 우린 물 5큰술, 참기름 2큰술, 조청 5큰술
만드는 법 모든 재료를 한데 담아 고루 섞어 완성해요.
오리엔탈 드레싱은 블렌더에 가는 것보다 직접 강판에 갈아서 만들면 맛이 더 깊어요.
상미 기간 냉장 5일

고추장 드레싱

재료 고추장 1큰술, 조청 2큰술, 생강즙 1작은술, 올리브오일 3큰술,
간장 1큰술, 현미식초 1큰술, 레몬즙 3큰술, 들기름 1작은술
만드는 법 모든 재료를 한데 담아 고루 섞어 완성해요.
상미 기간 냉장 5일

중국식 땅콩 드레싱

재료 피넛버터 2큰술, 간장 1큰술, 조청 3큰술, 물 4큰술, 현미식초 4큰술, 고추기름
1작은술, 다진 마늘 1/2작은술, 다진 생강 1/2작은술, 천일염 약간, 후춧가루 약간
만드는 법 모든 재료를 한데 담아 고루 섞어 완성해요.
(아이들이 먹는 음식을 만들 때는 고추기름을 빼세요.)
상미 기간 냉장 3~5일

마요네즈 견과류 드레싱

재료 두부 마요네즈 7큰술, 다진 양파 2큰술, 다진 호두 5큰술,
조청 2큰술, 다진 마늘 1작은술, 현미식초 2큰술, 천일염 약간, 후춧가루 약간
만드는 법 모든 재료를 한데 담아 고루 섞어 완성해요.
상미 기간 냉장 2일

천연 소스 15

깨 된장소스
재료 깨 간 것 6큰술, 물 6큰술, 된장 2큰술, 간장 2/3작은술
만드는 법 모든 재료를 한데 담아 고루 섞어 완성해요.
상미 기간 냉장 2~3일

현미 깨소스
재료 현미 간 것 4큰술, 현미식초 2큰술, 조청 2큰술, 다진 생강 1큰술
만드는 법 모든 재료를 한데 담아 고루 섞어 완성해요.
상미 기간 냉장 2~3일

매실소스
재료 매실절임 다진 것 3큰술, 매실식초 1큰술, 사과주스 1/2컵, 양파 구운 것 1/4개분
만드는 법 모든 재료를 블렌더에 넣어 갈아 완성해요.
상미 기간 냉장 10일

바비큐소스
재료 간장 1/2컵, 조청 4큰술, 양파 구운 것 1개분, 마늘 4쪽, 후춧가루 약간
만드는 법 모든 재료를 블렌더에 넣어 간 다음 냄비에 넣고 끓어오르면
약한 불로 10분 정도 끓여 완성해요.
상미 기간 냉장 10~15일

현미 화이트소스
재료 현미가루 3큰술, 두유 2컵, 다진 양파 6큰술, 천일염 약간, 포도씨오일 적당량
만드는 법 소스팬에 포도씨오일을 두르고 중간 불에서 양파를 볶다가
현미가루와 두유를 넣어요. 소스가 끓어오르면 약한 불로 줄이고
천일염으로 간한 다음 식으면 블렌더에 넣어 갈아 완성해요.
상미 기간 7일

두부 마요네즈

재료 부침용 두부 1/5모(100g), 카놀라오일 1큰술, 현미식초 1큰술, 조청 1작은술, 천일염 1/2작은술, 생강 약간
만드는 법 두부는 물기를 제거하고 모든 재료를 블렌더에 넣어 갈아 완성해요.
상미 기간 냉장 2~3일

굴소스

재료 굴 2컵, 국간장 1컵, 간장 1컵, 소금 1큰술, 액젓 1큰술, 배즙 1/2컵, 다진 마늘 5큰술, 다진 양파 6큰술, 물 1/2컵, 물녹말(물 1/2큰술, 녹말 1/2큰술)
만드는 법 굴은 소금물에 잘 흔들어 씻어서 물기를 제거하고 물녹말을 제외한 모든 재료를 볼에 담아 냉장고에서 3일 동안 숙성시켜요. 체에 걸러 국물을 끓이다가 끓어오르면 약한 불로 줄이고 마지막에 물녹말을 부어 걸쭉하게 만들어 완성해요.
상미 기간 냉장 10일

토마토소스

재료 토마토홀(씨를 제거해 다진 것) 5컵, 다진 양파 1/2컵, 다진 마늘 3큰술, 올리브오일 2큰술, 마른 허브(바질, 타임, 오레가노) 1작은술, 월계수 잎 1장
만드는 법 소스팬에 올리브오일을 두르고 양파와 마늘을 색이 나도록 볶다가 허브 다진 것과 토마토홀을 넣어 충분히 볶은 다음 천일염으로 간해 완성해요.
상미 기간 냉장 5~8일
point 완숙토마토를 사용할 경우에는 껍질을 벗겨 다진 완숙토마토 5개분으로 만들고 물엿 3큰술, 식초 2큰술, 물녹말(물 1/2큰술, 녹말 1/2큰술)을 넣으세요.

허브 갈릭소스

재료 다진 마늘 3큰술, 올리브오일 7큰술, 현미식초 3큰술, 레몬즙 1큰술, 천일염 1작은술, 허브 1큰술(말린 허브 1/2큰술)
만드는 법 모든 재료를 블렌더에 넣어 갈아 완성해요.
상미 기간 실온 3~4일

머스터드소스

재료 씨겨자 2큰술, 올리브오일 7큰술, 현미식초 2큰술, 천일염 약간, 후춧가루 약간
만드는 법 모든 재료를 한데 담아 고루 섞어 완성해요.
상미 기간 실온 5~7일

미소소스

재료 일본된장 10큰술, 달걀노른자 1개, 청주 7큰술, 조청 6큰술, 다시마 우린 물 3큰술
만드는 법 소스팬에 모든 재료를 담고 약한 불로 10분 정도 끓여 완성해요.
육류와 잘 어울리는 소스예요.
상미 기간 냉장 2일

데리야키소스

재료 간장 1컵, 물 2컵, 조청 1컵, 맛술 1/2컵, 양파 1개, 대파 1대, 사과 1/2개,
셀러리 1대, 홍고추 1대, 마늘 2쪽, 생강 1톨
만드는 법 소스팬에 모든 재료를 담고 양이 반으로 줄면 체에 걸러
국물만 받아서 완성해요. 생선류에 잘 어울리는 소스예요.
상미 기간 냉장 10일

칠리소스

재료 두반장 2큰술, 간장 3큰술, 현미식초 3큰술, 물 1/2컵, 청주 2큰술,
고춧가루 1작은술, 토마토소스 3큰술, 고추장 2큰술, 참기름 1작은술, 굴소스 2큰술
만드는 법 소스팬에 참기름을 제외한 모든 재료를 담고 양이 반으로 줄 때까지 졸이고
마지막에 참기름을 둘러 완성해요. 채소볶음에 잘 어울리는 소스예요.
상미 기간 냉장 10일

잣소스

재료 잣 1/4컵, 땅콩 1/4컵, 천일염 1/2작은술, 참기름 1작은술, 레몬즙 2큰술, 물 1/2컵
만드는 법 소스팬에 잣과 땅콩을 노릇하게 볶아서 반은 다지고, 반은 천일염, 참기름,
레몬즙, 물을 넣고 갈아 다진 잣과 땅콩을 넣어 완성해요.
상미 기간 냉장 3~4일

오렌지 레드와인 간장소스

재료 올리브오일 1큰술, 오렌지주스 1/4컵, 간장 2큰술, 다진 양파 1/2개분, 참기름
1작은술, 레드와인 2/3컵, 천일염 약간, 후춧가루 약간
만드는 법 소스팬에 올리브오일을 두르고 다진 양파를 볶다가 레드와인, 오렌지주스,
간장을 넣어 반으로 줄면 소금, 후춧가루로 간하고 참기름을 둘러 완성해요.
상미 기간 냉장 10일

천연 양념 5

약고추장
재료 다진 쇠고기 1/2컵, 고추장 1컵, 참기름 1큰술, 꿀 3큰술, 물 1/2컵
고기 양념장 간장 1작은술, 다진 쪽파 1큰술, 다진 마늘 1작은술, 조청 1큰술,
참기름 1/2작은술, 후춧가루 약간
만드는 법 고기는 양념장 재료를 넣어 10분 동안 재워서
소스팬에 넣어 볶다가 꿀과 고추장을 넣어 볶아요. 물을 넣고 끓어오르면
약한 불로 줄여 걸쭉해질 때까지 졸여 완성해요.

건어물 무침용 고추장
재료 고추장 4큰술, 간장 2큰술, 조청 5큰술, 청주 4큰술, 참기름 1큰술
만드는 법 모든 재료를 한데 담아 고루 섞어 완성해요.

볶은 된장
재료 된장 4큰술, 두부 1/8모, 다진 마늘 1작은술, 다진 풋고추 2큰술,
물 1/2컵, 멸치가루 2큰술, 들기름 1큰술
만드는 법 소스팬에 들기름을 두르고 된장, 마늘, 두부, 멸치가루를 넣어 볶다가
물을 붓고 끓여요. 쌈장 정도의 농도가 되면 다진 풋고추를 넣어 완성해요.

구이용 양념장
재료 간장 5큰술, 청주 2큰술, 조청 2큰술, 생강즙 1작은술, 깨소금 약간,
참기름 1큰술, 후춧가루 약간
만드는 법 모든 재료를 한데 담아 고루 섞어 완성해요.

불고기 양념장
재료 간장 6큰술, 배즙 6큰술, 청주 2큰술, 물 6큰술, 조청 4큰술, 양파즙 4큰술,
다진 마늘 2큰술, 참기름 2큰술, 깨소금 2큰술
만드는 법 모든 재료를 한데 담아 고루 섞어 완성해요.

천연 조미료 5

식재료 본연의 맛을 살린 요리야말로 정말 맛있는 요리라고 할 수 있어요.
하지만 뭔가 맛이 부족하게 느껴질 때는 다시마, 표고버섯, 멸치, 새우 등을
갈아 만든 천연조미료를 사용해보세요

멸치가루

비린내가 나지 않게 하기 위해서는 수분을 제거해야 하는데,
특히 장마철에 습기를 많이 머금었다면 전자레인지에 10초 정도 돌려서 사용하세요.
재료 멸치 1컵
만드는 법 멸치의 머리와 내장을 제거해서 팬을 달궈 볶은 다음
블렌더나 분쇄기에 넣어 갈아요.

새우가루

멸치가루와 비교해 맑은 국물에 어울려요.
재료 마른 새우 1컵
만드는 법 마른 새우를 팬을 달궈 볶은 다음 블렌더나 분쇄기에 넣어 갈아요.

표고버섯가루

된장찌개를 비롯한 찌개나 국물 요리에 사용하면 좋아요.
재료 마른 표고버섯 10개
만드는 법 마른 표고버섯을 적당한 크기로 잘라 블렌더나 분쇄기에 넣어 갈아요.

다시마가루

전골이나 찌개 또는 부침개 반죽에 넣어도 좋은데 맑은 국에는 넣지 마세요.
재료 다시마(10×5cm) 5장
만드는 법 팬을 달궈 다시마를 앞뒤로 구운 다음 블렌더나 분쇄기에 넣어 갈아요.

미강(현미가루)

찌개나 국 등의 국물 요리에 넣으면 한결 맛이 구수해요.
재료 미강 1컵
만드는 법 팬에 미강을 넣고 불을 올려 2~3분 정도 볶아요.
입자가 너무 고와 금세 탈 수 있으니 주의해서 볶으세요.

index

ㄱ

가지나물무침 179
가지조림 현미덮밥 253
갈비탕 226
감잣국 196
강된장과 채소찜 313
건어물 무침용 고추장 339
고구마줄기 김치 138
고구마줄기볶음 146
고등어 김치찜 171
고추장 드레싱 331
고추장 황태구이 154
고추장찌개 207
고춧가루 간장 드레싱 331
구이용 양념장 339
굴소스 335
김무침 174
김치 곱창전골 242
김치찌개 206
김칫국 192
깨 된장소스 333
깻잎김치 132
깻잎장아찌 141
깻잎찜 170
꼬리곰탕 229
꽃게찌개 212
꽈리고추 마른새우조림 160

ㄴ

남원 추어탕 238
녹차 드레싱 327
누룽지탕 234

ㄷ

다시마가루 341
단호박 두유 현미수프 93
단호박 프로슈토 파스타 318
닭개장 232
닭볶음탕 231
대구지리 224
대하 잣무침 180
데리야키소스 337
도가니탕 228
도토리묵무침 183
동시에 만드는 진밥과 된밥 304
동태찌개 211
돼지갈비구이 151
돼지감자탕 236
돼지고기 겨자냉채 184
된장 표고버섯 현미밥 122
된장삼치구이 152
된장찌개 205
두부 마요네즈 335
두부 화이트소스 현미도리아 120
두부전골 240
두부조림 165
들기름 김치볶음 147
땅콩깨소스 현미꼬치 264

ㄹ

레몬즙 드레싱 329
로즈메리 현미밥 298

ㅁ

마 버섯영양밥 72
마 현미빵 283
마늘종볶음 145
마늘피클 143
마요네즈 견과류 드레싱 331
매실소스 333
매실식초 드레싱 327
머스터드소스 335
먹물 카르보나라 316
멸치가루 341
명란젓찌개 216
모둠버섯찌개 217
모차렐라치즈 해물떡볶이 266
무말랭이 현미 버섯밥 106
뭇국 203
미강(현미가루) 341
미소소스 337
미역국 189

ㅂ

바비큐소스 333
발사믹 미역양파 175
발사믹 오렌지소스 삼겹살 310
발사믹 유자청 드레싱 327
배추 된장국 194
베지 현미버거 256
병아리콩 브라운 라이스볼 263
병아리콩 현미밥과 명란달걀찜 306
보리된장 현미떡 254
볶은 된장 339
볶은 현미 두부케이크 274
봉골레 파스타 315
부대찌개 210
부추 멸치젓무침 178
부추 재첩국 198

부추김치 131
부추연근전 155
부추잡채와 꽃빵 312
북어찜 321
북엇국 190
불고기 뚝배기 218
불고기 양념장 339
불낙전골 239
비타민 채소찜 323

ㅅ

사골 우거짓국 193
사과 드레싱 327
삼계탕 230
삼색 더덕생채 181
상추 배추겉절이 136
새우가루 341
생강즙 드레싱 329
설렁탕 223
쇠고기장조림 164
수삼 동파육 320
숙주잡채 149
순두부찌개 209
시금치 된장국 195
쑥갓 잣무침 177
쑥갓 현미 두부 볶음밥 116

ㅇ

아라비아타 317
아몬드 우엉조림 162
아보카도 호두와 현미 샐러드 250
아욱국 199
알감자조림 159

야끼우동 319
약고추장 339
양배추 미역현미밥 71
양송이 콜리플라워수프 94
얼갈이 열무 물김치 135
얼갈이배추 쑥갓무침 176
연잎밥과 생강차 309
옐로 단호박 커리라이스 257
오렌지 레드와인 간장소스 337
오렌지 미소 드레싱 329
오렌지소스 현미 크로켓 286
오리엔탈 드레싱 331
오이 미역냉국 201
오이소박이 133
오징어 섞어찌개 214
오징어 연근조림 166
오징어불고기 150
오징어채무침 173
요구르트 드레싱 329
우엉 현미버거 290
우엉잡채 148
우엉현미 군만두 251
유기농채소절임 140
유자청 깨소스 현미떡 272
일본식 어묵국 200

ㅈ

잣소스 337
전복 약선 갈비찜 168
중국식 땅콩 드레싱 331
졸인 가지를 곁들인 흑현미밥 300
쪽파 오이겉절이 134

ㅊ

찹쌀현미 표고영양밥 74
채소 두부덮밥 105
청국장찌개 208
총각무찜 169
칠리소스 337

ㅋ

카레 고등어구이 153
콩나물 냉국 202
콩나물 시금칫국 191
콩비지찌개 215
콩조림 161
크림치즈 드레싱 329
키위 드레싱 327

ㅌ

토마토소스 335
토마토소스 생선찜 314
톳을 넣은 유부초밥 298
통마늘장아찌 142

ㅍ

파 달걀국 197
표고버섯가루 341
표고버섯전 156

ㅎ

해산물 수삼냉채 182
해산물 현미 파에야 308

해산물찌개 221
허브 갈릭소스 335
현미 간장 떡볶이 265
현미 감자 포타주 293
현미 견과류 풋콩밥 78
현미 견과류바 275
현미 고구마 몽블랑 258
현미 깨소스 333
현미 나물밥 73
현미 단호박버거 288
현미 단호박죽 292
현미 당근밥 82
현미 더덕죽 90
현미 도미밥 123
현미 두부덮밥 118
현미 떡구절판 268
현미 라이스 샐러드 255
현미 리소토 102
현미 마파돔 110
현미 매생이밥 83
현미 무청시래기밥 127
현미 미역줄기죽 92
현미 버섯 리소토 104
현미 버섯초밥 97
현미 병아리콩 라타투이 112
현미 보리밥 77
현미 비빔밥 124
현미 새싹채소 김치김밥 114
현미 솔잎 영양밥 84
현미 애플 어니언소시지 262
현미 양파빵 280
현미 연근 우엉밥 79
현미 연근 찹쌀죽 87
현미 연근볼 300
현미 연근초밥 100

현미 연어케이크 261
현미 열무 두부밥 108
현미 오버나이트 잡곡 와플 273
현미 오코노미야키 260
현미 우엉덮밥 109
현미 우유죽 294
현미 율무밥 126
현미 인삼 영양밥 80
현미 잡곡 시리얼 스테이크 252
현미 주먹밥구이 117
현미 죽순 영양밥 76
현미 찐빵 279
현미 참나물 완두콩밥 75
현미 채소수프 295
현미 치라시 스시 98
현미 치자 약밥 96
현미 콩수프 297
현미 톳 옥수수밥 85
현미 통밤밥 70
현미 파프리카죽 88
현미 팥죽 86
현미 포카치아 281
현미 화이트소스 333
현미가루 갈비찜 322
현미떡국 267
현미밥 68
현미밥 대파 부침개 297
현미밥 아이스크림 277
현미스틱 스프링롤 289
현미오곡밥 305
현미유바 채소김밥 115
현미죽 브레드 282
현미찹쌀 깨쿠키 276
현미호두 유자청 주먹밥 286
홍합찌개 220

홍합탕 237
흑돼지묵은지찜 167
흑미현미밥 밀푀유 259
흑임자 현미 무화과밥 307

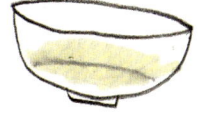

현미 밥상

2011년 2월 21일 초판 1쇄 발행
2012년 7월 30일 초판 3쇄 발행

지은이 | 최혜숙
발행인 | 전재국
본부장 | 이광자

임프린트 대표 | 이동은
책임편집 | 황혜정, 한지윤
마케팅실장 | 정유한
책임마케팅 | 노경석, 윤주환, 조안나, 이철주
제작 | 정웅래, 박순이

발행처 미호
출판등록 2011년 1월 27일(제321-2011-000023호)

주소 | 서울특별시 서초구 사임당로 82(우편번호 137-879)
전화 | 편집(02)3487-1141·영업(02)2046-2800
팩스 | 편집(02)3487-1161·영업(02)588-0835

ISBN 978-89-527-6114-9 13590

본서의 내용을 무단 복제하는 것은 저작권법에 의해 금지되어 있습니다.
파본이나 잘못된 책은 구입하신 서점에서 교환해 드립니다.

미호는 아름답고 기분 좋은 책을 만드는
(주)시공사의 임프린트입니다.

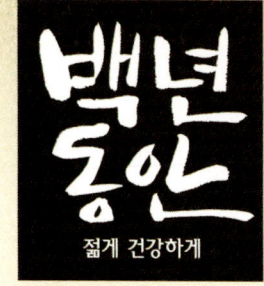

일본 가고시마현의 장수비결, 식초의 왕 흑초!

흑초는 약 200년 전통의 알칼리성 건강음료로,
일본 장수마을인 가고시마현의 건강비법이 흑초에 있음이
밝혀지면서 주목받게 되었습니다.

일본의 약국에서 판매되는 건강식품 중 판매 3위에 이를
정도로 흑초는 건강음료로서 널리 인정받고 있습니다.
(출처: 일본경제산업신문/2006년)

백년동안 건강발효흑초의 발효비법

1) 生현미를 발효하여 일반식초보다 필수아미노산 10배, 미네랄 3배 이상 풍부합니다.

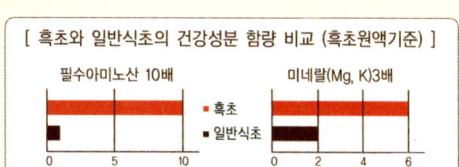

2) 흑초의 본고장 일본 가고시마현의 3단계 자연발효제법으로 천천히 제대로 만들었습니다.

3) 일본 흑초 TN 표준규격에 부합하는 흑초입니다.

백년동안 흑초원액은 일본 농림수산성(MAFF) 흑초 TN 법적규격에
부합하는 흑초로, 일반식초(자사기준) TN값의 6배 이상입니다.
(TN값이 높을수록 우리 몸에 필요한 영양성분인 단백질과 아미노산 함량이 많습니다)